中国近现代史纲要

教学讲义

肖存良　张涛　主编

复旦大学出版社

本书得到全国高校思政课建设项目：全国高校思政课"手拉手"集体备课中心（复旦大学-上海市）（项目批准号：21SZJS31024609）的资助。

前　言

　　复旦大学在"中国近现代史纲要"课程建设上有着深厚的历史底蕴。自中华人民共和国成立伊始，复旦大学便面向本科生开设了"中国革命史"课程，之后根据中央改革要求于1998年改为"毛泽东思想概论"。2007年，按照教育部《关于进一步加强和改进高等学校思想政治理论课的意见》，学校开设面向全校本科生的"中国近现代史纲要"必修课（以下简称"纲要课"）。学校目前每学年开设40余个班级，以中班教学规模为主，实现对本科生的全覆盖。课程建设发展至今，在学校以及学院党委的领导和支持下，已先后入选2011年度上海高校市级精品课程、2022年度上海高校思政"金课"。

　　《中国近现代史纲要教学讲义》是复旦马院中国近现代史纲要教研室全体教师多年来潜心"纲要课"教育教学的重要成果，亦是教研室实施"三集三提"教学组织方法的集体智慧结晶。2016年12月，时任教育部部长陈宝生同志在调研复旦马院的过程中将我院"教师集中研讨提问题、集中培训提素质、集中备课提质量"的教学组织方法提炼概括为"三集三提"的经验并向全国进行推广。作为"三集三提"教学组织方法的发源地，复旦大学马克思主义学院近年来通过该制度不断精进思政课教学，在打造系列思政"金课"同时，也形成了一批具有代表性的教研成果，这本讲义便是其中之一。

　　本书的出版旨在推动"纲要课"的教材体系向教学体系转化，为全国高校从事中国近现代史纲要课程教学的思政课教师提供重要借鉴与参考。教学讲义坚持政治性与学理性相统一、价值性与知识性相统一、理论性与实践性相统一，具有如下几个特点。

　　一是充分体现了党的二十大精神和党的十九届六中全会精神。编写组认真学习党的二十大报告和大会通过的其他重要文献以及《中共中央关于党的百年奋斗重大成就和历史经验的决议》，在撰写过程中全面准确地反映了党中央关于党史、新中国史、改革开放史、社会主义发展史、中华民族发展史的最新精神、最新论断、最新表述。

二是针对性强。教学讲义设置的环节与模式清晰、聚焦，各章节教学目的、教学要点梳理明确，课堂导入、框架结构清晰明了，能满足一线教师对用好"纲要课"统编教材、实现教材体系向教学体系转化的强烈期待，有效应对了广大教师授课中使用统编教材时所面临的困难。

三是语言风格生动。教学讲义以教材内容为基本遵循，源于教材但又不完全拘泥于教材，在教学要点的阐述过程中，各章节不仅增加了书本上没有的历史细节，而且适时列举了具体数据以增强感染力，这大大提升了教学的深刻性、生动性与说服力。

四是时代特色较为鲜明。本书第十章中突出反映了"两个确立"及其决定性意义，并详细介绍了新时代十年取得的历史性成就、发生的历史性变革，对习近平新时代中国特色社会主义思想实现马克思主义中国化时代化新的飞跃等进行了深入阐释，具有浓厚的时代气息。

本书是集体合作的成果，汇聚了复旦马院中国近现代史纲要课程教学团队所有成员的智慧与灵感，有赖于大家共同的努力与付出，才使得本书得以最终顺利出版。同时，也要感谢复旦马院和复旦大学出版社提供的鼎力支持，正是因为学院把本书列入学院教学发展规划，才促成了本书实质性的启动与撰写。

诚然，作为与"纲要课"统编教材配合使用的课程讲义，从进一步提高质量的角度看，该讲义还有一些值得进一步斟酌和修改完善的地方，敬请各位学界同人批评指正。

肖存良、张涛

2024 年 5 月 30 日于复旦大学光华楼

目 录

第一章 进入近代后中华民族的磨难与抗争 …………………………… 1
    一、教学指南 ……………………………………………………… 1
    二、教学讲义 ……………………………………………………… 2
    三、延伸阅读 ……………………………………………………… 20

第二章 不同社会力量对国家出路的早期探索 …………………………… 21
    一、教学指南 ……………………………………………………… 21
    二、教学讲义 ……………………………………………………… 22
    三、延伸阅读 ……………………………………………………… 36

第三章 辛亥革命与君主专制制度的终结 ………………………………… 38
    一、教学指南 ……………………………………………………… 38
    二、教学讲义 ……………………………………………………… 39
    三、延伸阅读 ……………………………………………………… 52

第四章 中国共产党成立和中国革命新局面 ……………………………… 53
    一、教学指南 ……………………………………………………… 53
    二、教学讲义 ……………………………………………………… 54

三、延伸阅读 …………………………………………………… 71

第五章　中国革命的新道路
一、教学指南 …………………………………………………… 73
二、教学讲义 …………………………………………………… 74
三、延伸阅读 …………………………………………………… 92

第六章　中华民族的抗日战争
一、教学指南 …………………………………………………… 93
二、教学讲义 …………………………………………………… 94
三、延伸阅读 …………………………………………………… 112

第七章　为建立新中国而奋斗
一、教学指南 …………………………………………………… 113
二、教学讲义 …………………………………………………… 114
三、延伸阅读 …………………………………………………… 131

第八章　中华人民共和国的成立与中国社会主义建设道路的探索 …… 132
一、教学指南 …………………………………………………… 132
二、教学讲义 …………………………………………………… 134
三、延伸阅读 …………………………………………………… 161

第九章　改革开放与中国特色社会主义的开创和发展 ………… 163
一、教学指南 …………………………………………………… 163
二、教学讲义 …………………………………………………… 164

三、延伸阅读 …………………………………………… 182

第十章 中国特色社会主义进入新时代 ………………………… 183
　　一、教学指南 …………………………………………… 183
　　二、教学讲义 …………………………………………… 184
　　三、延伸阅读 …………………………………………… 217

第一章
进入近代后中华民族的磨难与抗争

一、教学指南

(一) 教学目的

(1) 了解西方列强对中国的侵略及其罪行,认清侵略的实质及对中国社会的影响。

(2) 了解近代中国半殖民地半封建社会形成的过程,把握近代中国社会性质的内涵、社会主要矛盾和主要任务。

(3) 了解清政府、爱国官兵对外抵抗和义和团的反抗斗争,总结失败经验教训,学习先进的中国人探求真理的精神。

(二) 教学要点

(1) 帝国主义侵略引起中国社会性质、社会矛盾、革命任务的变化。

(2) 清政府的抵抗及其失败,民族危机的加深。

(3) 对义和团运动的评价。

(4) 中国近现代反侵略斗争和民族意识觉醒的内在关联。

(三)框架结构

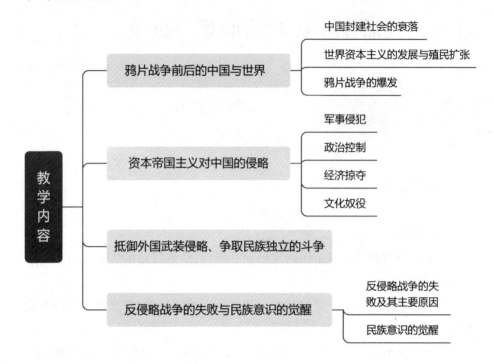

二、教学讲义

1840年以后,由于帝国主义列强的野蛮侵略,中国社会发生了巨大的变化,中华民族面临生死存亡的严峻考验,中国人民奋起反抗,进行了英勇的、可歌可泣的反侵略斗争。

学习中国人民反侵略斗争的历史,首先要了解鸦片战争前后的中国与世界,以及列强是如何对中国实施侵略,**列强对中国的侵略意味着什么,又给中国带来了什么**,深刻理解中国人民为什么要反对侵略而不是欢迎侵略。

(一)鸦片战争前后的中国与世界

1. 中国封建社会的衰落

中国位于亚洲东部,土地广阔,人口众多。中华民族具有悠久的文明史,是世界上少有的历史文化从未间断、延续至今的民族,体现了中华民族的凝聚力和以爱国主义为核心的民族精神。中国古代物质文明和精神文明丰富多彩、灿烂辉煌。古代中国的经济发展和科学技术长期处于世界领先地位。古代中国的哲学思想博大精深,典籍文献浩如烟海,文学艺术高峰迭起。在几千年的历史中,中国产生了许多杰出的政治家、军事家、思想家、教育家、科学家、文学家和艺术家,还产生了很多民族英雄和革命领袖。中华民族是一个有着优良传统的民族,中华优秀传统文化是中华儿女共同的精神基因,也是中华民族发展壮大的强大精神力量。

自公元前5世纪的战国时代到1840年鸦片战争,中国的封建社会前后延续了2 000多年。

在中国封建社会的经济中,封建地主土地所有制经济占主导地位。封建统治阶级从皇帝、贵族、官僚到一般地主拥有最大部分土地,而占人口绝大多数的农民则只拥有很少土地。农民租种地主的土地,交纳高额的地租。

以个体家庭为单位并与家庭手工业牢固结合的小农经济是中国封建社会的基本生产结构,自给自足的自然经济占主要地位。

在中国封建社会的历史上出现过一些"盛世",如汉代的"文景之治"、唐代的"贞观之治""开元盛世"、清代的"康乾盛世"等。这种局面通常出现在一个朝代的前中期。时任君主能吸取历史教训,居安思危,政治较为清明,轻徭薄赋,励精图治。但是,随着政治腐败、土地兼并等日趋严重,阶级矛盾日益尖锐,社会发展逐渐陷于停滞状态,直至迫使农民不得不为求生存而举行起义。这些起义在一定程度上冲击了腐朽、黑暗的统治秩序,直接或间接地推动了社会的发展。

17世纪下半叶至18世纪,清代的康熙、雍正、乾隆年间,是中国封建社会后期的鼎盛时期,但同时也开始走向了封建社会的末世。到了鸦片战争前夜的嘉庆、道光年间,清王朝衰相尽显,潜伏着许多危机。经济上生产凋敝,土地高度集中。清代全国耕地面积约800万顷,其中各类官田约80万顷,民田中的相当部分又集中于官僚和地主之家,如乾隆年间权倾一时的大学士和珅有土地80多万亩,此外拥有大量土地的地主也不在少数。1656年,清政府实行"海禁",宣布"片帆不准下海"。虽然收复台湾后一度解除"海禁",允许外国商人在广州、漳州、宁波、云台山(今连云港附近)四口通商,但到乾隆二十四年(1759年)又关闭了其他各口,仅留广州一口通商。这个时期,工业革命在欧洲爆发,就经济社会发展而言,中国已经落后于西方资本主义国家。

2. 世界资本主义的发展与殖民扩张

16世纪至19世纪初,中国还处于封建社会晚期的兴衰更替之时,西方资本主义已经产生、发展,西方殖民主义势力也随之向外扩张。

殖民主义是适应西方资本主义的发展要求而产生的,它随着资本主义生产方式的演进而发展,是西方列强对亚洲、非洲、美洲、大洋洲等地区人民的剥削、掠夺和压迫、奴役。它是为资产阶级剥削国内外人民、建立资本主义的世界体系服务的。

在19世纪末资本主义进入帝国主义阶段后,资本输出成为殖民剥削的重要形式。殖民主义进一步发展成为由少数帝国主义强国主宰的世界体系。

资本主义的发展逐步使人类历史成为世界历史。西方资产阶级迫使一切民族采用资产阶级的生产方式。一句话,它按照自己的面貌为自己创造出一个世界。但是,西方殖民主义势力来到东方,并不是为了使东方国家成为独立的资本主义国家,而是为了把它们纳入资本主义的世界体系,成为殖民地、半殖民地,成为自己在经济上、政治上、文化上的附庸。

西方资本主义的发展及其向东方的殖民扩张,给古老的中国带来了空前严重的灾难,使中华民族面临极其深刻的生存危机。

3. 鸦片战争的爆发

1840年,英国发动侵略中国的鸦片战争,中国历史发展从此发生重大转折。

1825年和1837年英国发生了两次资本主义经济危机。为了摆脱危机和转移国内人民的视线,英国政府迫不及待地要发动一场侵略战争。1840年4月,英国议会通对华战争的决定。同年6月,英国侵华舰队4 000余人从印度等地陆续到达中国海面,封锁了珠江入海口和广东海面。鸦片战争正式爆发。

英军在广东海面见无隙可乘,主力即沿海岸线北上。7月攻厦门无果,又北犯浙江,攻陷定海,8月抵达天津海口。清政府一片恐慌,道光帝派琦善到天津海口与英军谈判,英军同意回广东交涉。9月,道光帝任命琦善为钦差大臣,将林则徐撤职查办。11月,琦善到达广州,与英军谈判,压制抗英力量,撤除防务。不料英军突然发动进攻,强占大角、沙角炮台,随即强占香港。1841年1月,道光帝接到大角、沙角失陷报告,深感有失朝廷威严,下令将琦善革职,同时下诏对英宣战,任命奕山为"靖逆将军",并抽调军队17 000人,开赴广东与英军作战。2月,英军猛攻虎门炮台,水师提督关天培率部顽强抵抗,因寡不敌众,关天培与守军数百人英勇战死,虎门炮台沦陷。4月,各省军队齐集广州,但昏庸无能的奕山调度失序,又贸然夜袭英军,反被英军乘机占领广州城外的全部炮台,炮轰广州城。奕山随即求和。但是,英国政府决定扩大侵略战争。8月,英军攻陷厦门,并接连攻陷浙江定海、镇海和宁波。10月,道光帝又派奕经为"扬威将军",调兵到浙江应战。奕经抵达浙江前线后,不认真筹划防务,冀图一战侥幸取胜,于1842年3月向定海、镇海和宁波的英军进攻,结果失败,不敢再战。清政府不得已派耆英到浙江与英军议和。但英军对此根本不理睬,于5月攻陷浙江海防重镇乍浦,6月又集中兵力猛攻长江门户吴淞炮台,守军在江南提督陈化成的率领下,顽强抵抗,英勇杀敌。陈化成虽身负重伤,仍力战不退,英勇牺牲。8月初,英军到达南京江面。清政府被迫接受了英国的全部要求。由此,鸦片战争以清政府的失败而告终。

1842年8月29日,清政府派钦差大臣耆英、伊里布与英国签订了中国近代史上第一个不平等条约——《南京条约》。接着,1843年10月,中英签订了《虎门条约》。美国、法国等西方列强趁火打劫,接连逼迫清政府与之签订不平等条约,如1844年7月签订的中美《望厦条约》,10月签订的中法《黄埔条约》。通过这一系列不平等条约,英国等西方列强在中国攫取了大量特权。

随着外国资本主义的入侵,中国的封建社会逐步变成了半殖民地半封建社会。中国人民逐渐开始了反帝反封建的资产阶级民主革命。正因如此,鸦片战争成为中国近代史的起点。

从1840年鸦片战争开始到1949年中华人民共和国成立之前的近代中国,是半殖民地半封建社会。

鸦片战争前的中国社会是封建社会。鸦片战争以后,独立的中国逐步变成半殖民地的中国,封建的中国逐步变成半封建的中国。

为什么说独立的中国逐步变成了半殖民地的中国?

鸦片战争后,资本帝国主义列强通过发动侵略战争,强迫中国签订一系列不平等条约,破坏中国的领土主权、领海主权、关税主权、司法主权等,并一步一步地控制中国的政治、经济、外交和军事。中国已经丧失了完全独立的地位,在相当程度上被殖民地化了。近代中国尽管在实际上已经丧失拥有完整主权的独立国的地位,但是仍然维持着独立国家和政府的名义,还有一定的主权。由于它与连名义上的独立也没有而由殖民主义宗主国直接统治的殖民地尚有区别,因此被称作半殖民地。

为什么说封建的中国逐步变成了半封建的中国?

外国资本帝国主义列强用武力打开中国的门户,把中国卷入世界资本主义经济体系和世界市场之中。随着外国资本主义的入侵,洋纱、洋布等商品在中国大量倾销,逐渐使中国的农业与家庭手工业分离。一方面,这破坏了中国自给自足的自然经济的基础,破坏了城市的手工业和农民的家庭手工业;另一方面,这促进了中国城乡商品经济的发展,给中国资本主义的产生造成了某些客观条件。破产的农民和手工业者成了产业工人的后备军。一批官僚、买办、地主、商人投资兴办新式工业。中国出现了资本主义生产关系。中国已经不是完全的封建社会了,因此被称作半封建社会。

随着近代中国从封建社会逐步演变为半殖民地半封建社会,中国社会的阶级关系也发生了深刻的变动,不仅旧的阶级发生了变化,还有新的阶级产生。

旧的封建统治阶级即地主阶级继续占有大量的土地,掌握着国家政权,对人民实行专制统治。不过,地主阶级本身也发生了某些变化。有些地主从乡村迁往城市成为城居地主。一部分地主将土地剥削获得的货币投资于资本主义工商业。有的附股外资企业,有的入股洋务企业,有的直接创办或参股民营企业,转化为资本家。大多数地主仍主要依靠地租剥削生活,一些城居地主也往往兼营土地、高利贷和工商业。

旧的被统治阶级即农民阶级,仍是近代中国社会人数最多的被剥削阶级。由于土地兼并的加剧,不少自耕农失去土地,向贫农或雇农转化。有些农民破产或失去土地后流入城市,成为产业工人的后备军,近代中国的农民由于社会地位低下,受压迫、剥削严重,生活状况极度恶化,所以具有强烈的革命要求,是中国民主革命的主力军。但是,由于其作为小生产者的阶级局限性,农民单凭自身的力量不可能求得解放,更不可能把反帝反封建斗争引向胜利。

近代中国诞生的新兴的被压迫阶级是工人阶级。它的来源主要是城乡破产失业的农民、手工业者和城市贫民。中国工人阶级最早出现于19世纪四五十年代外国资本主义在华企业中。因此，它是先于中国的资产阶级而产生的。19世纪60年代后洋务派创办的大型军用工业和民用企业以及70年代以后的中国民族企业，又雇用了一批工人。早期中国工人阶级人数不多，却是中国新生产力的代表，它深受帝国主义、封建势力、资产阶级三重压迫，受剥削最深，革命性最强，而且它还有组织纪律性强、集中、团结、与广大受压迫农民有着天然联系等优点，因此是近代中国最革命的阶级。

中国资产阶级也是近代中国新产生的阶级，是在外国资本主义入侵的影响和刺激下，主要由一些买办、商人、地主、官僚投资新式企业转化而成。从19世纪70年代开始，中国民族资本兴办的新式企业逐步发展起来。

中国资产阶级的来源不同，构成比较复杂。其中有一部分是官僚买办资本家，他们是利用政治特权和与外国资本的紧密联系，在剥削劳动人民和挤压民族资本的过程中，逐渐形成和发展起来的。

中国资产阶级的另一部分是民族资本家。他们经营的企业由于原始积累不足，大多数规模小、设备落后，并受到外国资本主义和本国封建主义及官僚买办资产阶级的压迫，发展缓慢，始终未能在中国社会经济中占主要地位。民族资产阶级同外国资本主义、本国封建主义仍然有着千丝万缕的联系，在政治上表现出两面性。他们与外国资本主义和本国封建主义既有矛盾、斗争的一面，又有依赖、妥协的一面。他们在一定条件下可以参加反帝反封建的革命或者在斗争中保持中立，但是没有革命的彻底性，不可能引导中国的民主革命走向胜利。

近代中国半殖民地半封建社会的矛盾，呈现出错综复杂的状况。其中有中华民族与资本帝国主义的矛盾、农民阶级与地主阶级的矛盾、资产阶级与地主阶级的矛盾、无产阶级与资产阶级的矛盾、封建统治阶级内部各集团派系的矛盾、各帝国主义国家在中国争夺的矛盾，等等。在这些社会矛盾中，占支配地位的主要矛盾，是帝国主义和中华民族的矛盾、封建主义和人民大众的矛盾。这两对主要矛盾及其斗争贯穿整个中国半殖民地半封建社会的始终，并对中国近代社会的发展变化起着决定性的作用。

中国近代社会的主要矛盾决定了，为了使中国在世界上站起来，为了使中国人民过上幸福、富裕的生活,就必须推翻帝国主义、封建主义联合统治的半殖民地半封建的社会制度,争得民族独立和人民解放;就必须改变中国经济技术落后的面貌,实现国家富强和人民幸福。这是近代以来中华民族面临的两大历史任务。无数的志士仁人,一代又一代的中国人,正是为此而进行了不屈不挠、英勇顽强的斗争。

(二) 资本帝国主义对中国的侵略

鸦片战争后,中国这个封建的大帝国面临着并承受着列强国家接二连三的侵略,这种侵略一直延续了百年之久。

侵略从来就是非正义的、野蛮的行径。列强凭借其雄厚的实力,发动战争侵犯中国的领土和主权,并通过政治、经济、文化等多种手段方式,全方位侵略中国。

1. 军事侵犯

发动侵华战争是资本帝国主义侵略中国的主要方式。几乎所有资本帝国主义强国都参与了对中国的侵略和掠夺。这些战争对中国、对中华民族、对中国人民意味着什么?又带来了什么呢?我们主要从以下四方面来认识。

一是每次战争,都是对中国人民的血腥屠杀。残暴地剥夺中国人民生命,施以暴虐,使中国人民家破人亡、流离失所,数以万计,甚至几十万计的无辜平民在战争中被直接杀害或死于颠沛流离。1842 年 7 月 21 日,英军进犯江苏镇江,"自始至终大发兽性","在劫城的时候进行了无比残忍的蹂躏屠杀"[1],"见人辄击","迭污妇女",并挨户抢劫,使该城"无家不破"。1894 年 11 月下旬,日军攻陷旅顺后,"戕杀百姓四日","中兵数群,被其执缚,先用洋枪击死,然后用刀支解","得免杀戮之华人,全市仅三十六人,然此三十六人为供埋葬其同胞之死尸而被救残留者"。当时目睹日军暴行的西方记者,将日本斥为"蒙文明之肤,具野蛮筋骨之怪兽"。[2]

二是每次战争,都是对中国人民财富的疯狂掠夺。第二次鸦片战争中,英

---

[1] 《马克思恩格斯全集》(第 16 卷),人民出版社 2007 年版,第 106 页。
[2] 范文澜:《中国近代史》(上册),人民出版社 1962 年版,第 256 页。

法联军对被誉为"万园之园"的圆明园进行了疯狂的洗劫,并加以摧毁,这是我们每一个中国人都不能忘记的历史。侵略者们面对目不暇接的财宝,"为了金子而把银子丢了,为了镶有珠玉的时计和宝石又把金子丢了","纵情肆意,予取予携"。当时英国《泰晤士报》的随军记者称,"在场的每一个军人,都掠夺很多","被劫掠和被破坏的财产,总值超过六百万镑"。①

三是每次战争,都是对中国强盗式的勒索。这种勒索从每次战争后的赔款集中反映出来。比如,1874年日本入侵台湾后难以立足,为撤出而无理索要"抚恤"费、在台湾建立兵营费用50万两白银;1871年沙俄利用新疆动荡局面占据中国领土伊犁,但1881年2月与清政府就归还伊犁而谈判时却索要900万银卢布(折合白银约509万两)作为所谓"代守"兵费和对俄商的"补恤"。这一笔笔巨额赔款,既榨取了中国人民的膏血,加剧了中国的苦难,又成为列强进一步剥削和掠夺中国的资本,形成中国日益贫困的恶性循环。

四是每次战争,都强加给中国不平等条约。近代中外关系史上有一个**规律性的现象**:每当中国在抵抗列强的战争中失败,或列强通过施压、讹诈使中国统治者屈服后,侵略者总要把勒索到手的利益通过向中国强加条约正式确定下来,使之成为其对华关系的基石。自1843年中英《虎门条约》出现片面最惠国条款,规定英国"一体均沾"别国在华所获利益后,其他列强一概援用,这使列强各国在向中国强加不平等条约问题上长期齐心协力,共同施压。到1901年《辛丑条约》订立,庞杂的不平等条约体系已形成,此后,列强各国还不断增添新的内容丰富这个体系。据统计,至1949年,资本帝国主义共强加给中国1 100多个不平等条约,其中,清政府时期签订的有500多个。凭借这些条约和武力侵占,资本帝国主义侵吞中国大片土地,肆意践踏中国主权、破坏中国国防和军事力量。

2. 政治控制

资本帝国主义的军事侵犯就是一种殖民侵略活动,其原初和直接目的就是建立殖民统治。

第一,资本帝国主义通过驻华公使、领事等粗暴地干涉中国内政,践踏中

---

① 《北京的和平》,《泰晤士报》1861年1月14日。

国主权。我们都了解，外国人早就提出了派公使驻北京的要求，但清政府一直难以接受。而第二次鸦片战争后，在其军事胜利的前提下，通过不平等条约获得了其梦寐以求的这项利益，《北京条约》最后确认了外国公使驻北京的特权。主要的几个列强国家，像英、法、俄、美等国争先恐后地在北京建立起公使馆，向中国派遣了公使，代表其本国政府直接与清政府交涉。外国人便以**征服者的身份**进驻中国首都，而公使们则以征服者的心理和"**太上皇**"的气势来到中国的首都。特别是《辛丑条约》后，公使团更有了武力为后盾，侵犯和破坏中国主权。外国政府通过驻在清廷身边的外交官直接对清政府进行外交上的讹诈和政治上的控制，干涉中国政务，控制了清政府。

第二，资本帝国主义通过他们控制的中国海关，对清政府施加政治压力和影响。海关是一个国家的重要机构，对国家政治和经济起着重要作用。英国人赫德主持制定并推行了由外国侵略者支配中国海关的一套制度。按照这一制度，总税务司掌握海关的一切行政和人事大权，各口税务司对总税务司负责，各口税务司及高级职员全由英、法、美、德等国人担任，中国人只能充当一般职员，1865年总税务司公署在北京成立。由于清政府的收入越来越依靠海关税，1894年关税收入2 279.7万海关两，约占清政府全年财政收入的四分之一。海关权对于财政经济等方面来说显得更加重要。海关总署机关设在北京，赫德善于以"友善"态度与清政府官员打交道，他不仅成为清政府与外国公使间在贸易和关税问题上的一个不可缺少的角色，不仅在经济上控制了清政府，而且在政治上也产生了越来越大的影响。赫德在事实上成了清政府的顾问，清政府的许多重大外交活动，赫德几乎都参加。总理衙门有关外交上的一些事务，也要听赫德的意见。

第三，资本帝国主义通过其在中国领土上驻兵的特权，将清政府完全置于武装监督和武力威胁之下。《辛丑条约》后，列强在北京强行划定使馆区，设立兵营，永久驻兵。以武力为后盾的公使团成为清朝的太上政府，严重侵犯和破坏了中国的领土主权。

第四，资本帝国主义还在中国培植侵华代理人进行间接统治。从第二次鸦片战争到《辛丑条约》签订，列强基于其侵略中国的利益需要，迫于中国人民的反抗斗争，逐渐形成了在中国培植侵华代理人"以华治华"的政策。从争取个别官员,到驯服清政府,从政治领域到经济文化军事等领域。辛亥革命前,清政府就已经成为列强统治中国的最高和最大的代理人。从中国的通商都市直至穷乡僻壤,列强罗织了买办的和商业高利贷的剥削网,形成买办阶级和商业高利贷阶级,以便利其剥削中国人民。同时,列强使中国的封建地主阶级变为其统治中国的支柱。为了造成中国军阀混战和镇压中国人民,列强供给中国反动政府以大量的军火和大批的军事顾问。

3. 经济掠夺

经济掠夺是伴随军事侵略而来的,是军事侵略的直接目的之一。近代以来,资本帝国主义以军事、政治、经济等综合的手段,对中国进行了疯狂的经济掠夺,这种经济掠夺是广泛而深刻的,对中国历史发展和社会进步产生了极大、极深远的影响。

一是通过勒索巨额赔款对中国进行残酷的经济掠夺。《中国的人权状况》指出,"近百年来,外国侵略者通过这些不平等条约掠去战争赔款和其他款项达白银 1 000 亿两。"[①] 在 20 世纪初,一两白银等于一个普通人一个月的生活费,1 000 亿两白银就相当于四亿中国人要 21 年不吃不喝不穿不用。1 000 亿两相当于 3 125 000 吨,如果用一般载重量为 300 吨的船往美、英、法、俄等国运送,每四天一趟,也需要 100 年时间才能够运完。这不仅使清政府财政进一步破产,同时也为侵略者进一步控制中国创造了条件。因为这么多的款额,清政府靠财政无法支付,只有向列强大举借债,而这种借款,显为政治性借款,要靠清政府给予列强诸多政治、经济权益换取。

二是把中国变成其商品倾销市场和原料产地对中国进行疯狂的经济掠夺。 鸦片战争以后,中国对外贸易发生了显著变化,入超逐渐增加。1871 年至 1880 年,仅两年是入超;1881 年至 1890 年,有 6 年入超。1891 年至 1894 年每年都入超。入超额 1871 年为 347.7 万海关两,到 1894 年达 604.9 万海关两。需要特别指出的是,在进口货中,鸦片占着最重要的地位,是列强对中国进行经济掠夺的主要手段,其次为棉纺织品、毛织品、金属制品等。出口货主要是各种原料,如茶叶、生丝和丝织品、大豆、棉花、烟叶、花生、毛皮等,表明中

---

① 国务院新闻办公室:《中国的人权状况》,中央文献出版社 1991 年版,第 2—3 页。

国逐步沦为外国资本主义的原料供应地。

三是通过控制中国工业、交通业的主要部分对中国进行经济掠夺。为了倾销商品和掠夺原料等便利，外国资本家在中国还经营商业与轮船航运业，投资工厂企业及开设银行。外国在华开设的洋行遍布于各大城市，其中著名的有**英国怡和、沙逊、安利，德国礼和、禅臣**等洋行。2 300多家外国商行掌握着中国的对外贸易，它们操纵中国的进出口贸易，并使中国商业资本成为其附庸。另据统计，至1911年，全国铁路总长的93%以上，长江航运总吨位的83%以上，全国机械采煤的93%以上，全国生铁生产和铁矿开采的100%，都掌握在帝国主义国家手中。至1911年，中国已修成的9 600多千米的铁路中，有93.1%控制在外国侵略者的手中，进出中国各通商口岸的轮船吨位，外轮占84.1%。通过这些投资，外国资本家对中国工人进行残酷剥削，掠夺了巨额利润。

四是资本帝国主义通过垄断中国的财政金融对中国进行经济掠夺。资本帝国主义在中国开设银行，形成了帝国主义金融系统。90多家外国银行及其分支机构操纵了中国的外汇。它们在中国**经营国际汇兑**，**办理存款贷款**，甚至**发行纸币**，**向清政府发放政治性贷款**，从而操纵和垄断中国的财政金融命脉。帝国主义还向中国政府勒索战争赔款，强迫其举借外债来偿还这些赔款。仅在1895年至1898年，清政府共向列强借款3亿两，本息共7亿两以上。他们还通过贷款来支持中国的反动政府镇压人民革命。这些贷款不仅有惊人的高利贷剥削，而且以**关税、盐税**为担保。关税、盐税是当时中国政府财政收入的两大支柱。他们控制了这两大税收，就等于在财政金融上扼住了中国的咽喉，操纵了中国的经济命脉。

4. 文化奴役

资本帝国主义对中国的文化征服是其侵华体系一个重要的组成部分，其目的是在精神文化领域奴役，以达成对中国人民的完全彻底的征服。

资本帝国主义对中国的文化征服以传教为中心。传教士是以资本帝国主义入侵中国之先头部队出现的，而在荷枪实弹的侵略者到中国后，不少传教士往往以胜利者的姿态，在不平等条约和西方大炮的保护下深入中国城乡各地，霸占民地，建造教堂，网罗教徒，横行乡里，干涉词讼，包庇罪犯，收集情报，挑拨民族关系,成为图谋用"十字架征服中国"的"十字军"。鸦片战争前夕,一个名叫郭实腊的外国传教士,就在上海一带详细刺探驻扎这里的中国军队的情况,包括武器装备、人员素质等各方面。鸦片战争后,西方基督教在中国的传教活动迅速扩展,大批的外国教会和传教士纷纷涌入中国。到 19 世纪末,在中国的外籍传教士共有 3 200 多人,教会 60 多个,有 80 多万中国人入教。这些西方传教士在列强争夺中国势力范围的斗争中,出谋划策,鼓动列强对中国侵略。传教士还挟持清政府,干涉中国内政。有不少传教士在中国经营企业,从事各种各样的职业。传教士干涉清政府对案件的审理,甚至私设法庭。

资本帝国主义对华文化征服的重要手段是举办教会医疗、慈善事业以及开办教会学校。1843 年,英国传教士在上海开办墨海书馆;1845 年美国传教士在宁波开办美华书馆;西方传教士在上海就创办了《万国公报》的报刊,有些传教士还积极参与中国人的文化和思想政治活动,如西方传教士李佳白、李提摩太就曾参加了强学会。不少传教士在华创办学校、医院、育婴堂和报刊,宣传奴化思想,进行文化侵略。教会宣称要把医疗事业"作为福音的婢女"①,企图利用医疗手段来赢得中国人民的好感,解除反抗情绪。如教会开设育婴堂、孤儿院,由于保育卫生措施不够,婴儿与孤儿的死亡率很高。教会在对灾区进行救济时,也常常乘机从事收集情报、套购田产、强迫灾民信教等活动。教会开办的大学大多在外国注册立案,享有治外法权,进行殖民地化教育。他们把宗教灌输放在第一位,宣扬"强权政治""西方至上",打着"不过问政治""博爱"的幌子,引导学生脱离政治、漠视祖国的前途和民族的命运,企图使学生崇洋奴化,从而成为他们侵略中国的得力工具。资本帝国主义在中国开展的教育文化事业,尽管在客观上给中国带来了某些西方资产阶级先进的科学文化,但其根本目的是愚弄中国人民,推行其罪恶的侵华政策。毛泽东指出,帝国主义列强"对于麻醉中国人民的精神的一个方面,也不放松,这就是它们的文化侵略政策。传教,办医院,办学校,办报纸和吸引留学生等,就是这个侵略政策的实施。其目的,在于造就服从它们的知识干部和愚弄广大的中国人民"。②

---

① 顾长声:《传教士与近代中国(增补本)》,上海人民出版社 1991 年第 2 版,第 275 页。
② 《毛泽东选集》(第二卷),人民出版社 1991 年版,第 629—630 页。

事实证明，帝国主义侵略是造成近代中国贫穷落后的根本原因，是近代中国社会一切灾难与祸害的总根源。因而引起了中国人民广泛的反抗侵略斗争。摆脱帝国主义的压迫是中国走向独立、富强的前提。

（三）抵御外国武装侵略、争取民族独立的斗争

鸦片战争后，外国列强通过强加给中国的不平等条约，从我国攫取了大量土地和各种权益。但侵略者的胃口并未得到满足，从 19 世纪 60 年代开始，几乎所有的资本主义国家，尤其是日、俄、英、法等国纷纷侵略我国边疆，掀起了瓜分中国的狂潮。

甲午战争后日本通过《辛丑条约》获得极大利益，勾起了各帝国主义国家的更大野心，加速了争夺中国的步伐。争先恐后地强租港湾，划分"势力范围"，使中国面临着被瓜分的严重危机。

哪里有压迫，哪里就有反抗；哪里有侵略，哪里就有反侵略的斗争。中华民族素来酷爱和平自由，不畏强权暴力。在西方列强的野蛮侵略面前，中国人民同仇敌忾，前仆后继，奋起御侮，沉重打击了侵略者的嚣张气焰，粉碎了列强瓜分中国的图谋，捍卫了中华民族的尊严。

在第一次鸦片战争中，中国军民以劣势装备顽强地抗击了英军的猖狂进犯。林则徐等爱国官员和将领率部进行了坚决的抵抗。

在第二次鸦片战争的大沽口之战中，直隶提督史荣椿、大沽副将龙汝元亲自发炮，轰击敌舰，击沉包括英旗舰在内的舰船 4 艘，击伤 6 艘，给侵略者以迎头痛击。英军死伤 464 人，其中军官 28 人，英舰队司令何伯受重伤。法军参战的 60 人中死伤 14 人，其舰队司令也被击伤。

在新疆面临沦为外国殖民地的危急关头，陕甘总督左宗棠力排众议，携棺西征。在左宗棠指挥下，全军将士英勇无畏，顽强杀敌，旌旗所指，所向披靡，迅速突破了阿古柏所设的三道防线，收复了北疆大部分领土。接着挥师南进，接连攻下南疆的达坂、托克逊、吐鲁番，随后收复了喀什噶尔与和田，收复了除伊犁以外的新疆全部领土。1881 年，中国收回伊犁。1884 年，清政府在新疆建立行省，设置州县，祖国的统一得到加强。

1895 年《马关条约》签订，割让台湾和澎湖列岛给日本的消息传到台湾，台

湾各地立即掀起了声势浩大的反割让、反侵占斗争,纷纷表示"愿人人战死而失台,决不愿拱手而让台",在吴汤兴、徐骧、姜绍祖等领导下,从1895年5月到10月,台湾军民坚持了半年的顽强抵抗,大小战斗百余次,抗击了日本3个近代化师团和1个海军舰队共5万多兵力的进攻,毙伤敌军3.2万多人。在日本侵略者统治的50年中,台湾人民的反抗斗争从未停止过。

1899年至1900年兴起于山东的义和团运动,是帝国主义加紧侵略中国、中华民族处于被瓜分的生死存亡的关头发生的,是民族矛盾空前尖锐的产物,是甲午战争以来中国人民反侵略反瓜分斗争的总爆发。义和团与侵略军搏斗,以原始武器给侵略者以巨大的杀伤,联军首领哀叹:"义和团所用设为西式枪炮,则所率联军必全体覆灭。"虽然轰轰烈烈的义和团反帝爱国运动在清政府和外国列强的联合镇压下失败了,但它所表现出的中国人民反侵略的斗争勇气和民族抗争精神是不可抹杀的。联军总司令瓦德西在他的笔记中写道:"中国领土之内,……共有人口四万万,均系属于一个种族,并且不以宗教信仰相异而分裂……彼等在实际上尚含有无限蓬勃的生气,更加以备具出人意外之勤俭巧慧诸性。无论欧美日本各国,皆无此脑力与兵力,可以统治此天下生灵四分之一。"①

像这样反抗外来侵略的战争的人物还有很多,如林则徐、刘永福、刘铭传、刘步蟾、邓世昌、丁汝昌、"抗日三猛"等,正是由于中国人民前仆后继、英勇顽强的斗争,舍生忘死、义无反顾的抵抗,才使国家和民族历经劫难和侵略而不亡。那些不畏强暴、赴汤蹈火、血战疆场、宁死不屈的民族英雄,是中华民族的脊梁。他们的名字将永垂史册。

(四)反侵略战争的失败与民族意识的觉醒

鸦片战争以来的反侵略斗争由于种种原因,都无一例外地以失败告终。在民族危机和社会危机双重压迫之下的近代中国,"救亡图存""振兴中华"成为时代性主题。一批又一批忧国忧民的有识之士开始睁眼看世界,寻找中国落后挨打的原因,探求"御侮强国"之路,从而促进了中华民族意识的觉醒。

---

① [德]瓦德西:《瓦德西拳乱笔记》,王光祈译,上海书店出版社2000年版,第107页。

1. 反侵略战争的失败及其主要原因

毛泽东指出,鸦片战争以来,"全世界几乎一切大中小帝国主义国家都侵略过我们,都打过我们,除了最后一次,即抗日战争,由于国内外各种原因以日本帝国主义投降告终以外,没有一次战争不是以我国失败、签订丧权辱国条约而告终。其原因一是社会制度腐败,二是经济技术落后"。[①] 这一论述科学地分析了近代中国历次反侵略战争失败的基本原因。

第一,作为国家上层建筑的封建专制制度的腐败昏庸是反侵略斗争失败的根本原因。历次反侵略战争,就敌我双方的战争条件来看,各自都有不利的方面。外国侵略者以有限的兵力,远涉重洋,侵略中国这样一个大国,面临的困难很多,而且他们进行的是非正义的侵略战争。但这些战争是世界上资本主义列强与最大的封建国家中国的较量。一边是先进的资本主义制度,一边是古老而衰败的封建社会。当时的中国制度腐朽,最高统治当局昏聩无能,故步自封,大批封建官僚庸碌无能,整个国家机器弥漫着腐败气息。在这种社会制度下,中国在战争中的大国优势无法充分发挥,不利因素无法克服。

第二,封建社会生产方式的经济技术落后。战争是综合国力的较量,近代反侵略战争之所以屡遭失败,很大程度上是由于包括政治、经济、军事、文化、科技等因素在内的综合国力落后于侵略国家。在 15 世纪以前,封建的中国也曾有过繁荣的时代,社会经济和科学技术一直站在世界前列,但封建专制主义压制了社会经济和科学技术的发展,逐渐失去了同外国列强抗争的强大物质基础,这就使得近代中国成为西方资本主义列强掠夺和欺负的对象。比如,第一次鸦片战争期间,英军是装备有铁甲兵船和洋枪洋炮组成的现代化军队,战斗中的"点杀伤"已为"面杀伤"所取代。中国军队仍是中世纪的装备,以刀矛弓箭冷兵器为主。战争一打响,清军水师战船矮小脆薄,不具有在海上与英军作战的能力,自动退入海口和内河,英军掌握了制海权。清军的火炮质量低劣,射程近,不能对英军构成实质性的威胁,每战皆败。

第三,统治阶层观念落后保守,率先警醒的知识分子的先进思想观念既不能被群众所接受,也未能及时影响国家权力的决策层。鸦片战争开始前,林则

[①]《毛泽东文集》(第八卷),人民出版社 1999 年版,第 340 页。

徐对于禁烟可能会导致英国进行武装干涉是有充分准备的。在英国侵略军到达中国海面之前,广州的防务力量得到空前增强,致使英国舰队到达后不敢轻易开战而北上。但是,当时的道光皇帝确定其统治全国的内政外交大计重在"守成",意在维持现状,对外方针以"不失国体,不启边衅"①为基本原则,既要维护"天朝"体制的尊严,又要不引起对外战争。因此,他谕示林则徐禁烟"务使洋人闻风慑服,亦不至于骤开边衅,方为妥善"②。此谕下发前后,又将其颁给疆臣边帅,可见当时的最高统治者从一开始就持消极自保的态度,对外患强敌的认识严重不足。在第一次鸦片战争后,清朝统治者上层在随之而来的西方列强入侵面前一直采取苟安自活的矛盾心态,在外强威胁到其根本利益时也曾采取一定的抵抗态度,而一旦根本危机有所暂缓或者国内矛盾加剧(太平天国运动等),则又往往采取消极退让的态度。

2. 民族意识的觉醒

面对深重的民族危机和社会危机,救亡图存、振兴中华成为近代中国的时代性主题。中华民族的志士仁人进行了艰辛的探索。正如毛泽东所说:"自从一八四〇年鸦片战争失败那时起,先进的中国人,经过千辛万苦,向西方国家寻找真理。"③

从社会文化所包含的内在逻辑结构的历史发展来看,大致可以划分为三个不同的认识阶段。

其一,在"器物上感觉不足"而"师夷长技"的时期,主要学习西方技术和自然科学,是自鸦片战争开始为近代中国学习西方的第一阶段。

鸦片战争前后,以林则徐、魏源为代表的地主阶级改革派是中国近代学习西方的先驱者。林则徐是鸦片战争中抵抗派首领,伟大的爱国者,被后人誉为"开眼看世界的第一人"。他既主张坚决抵抗外国侵略,又提倡学习外国的长技,并研究和了解西方的情况。早在鸦片战争爆发前夕,他已在留心外国的情况。在广东主持禁烟时,便开始使人采访西事,翻译西书,购买新闻纸。他组织编译的《四洲志》等著作,使人们获得了不少西方国家政治、经济、军事、史地

---

① 《筹办夷务始末(道光朝)》(卷13),中华书局1964年版,第399页。
② 《筹办夷务始末(道光朝)》(卷7),中华书局1964年版,第189页。
③ 《毛泽东选集》(第四卷),人民出版社1991年版,第1469页。

等方面的知识，犹如在闭塞已久的社会中打开了一扇窗户，给人以耳目一新之感，对于开阔人们的眼界，促进人们对西方的了解，有重要的影响。

魏源同林则徐一样，苦心探索救国救民之路。他在《四洲志》基础上增补中外资料，编成《海国图志》一书。这部书不仅是近代中国第一部全面介绍世界历史地理的著作，而且总结了鸦片战争的经验教训，提出了有名的"师夷长技以制夷"的主张，表现了作者在了解世界情况和更新观念上的巨大突破，开创了近代中国人向西方寻求真理的新风。

虽然那时地主阶级改革派对西方资本主义的了解还很肤浅，学习西方的内容也只是局限在"一战舰，二火器，三养兵练兵之法"，但是"师夷"的提出，揭开了中国人民了解世界和迈开步伐走向世界的序幕，成为中国人民为改变落后挨打的被动处境而奋起斗争的开端。

然而，林则徐、魏源的主张对腐朽的清朝统治者来说，不过是一纸空文。鸦片战争以后，尽管"天朝"的门户被无可奈何地打开了，清朝当权者们仍然故步自封，拒绝去重新认识中国以外的西方世界。直到20年后，在英法联军和太平天国农民起义的所谓"内忧外患"双重打击下，清朝统治者才开始认识到帝国面临的严重危机，开始了洋务运动。洋务派是"师夷"主张的实践者。他们举办洋务事业，把"师夷长技"的思想变为具体的行动，主张引进技术、扩大贸易、合资办厂、开采矿山、派留学生、办学堂、译西书等，是封建官僚学习西方的一次大胆尝试。

这一时期太平天国农民领袖洪秀全、洪仁玕等也提出了《资政新篇》这样一个全面学习西方资本主义的政治、经济纲领，超出了同时代地主阶级思想家学习西方的认识水平。只是由于历史条件的限制，以及中外反动势力的联合镇压，他们未能完成学习西方改造中国的艰巨任务。

其二，从甲午战争经戊戌维新至辛亥革命，是在"制度上感觉不足"而进行政治制度的变革时期，是近代中国学习西方的第二阶段。主要学习西方的民主政治，包括天赋人权论、进化论、君宪制、共和制等，这在更高的层次，更广泛的范围内，开启了学习西方的大门。这阶段的学习任务主要是由资产阶级承担的。

以郑观应、王韬等为代表的一些早期维新思想家，早在甲午战争前就提出不仅要在技艺上，而且要在政治制度和社会制度上学习西方。他们以为西方之所以富强，其根本原因并不是船坚炮利，而是由于在经济上"以工商立国"，在政治上实行"议院之法"。这是一个了不起的进步。

1894年爆发的中日战争，是中国近代史上的一大转折。清政府在战争中惨败于日本，亡国灭种之祸近在眼前。资产阶级维新派高举"救亡图存"的旗帜，主张"要救国，只有维新，要维新，只有学外国"①。他们要求清政府仿效西方资本主义国家，在政治、经济、军事、文化、教育等方面实行全面的改革，并大力宣扬西方资产阶级的民权、自由、平等说。资产阶级维新派"救亡图存"的呐喊，唤醒了人们的民族意识，激发了人们的爱国之心，促使更多的人从沉睡中惊醒过来，投入到爱国救亡的洪流中。

面对中国被列强瓜分豆剖的民族危机，与资产阶级维新派主张用变法、维新的方法来救亡图存不同，资产阶级革命派主张用暴力推翻清政府的革命手段来实现救亡图存。1894年11月，兴中会成立。在孙中山起草的《兴中会章程》中，第一次响亮地提出了"振兴中华"的口号。他有鉴于清政府的腐败和顽固，看到维新变法行不通，便毅然抛弃以英国、日本为模式建立君主立宪的改良道路，而主张以美国、法国为榜样通过暴力革命手段建立共和制。辛亥革命推翻了清王朝，建立了中华民国，终于将近代学习西方资产阶级政治制度的理想付诸实施，从而把学习西方运动提高到了前所未有的水平。

其三，从辛亥革命至五四新文化运动，在"文化上感觉不足"而从文化深层进行反思的时期，是近代中国学习西方的第三阶段。

当时，一方面是民国建立，民主气氛高涨，学术趋向自由；另一方面，是袁世凯进行封建复辟活动，封建文化猖獗一时，革命成果毁于一旦。为此，以陈独秀为代表的激进的民主主义者，鉴于辛亥革命失败的教训，意识到革命不是推翻皇帝便算了事，更重要的是唤起多数人的民主意识，认定"伦理的觉悟"才是"最后觉悟"。② 他们高举"科学与民主"的旗帜，掀起波澜壮阔的思想启蒙运动，把近代学习西方提高到文化的最深层。

中国人学习西方的态度曾经是十分热烈和虔诚的。"那时，求进步的中国

---

① 《毛泽东选集》（第四卷），人民出版社1991年版，第1470页。
② 《陈独秀文集》（第一卷），人民出版社2013年版，第140页。

人,只要是西方的新道理,什么书也看。"①但是,向西方学习既没有使中国争得民族独立,也没有使中国走向富强。帝国主义一次次的侵略,一次次地打破了中国人学习西方的迷梦。随着十月革命的爆发,中国的先进分子开始把目光转向马克思主义,寻求新的救国救民的真理。

[教学小结]

这一章我们学习了资本帝国主义对中国的野蛮侵略和中国人民抵御外来侵略、争取民族独立的斗争,通过分析认识了列强侵略中国的种种罪行,了解了中国人民反抗外来侵略斗争的历程,认识了是中国人民英勇的反抗斗争粉碎了资本帝国主义瓜分中国的图谋,也认识了中国人民反抗侵略斗争失败的原因,从中得出了一个基本的结论:帝国主义的野蛮侵略和封建主义的腐朽统治以及这两者的交相为恶是近代中国贫穷落后的根源,中国人民只有推翻帝国主义和封建主义的统治,才能获得民族独立和人民幸福。在这一章里,我们还了解了近代中国人民在帝国主义的大炮震动下,从睁眼看世界到"救亡图存""振兴中华",民族意识逐渐觉醒到猛醒,在这样的醒悟中,中国人民掀起了轰轰烈烈的民主革命,谱写了惊天地、泣鬼神的光辉业绩。

三、延伸阅读

(1)[法]佩雷菲特:《停滞的帝国:两个世界的撞击》,王国卿等译,生活·读书·新知三联书店 2013 版。

(2)茅海建:《天朝的崩溃:鸦片战争再研究》,生活·读书·新知三联书店 2014 年版。

(3)陈旭麓:《近代中国社会的新陈代谢》,生活·读书·新和三联书店 2018 年版。

(薛小荣)

---

① 《毛泽东选集》(第四卷),人民出版社 1991 年版,第 1469 页。

第二章
不同社会力量对国家出路的早期探索

一、教学指南

(一) 教学目的

(1) 了解近代中国探索国家出路的复杂时代背景,准确把握近代各救亡图存运动的内涵与发展。

(2) 认识太平天国农民战争及其代表的农民斗争的兴起与失败,深刻明晰农民斗争逻辑的局限性。

(3) 理解洋务运动的兴起与历史作用;阐明维新运动的开展及其夭折的必然性,分析新兴的民族资产阶级的产生及其特性。

(二) 教学要点

(1) 把握三大运动失败的原因及对国家出路探索的经验与教训。

(2) 认识近代中国对国家出路的早期探索的新观点新动向,深刻认识近代中国对国家出路的早期探索的失败及其必然性,从多角度理解救亡图存的迫切,揭示简单逻辑下抗争的无效性与局限性,树立正确的历史观。

（三）框架结构

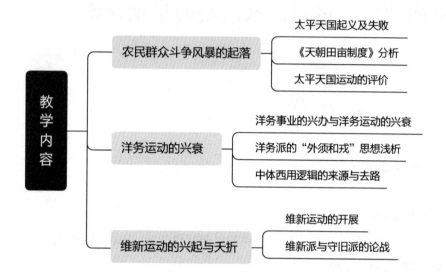

二、教学讲义

自鸦片战争以来，各个阶级为了寻找出路而不断挣扎与反抗，这一历程与近代中国所受的压迫与侵略伴随始终。正如蒋廷黻在《中国近代史》中所说："西洋势力侵略起始的时候，正是我们抵抗力量薄弱的时候。到了道光年间，我们的法制有名无实，官吏腐败，民生痛苦万分，道德已部分的失其维系力。我们一面须接受新的文化，一面又须设法振兴旧的政教。我民族在近代所遇着的难关是双层的。"①

（一）农民群众斗争风暴的起落

1. 太平天国起义及失败

1843年，洪秀全创立了拜上帝教，撷取原始基督教教义中反映下层民众要求的平等思想和某些宗教仪式，从农民斗争的需要出发，加以改造，并利用它

---

① 蒋廷黻：《中国近代史》，上海古籍出版社2006年版，第23页。

发动和组织群众。1850年夏,洪秀全在广西金田村起兵。九月,占蒙山县(旧名永安),于是定国号为太平天国,自称天王。清兵进围永安。洪秀全于咸丰二年(1852年)春突围,进攻桂林,未得,改图湖南。他在长沙遇着很坚强的抵抗,乃向湘江下游进攻。他在岳州得着吴三桂留下来的军械,并抢夺了不少的帆船。实力补充了以后,他直逼武汉。他虽打下了汉阳、武昌,但不留兵防守,设官立治。他一直向长江下游进攻,沿途攻破了九江、安庆、芜湖,咸丰三年春打进南京,就定都于此,改名天京。在定都南京以前,洪秀全的行动,类似流寇,定都南京以后,他才开始他的建国工作。太平天国定都天京后,先后进行了北伐、西征和天京城外的破围战。到1856年上半年,除北伐失利外,太平军在湖北、江西、安徽和天京附近等战场都取得了重大胜利,控制了大片地区,达到了军事上的全盛时期。

2.《天朝田亩制度》分析

农民起义的理想是什么?在封建剥削下争取解放的农民到底要建立一个怎样的社会?这是两千年间封建时代的每一次农民战争都提出并企图回答的问题。太平天国起义是中国旧式农民战争的最高峰,它在这个问题上构建了自己的理想——《天朝天亩制度》。把千百年来农民对拥有土地的渴望在《天朝田亩制度》中比较完整地表达了出来。

《天朝田亩制度》是最能体现太平天国社会理想和这次农民起义特色的纲领性文件。它确立了平均分配土地的方案,规定了农村公社的组织制度,规定了农民生活的各项准则。它主要包含有两个内容:一是彻底废除地主土地所有制,建立财产的公有制;二是建立兵农合一的地方政权组织,领导农民生活。太平天国的领导者们希望通过施行这样的方案,建立"有田同耕,有饭同食,有衣同穿,有钱同使,无处不均匀,无人不饱暖"的理想社会。所以,《天朝田亩制度》实际上是一个以解决土地问题为中心的比较完整的社会改革方案。

3. 对太平天国运动的评价

太平天国是以宗教来发动、组织群众的,但是,拜上帝教教义不仅不能正确指导斗争,而且给农民战争带来了危害。在太平天国后期,洪秀全甚至认为"天生真命主,不用兵而定太平一统",梦想以虚幻的力量代替农民起义者自身的努力。太平天国也未能正确地对待儒学。他们开始时把儒家经书笼统地斥之为"妖书"，后来虽主张将"四书""五经"删改后加以利用，但原封不动地保留了儒学中的封建纲常伦理原则。太平天国的领袖们不承认不平等条约，这是很正确的。但他们不能把西方国家的侵略者与人民群众区别开来，而是笼统地把信奉天父上帝的西方人都视为"洋兄弟"，这说明他们对于西方资本主义侵略者还缺乏理性的认识。

《天朝田亩制度》的主张，从根本上否定了封建社会的基础即封建地主的土地所有制，体现了广大农民要求平均分配土地的强烈愿望，是对以往农民战争中"均贫富""等贵贱"和"均平""均田"思想的发展和超越，具有进步意义。不过，它并没有超出农民小生产者的狭隘眼界。它所描绘的理想天国，仍然是闭塞的自给自足的自然经济，是小农业和家庭手工业相结合的传统生活方式；同时又是一个没有商品交换的和绝对平均的社会。这种社会理想，在很大程度上具有不切实际的空想的性质。实际上，《天朝田亩制度》中的平分土地方案即使在太平军占领地区也并未能付诸实行。《资政新篇》则是中国近代历史上第一个比较系统的发展资本主义的方案，这反映了太平天国某些领导人在后期试图通过向外国学习来寻求出路的一种努力。因此，太平天国起义具有了不同于以往农民战争的新的历史特点。

太平天国起义及其失败表明，在半殖民地半封建的中国，农民具有伟大的革命潜力；但它自身不能担负起领导反帝反封建斗争取得胜利的重任。单纯的农民战争不可能完成争取民族独立和人民解放的历史任务。

（二）洋务运动的兴衰

1. 洋务事业的兴办与洋务运动的兴衰

为了挽救清政府的统治危机，封建统治阶级中的部分成员如奕䜣、曾国藩、李鸿章、左宗棠、张之洞等，主张引进、仿造西方的武器装备和学习西方的科学技术，创设近代企业，兴办洋务。这些官员被称为"洋务派"。洋务派兴办洋务事业，首先是为了购买和制造洋枪洋炮以镇压农民起义，同时也有借此加强海防、边防，并乘机发展本集团的政治、经济、军事实力的意图。奕䜣认为，太平天国、捻军等农民起义是"心腹之害"，俄国是"肘腋之忧"，英国是"肢体之患",所以"灭发(指太平天国)、捻(指捻军)为先,治俄次之,治英又次之"。具体怎么办？奕䜣提出,"探源之策,在于自强。自强之术,必先练兵"。

从19世纪60到90年代,洋务派举办的洋务事业归纳起来有三方面:兴办近代企业,建立新式海陆军,创办新式学堂、派遣留学生。第一,近代化的军队需要近代化的军事装备,所以有江南及天津两个机械制造厂的设立。那两个厂实际大部分是兵工厂。第二,新式军器必须有技术人才去驾驶,所以设立武备学堂,派遣军官出洋留学。第三,近代化的军队必须有近代化的交通,所以有造船厂和电报局的设立,以及铁路的建筑。

洋务派提出"自强""求富"的主张,通过所掌握的国家权力集中力量优先发展军事工业,同时也试图"稍分洋商之利",发展若干民用企业,在客观上对中国的早期工业和民族资本主义的发展起了某些促进作用。洋务运动时期,为了培养通晓洋务的人才,开办了一批新式学堂,派出了最早的官派留学生,这是中国近代教育的开始。与此同时,还翻译了一批近代自然科学书籍,给当时的中国带来了新的知识,使人们开阔了眼界。

洋务运动时期,伴随着资本主义生产方式的出现,传统的"重本抑末"等观念受到冲击,社会风气和价值观念开始变化,工商业者的地位上升。对一部分人来说,西方的各种技术和器物不再被当作"奇技淫巧"受到排斥,而是被视为模仿、学习的对象。这些都有利于资本主义经济的发展,也有利于社会风气的改变。但是,洋务派兴办洋务新政,主要是为了维护封建统治,并不是要使中国朝着独立的资本主义方向发展。

洋务运动历时30多年,虽然办起了一批企业,建立了海军,但却没有使中国富强起来。甲午战争一役,洋务派经营多年的北洋海军全军覆没,标志着以"自强""求富"为目标的洋务运动的失败。洋务运动失败的原因主要有以下三个方面。

第一,洋务运动具有封建性。洋务运动的指导思想是"中学为体,西学为用",企图以吸取西方近代生产技术为手段,来达到维护和巩固中国封建统治的目的,这就决定了它必然失败的命运。因为新的生产力是同封建主义的生产关系及其上层建筑不相容的,是不可能在封建主义的桎梏下充分地发展起来的。他们既要发展近代企业,却又采取垄断经营、侵吞商股等手段压制民族资本;既想培养洋务人才,又不愿改变封建科举制度。

第二,洋务运动对列强具有依赖性。洋务运动进行之时,清政府已与西方国家签订了一批不平等条约,西方列强正是依据种种特权,从政治、经济等各方面加紧对中国的侵略和控制,它们并不希望中国真正富强起来。而洋务派官员却一再主张对外"和戎",其所兴办的企业一切仰赖外国,他们企图依赖外国来达到"自强""求富"的目的,无异于与虎谋皮。

第三,洋务企业的管理具有腐朽性。洋务派所创办的一些新式企业虽然具有一定的资本主义性质,但其管理基本上仍是封建衙门式的。洋务派所办的军事工业完全由官方控制,经营不讲效益,造出的枪炮、轮船往往质量低下。即使是官商合办和官督商办的民用企业,其管理大多也是由政府"专派大员,用人理财悉听调度",商人没有多少发言权,还要承担企业的亏损。企业内部极其腐败,充斥着营私舞弊、贪污受贿、挥霍浪费等官场恶习。

2. 洋务派的"外须和戎"思想浅析

鸦片战争奏响了列强对华大规模殖民侵略的序曲。怎样应对这一千古变局与数千年未有之强敌呢?顽固派的对外态度很简单——"攘夷"。倭仁说:"夷人,吾仇也。咸丰十年,称兵犯顺,凭陵我畿甸,震惊我宗社,焚毁我园囿,戕害我臣民,此我朝二百年未有之辱……朝廷亦不得已而与之和耳,能一日忘此仇哉?"①说得好,很有骨气。但怎样攘夷、复仇呢?他们却提不出一个好主意。正义的反抗者,这是攘夷论者的全部合理性。但他们不明白中国的旧传统、旧文明虽好,但已是明日黄花。面对先进的西洋近代文明的挑战,中国唯一的出路就是开放、变革、现代化。正义或非正义并不能裁决一个民族的命运,关键要看它能否顺应历史发展的潮流。顽固派不顾中国实力,不识世界大势,一味攘夷,其结果只会延误中国走向现代化的进程,绝不能减缓民族的灾难。

"和戎"是洋务派对外的基本主张。鉴于敌强我弱、中国"有贝之财、无贝

---

① 《筹办夷务始末(同治朝)》(卷47),中华书局1979年版,第24页。

之才"都"远逊于西洋"的事实,洋务派反对不顾实力、"逞意气于孤注之掷"①与洋人一见高低。曾国藩说:"驭夷之法,以羁縻为上。"②李鸿章说:"自周秦以后,驭外之法,征战者后必不济,羁縻者事必长久。今之各国又岂有异?"③隐忍、退让、力保和局是洋务派在对外问题上的共识。

如何理解洋务派的"外须和戎"思想?它与顽固派的攘夷相比有何区别?

与顽固派的攘夷相比,洋务派的和戎体现了一种冷静、一种理性。他们意识到中国没落了、衰弱了。人强我弱,人攻我守,在相当长的一段时间内将是无法改变的事实。只有虚心地学习别人,深刻地检讨自己,中国才能逐渐走出当时的困境。洋务派尽管只是朦胧地意识到世界大势,甚至还有浓厚的"卫道"意识,但主张变革、开放、师夷长技、以新卫旧、以西补中,则仍比顽固派高出一筹。而实际结果也是这样,洋务派以"和戎"为前提的自强新政启动了中国的现代化,导演了中国现代化的最初一幕。

"和戎"并不等于投降,也不等于固守已有的局势。"天行健,君子以自强不息。"自强是中国传统的民族精神,含有不甘示弱、不甘沉沦、发奋图强、自图振兴的意思。面对"千古未有之变局"与"千古未有之强敌",洋务派并没有被吓倒,他们从传统中汲取有益中国进步的理念,倡导自强。奕䜣说:"立国之道,在乎自强,而审时度势,则自强以练兵为要,练兵以制器为先。"李鸿章说:"外国猖獗至此,不亟亟焉求富强,中国将何以自立耶?"洋务派的其他成员也有类似的言论。

需要指出的是,"外须和戎"是当时洋务派在外交层面的政治主张,主要思想是通过和平谈话方式解决国际争端,是一种向西方列强的政治妥协。

师夷长技、学习西方是洋务派自强运动的中心内容。李鸿章说:"中国欲自强,则莫如学外国利器。"又说:"西洋军火日新月异,不惜工费,而精利独绝,故能横行于数万里之外。中国若不认真取法,终无法自强。窃谓士大夫留心经世者,皆当以此为身心性命之学。"薛福成则明确把洋务运动的宗旨概括为:

---

① 李鸿章:《筹议海防折》,载《李鸿章全集》(第6卷),安徽教育出版社2008年版,第160页。
② 曾国藩:《复李鸿章》,载《曾国藩全集》(第31卷),岳麓书社2011年版,第417页。
③ 李鸿章:《复曾中堂》,载《李鸿章全集》(第30卷),安徽教育出版社2008年版,第137页。

"取西人器数之学,以卫吾尧、舜、禹、汤、文、武、周、孔之道,俾西人不敢蔑视中华。"①为了自强、自立,洋务派认为,中国不应该也不可能率由旧章维持下去,他们以"穷则变,变则通,通则久"的古训为依据,提出"法贵变通"的思想,要求清政府"稍变成法",在政治、经济、文化、军事、教育等方面做出某些改革,从而适应以学习西方为核心的自强事业的需要。

甲午战败以前,洋务派的变法实践虽然停留在军事、经济领域,但已有人注意到了约章和制度方面,认识到全方位变革的必要性。很显然,和戎、师夷、变法、自强在洋务派的思想中是多维统一的。和戎是前提,自强是目的,师夷、变法则是手段。

3. 中体西用逻辑的来源与去路

对洋务派兴办洋务事业的指导思想最先作出比较完整表述的是冯桂芬。他在《校邠庐抗议》一书中说:"以中国之伦常名教为原本,辅以诸国富强之术。"这个思想后来被进一步概括为"中学为体,西学为用"。所谓"中体西用",就是以中国封建伦理纲常所维护的统治秩序为主体,用西方的近代工业和技术为辅助,并以前者来支配后者。

1)"经世致用"思潮的理论基础

尽管魏源没有明确提出"中体西用",但他常被认为是"中体西用"论的先驱。他率先看到西方船坚炮利的优势,承认西方的"长技"。在《海国图志》中,他提出"先立译馆翻夷书",并建议设立船厂、火器局等。这些主张后来在洋务运动中获得落实。实际上,《经世文编》列有兵政、工政等条目,学习西方的造船、火器等建议大致也可归入兵政、工政各条目中。《经世文编》"兵政"类中列有塞防、山防、海防、蛮防、庙防等条目,其中"海防"一目便收有乾隆年间广东知县张甄陶的《上广督论制驭澳夷状》,其后《海国图志》乃专以纂辑此类文献为主。由此可知,以"师夷长技以制夷"为鹄的《海国图志》正是以经世致用为宗旨的《经世文编》"海防"一目的深入与拓展。就这个意义说,"师夷"可视为"经世"之学在"鸦片战争"以后的逻辑发展。

"体用"是指晚清期间,中国知识界处理中西文化关系的一种最通行的思

---

① 薛福成:《筹洋刍议》,载丁凤麟、王欣之编《薛福成选集》,上海人民出版社1987年版,第555页。

维定式。当然,在这种定式下,发生过许多认识上的分歧,发生过许多观念上的变化,不过,以"体用"为结合点来探讨中西文化问题,却大体上可以看作晚清七十年间中西文化观念的基本形态,或者说晚清中西文化观念的一种突出的时代特征。

各种"中体西用"论述,虽或有"本末""主辅""形上形下""道器""体用"等说法的不同,但存在一些共同点。第一,他们都接受"西学"具有经世致用的功用。从冯桂芬所说的"诸国富强之术",到郑观应所说的"器可变",都不否认这一点。第二,他们对于"中学"内涵的理解也具有共识。无论是冯桂芬所说的"伦常名教"、薛福成所说的"尧舜禹汤文武周孔之道",还是郑观应所说的"孔孟之常经",他们所竭力维护的重点都是儒家的纲常伦理。然而,他们的这些论述大体仍比较零散。尤其突出的一点是,"中学"一词虽然被郑观应首次提出,但他并未对"中学"的学术内涵及学术体系进行厘定。

2)去路:从"道"走向"科学"的初步理清与探索

科学是促成中国社会从传统走向现代的关键因素。科学在中国的地位,正如胡适所言:"这三十年来,有一个名词在国内几乎做到了无上尊严的地位;无论懂与不懂的人,无论守旧和维新的人,都不敢公然对他表示轻视或戏侮的态度。那个名词就是'科学'。"[1]在中国,近代科学的发展,也正是在与传统因素的互动中衍化变迁。其中,西方近代"科学"与儒家传统"道"是贯穿始终的发展主线。科学正是在与传统儒家道的碰撞与融合中,其概念内涵不断被诠释,并趋于完善。传统儒家价值体系与思维方式在争辩中也被反复审视。

洋务派思想家认为道是指圣王之道。所谓圣王之道,正如薛福成所说:"今诚取西人器数之学,以卫吾尧、舜、禹、汤、文、武、周、孔之道。"那么,在洋务派思想家的视域中,圣王之道就是传统儒家的"人道"。"人道"具体体现为"伦常名教"。如冯桂芬所述:"以中国之伦常名教为原本,辅以诸国富强之术。"在此,冯桂芬提出了中学为体、西学为用的主张。作为传统儒家哲学的概念范畴,体是指实体、本质或根本,用是指功用、现象或应用。洋务派思想家看到的是西器的功用,主张引进与学习西方先进的器物与技术。在改革中,以封建纲

---

[1] 胡适:《胡适学术文集·哲学与文化》,中华书局2001年版,第161页。

常为内容的圣王之道,作为统治秩序的依据,具有根本性,所以不可变。如张之洞所言:"夫不可变者,伦纪也,非法制也;圣道也,非器械也;心术也,非工艺也。"由此来看"道"与"器"的区别。"道"作为传统的价值观念体系,具有主导作用,属于形上之维。"器"或"技"是工具,作为器物层面的存在,属于形下之物。洋务派思想家认为器诸如汽车、光学、化学、数学等,是后天的形器,它的产生依赖于先天的依据。例如王韬从"道"与"器"看中西的区别,他说:"形而上者中国也,以道胜;形而下者西人也,以器胜。"

洋务派思想家在主张学西的过程中,将西学与西技、西器分离。因西学的分离,科学的内涵也发生了变化。科学不仅包含早期洋务派视域中的西器、西技,还包括西学。在此,洋务派思想家多以传统儒家认识论中的"格致学"与"西学"相比较,例如冯桂芬认为"如算学、重学、视学、光学、化学等皆得格物至理"。

科学与道的互动是贯穿科学观念近现代演化过程的主线。在西方近代科学思想的冲击下,道的内涵被逐层审视,科学观念在与道的碰撞中趋于完善。初始阶段,洋务派思想家注重器技的功用,用器技维护圣王之道。过渡阶段,维新思想家对科学内涵的理解拓展至科学知识、科学精神、科学方法。科学与道的融合渗透至道的全部方面,科学具备了道的形态。成熟阶段,知识分子用科学审视道,科学成为价值标准。道在与科学的比较中凸显出本有的人文价值。在此,围绕科学与人文的争辩悬而未决。从科学与道的互动视角梳辨思想的流变与脉络,可为研究科学与中国传统儒家思想的互动提供动态图景与逻辑理路,也为当今时代异质文化的交流提供历史借鉴。

(三)维新运动的兴起和夭折

早期维新思想家继承和发展了林、魏等人的民本思想,并把它从"重本抑末"的农本思想的窠臼中解脱出来,置于"以工商立国"的商本论的基础上,形成一种具有新的社会内容和政治内容的重民思想。代表民族资本主义发展要求的知识分子们把向西方学习推进到一个新的高度,即不但要求学习西方的科学技术,而且要求学习西方资本主义的政治制度和思想文化。以康有为、梁启超、谭嗣同、严复等为主要代表人物的资产阶级维新派与守旧派发起了以

"要不要维新"为核心的论战,以光绪皇帝为标志,颁布了一系列涉及经济、政治、文化、教育等诸多方面的改革政策,然而除京师大学堂(北京大学的前身)被保留下来以外,其余新政措施大都被废除,维新派人士和参与或同情变法的官员接连遭遇"政变",戊戌维新作为中国民族资产阶级登上政治舞台的第一次表演,竟失败得这么快,这不但暴露了这个阶级的软弱性,同时也说明在半殖民地半封建的旧中国,企图通过统治者走自上而下的改良的道路,是根本行不通的。

1. 维新运动的开展

在内忧外患的冲击和中西文化的碰撞过程中,人们逐步形成了一个共识:要救国,只有维新;要维新,只有学外国。那时的外国只有西方资本主义国家是进步的,它们成功地建设了资产阶级的国家。日本向西方学习有成效,中国人也想向日本学。在这样的历史条件下,资产阶级的改良思想迅速传播开来,逐步形成为变法维新的思潮,并发展成一场变法维新的政治运动。

以康有为、梁启超、谭嗣同、严复等为主要代表人物的资产阶级维新派,采取了下列行动宣传维新主张。一是向皇帝上书。如康有为曾多次向光绪皇帝上书,他在1895年曾联合在京参加会试的举人共同发起"公车上书"。二是著书立说。如康有为写了《新学伪经考》《孔子改制考》,梁启超写了《变法通议》,谭嗣同写了《仁学》,严复翻译了赫胥黎的《天演论》等。三是介绍外国变法的经验教训。如康有为向光绪皇帝进呈了《日本变政考》《俄彼得变政记》《波兰分灭记》等书。四是办学会。著名的有强学会、南学会、保国会等。五是设学堂。重要的有康有为主持的广州万木草堂、梁启超任中文总教习的长沙时务学堂等。六是办报纸。影响最大的有梁启超任主笔的上海《时务报》、严复主办的天津《国闻报》以及湖南的《湘报》等。维新派以各种方式宣传变法主张,制造维新舆论,培养变法骨干,组织革新力量,而重点则放在争取光绪皇帝及其周围的帝党官员的支持上,希望通过他们自上而下地实行变法主张。

维新派试图通过光绪皇帝推行的这种改革方案,遭到了封建守旧势力的激烈反对。光绪皇帝所颁布的新政命令,由于中央和地方守旧官僚们的抵制,大多未能付诸实施。聚集在慈禧太后周围的守旧势力力图对维新派进行反击和镇压。经过密谋策划,守旧势力于1898年9月21日发动政变,慈禧太后以

"训政"的名义,重新独揽大权,将光绪皇帝软禁于中南海瀛台,同时下令搜捕维新人士。康有为、梁启超被迫逃亡海外。谭嗣同则拒绝了要他出走日本的劝告,坦然表示:"各国变法,无不从流血而成;今日中国未闻有因变法而流血者,此国之所以不昌也。有之,请自嗣同始。"①9月28日,谭嗣同、刘光第、林旭、杨锐、杨深秀、康广仁六人同遭杀害,史称"戊戌六君子"。

茅海建在《戊戌变法史事考》中提出,戊戌政变是一个过程,是由相关的诸多事件组成,前后经历了光绪未上报慈禧太后而独立决定罢免礼部六堂官(直接导火索)、开懋勤殿、设议政官等,慈禧太后与光绪帝的政治权力关系经历了紧张、对立、决裂,最后发展到慈禧太后企图废帝。

2. 维新派与守旧派的论战

维新派与守旧派的论战当时,封建守旧派和反对改变封建政治制度的洋务派,利用自己的地位和权力,对维新思想发动攻击,斥之为"异端邪说",指责康有为、梁启超等维新派人士是"名教罪人""士林败类"。于是维新派与守旧派之间展开了一场激烈论战。论战主要围绕以下三个问题展开。

第一,要不要变法。守旧派坚持"祖宗之法不可变",有的人甚至主张"宁可亡国,不可变法"。而维新派则根据西方进化论的观点,认为自然界和人类社会都是不断发展变化的。他们提出"变者天下之公理也""能变则全,不变则亡,全变则强,小变仍亡"。只有维新变法,革除积弊,才能挽救中国所面临的危亡局面,以图求存和自强。

第二,要不要兴民权、设议院,实行君主立宪。守旧派认为,"民权之说无一益而有百害","民权之说一倡,愚民必喜,乱民必作,纪纲不行,大乱四起"。维新派则运用西方资产阶级政治学说,对封建君主专制制度作了批判。谭嗣同指出:"君末也;民本也。"严复甚至认为,国家是"民之公产",王侯将相不过是"通国之公仆隶",而专制帝王则是"窃国者耳"。② 维新派还认为,"欲兴民权,宜先兴绅权"③,即首先要为正在向资产阶级转化的士绅争取政治地位;只

---

① 梁启超:《谭嗣同传》,载《谭嗣同全集(修订本)》(下册),生活·读书·新知三联书店1954年版,第546页。
② 王栻主编:《严复集》(第一册),中华书局1986年版,第35—36页。
③ 梁启超:《论湖南应办之事》,载《饮冰室合集·文集》(第三册),中华书局1989年版,第43页。

有君主立宪制度才是当时中国理想的政治方案，兴民权、设议院，实行君主立宪，才是"治国之大经"。

第三，要不要废八股、改科举和兴西学。守旧派把西方近代科学技术斥之为"奇技淫巧"。洋务派虽认为西方的军事和技术可以学习，但坚持封建的政治制度、科举八股，尤其三纲五常绝对不能触动。而维新派则痛斥八股取士的科举制度是统治者"牢笼天下"的愚民政策，因此要救中国必须废八股、改科举，办学堂、兴西学。严复大声疾呼："民智者，富强之原"，"欲开民智非讲西学不可"，"救亡之道在此，自强之谋亦在此"。针对洋务派"中体西用"的口号，维新派驳斥道："未闻以牛为体，以马为用者。"因为体用是不可分的，把中学之"体"和西学之"用"凑在一起，就如同要让"牛体"产生"马用"一样荒谬。

[互动讨论] 如何认识维新派与守旧派的论战？戊戌维新的意义与教训是什么？

维新派与守旧派的这场论战，实质上是资产阶级思想与封建主义思想在中国的第一次正面交锋。论战所涉及的领域十分广泛，进一步开阔了新型知识分子的眼界，解放了人们长期受到束缚的思想。通过论战，西方资产阶级社会政治学说在中国得到进一步的传播，戊戌变法运动的帷幕随之拉开。

戊戌维新运动的意义——戊戌维新运动虽然失败了，但它在中国近代史上仍然有着重大的历史意义。

第一，戊戌维新运动是一次爱国救亡运动。维新派在民族危亡的关键时刻，高举救亡图存的旗帜，要求通过变法，发展资本主义，使中国走上富强的道路。维新派的政治实践和思想理论，不仅贯穿着强烈的爱国主义精神，而且推动了中华民族的觉醒。

第二，戊戌维新运动是一场资产阶级性质的政治改良运动。维新派突破洋务派"中体西用"思想的局限，主张用君主立宪制取代君主专制制度。戊戌维新运动虽然未能成功地建立起资本主义的君主立宪制度，其颁布的促进民族资本主义发展的若干措施也未能生效，但在政治、经济等领域一定程度上冲击了封建制度。

第三，戊戌维新运动更是一场思想启蒙运动。维新派大力传播西方资产阶级的社会政治学说和自然科学知识，宣传自由平等、社会进化观念，批判封建君权和封建纲常伦理，从而把顽固的封建主义思想壁垒打开了一个缺口，有利于民主思想在中国的传播，有利于人们的思想解放。在维新派的推动下，"诗界革命""文体革命""小说界革命""戏剧改良""史学革命"等相继而起，形成了广泛的文化革新运动。以维新运动为起点，资产阶级新文化开始打破封建文化独占文化阵地的局面。在教育方面，维新派主张采用西方近代教育制度，兴办新式学堂，这对中国近代教育的发展起了积极的推动作用。

维新派在改革社会风习方面也提出了许多新的主张。如主张革除吸食鸦片及妇女缠足等恶俗陋习，提出"剪辫易服"的主张，倡导讲文明、重卫生等。

戊戌维新运动的失败，主要是由于维新派自身的局限和以慈禧太后为首的强大的守旧势力的反对。当时民族资本主义经济力量还十分微弱，民族资产阶级的社会基础相当狭窄。民族资产阶级的政治代表维新派的势力更是非常弱小，很多人自身还保留着封建士大夫的痕迹。他们既没有严密的组织，也不掌握实权和军队，更没有去发动群众。这样，他们就只能把自己实行改革的全部希望寄托在一个没有实权的光绪皇帝身上。在这样的情况下，他们又怎能不失败？

维新派本身的局限性突出地表现在以下三个方面。

其一，不敢否定封建主义。他们在政治上不敢根本否定封建君主制度，只是幻想依靠光绪皇帝"以君权雷厉风行"，通过和平、合法的手段，实现自上而下的改良，让资产阶级和开明士绅的代表参加政权，逐步实现君主立宪。在经济上，他们虽然要求发展民族资本主义，却未触及封建主义的经济基础——封建土地所有制。在思想上，他们虽然提倡学习西学，却仍要打着孔子的旗号，借古代圣贤之名"托古改制"。

其二，对帝国主义抱有幻想。他们虽然大声疾呼救亡图存，却又幻想西方列强能帮助自己变法维新。维新派尖锐地揭露了俄国侵华的事实，却幻想依靠与英、日结成同盟来抵抗俄国。有人甚至建议聘请日本前首相伊藤博文来中国任维新的顾问。英、日帝国主义虽然表面上同情维新派，但实质上只是为了乘机扩大在华侵略势力，并寻找它们在中国的代理人，同时也是为了与俄国进行争夺。因此，在戊戌政变前夕，维新派分别乞求英、美、日公使的支持，结果都落了空。

其三，惧怕人民群众。维新派的活动基本上局限于官僚士大夫和知识分子的小圈子。他们不但脱离人民群众，而且惧怕甚至仇视人民群众。康有为在每次上书中，都反复提醒光绪皇帝不要忘记人民反抗的危险，强调"即无强敌之逼，揭竿斩木，已可忧危"，如果不实行变法，下层群众将会起来造反，使皇帝及其大臣们"求为长安布衣而不可得"。正因为没有人民力量作为后盾，所以当他们得悉守旧派要发动军事政变时，只得打算依靠掌有兵权的袁世凯，结果反被袁世凯出卖。而一旦守旧派操刀反击，维新派也就没有丝毫抵抗的能力。谭嗣同慷慨就义前的临终语"有心杀贼，无力回天"，正反映了这一点。"回天之力"存在于亿万民众之中，这是维新派的志士们所没有认识到的。

维新派的首领们流亡国外，在义和团运动失败和八国联军进占北京后，维新变法的呼声又迅速再起。1901年1月，流亡在西安的慈禧太后被迫以被挟持的光绪帝的名义下诏"维新"，要求内外大臣官员在两月内提出"全面维新"的办法，"整顿中法，以行西法"。1905年末废除科举制，派五大臣出国考察政治。1906年秋又宣布实行"预备仿行宪政"。清政府的"维新""立宪"活动虽取得了不少具体成果（废科举、改官制、筹立法、奖实业、练新军、兴学校等），但由于中国近代化进程中的内部衰败，边缘化（半殖民地化）、革命化和近代化等过程都加强了。清朝统治者无法应付这种矛盾的局面，它的统治基础日益缩小，终于在辛亥革命中垮台，晚清第三次近代化潮流又夭折。

[教学小结]

列强发动的侵华战争以及中国反侵略战争的失败，从反面教育了中国人民，极大地促进了中国人的思考、探索和奋起。鸦片战争以后，先进的中国人开始睁眼看世界了；中日甲午战争以后，中国人民的民族意识开始普遍觉醒。自鸦片战争以来，各个阶级为了寻找出路而不断挣扎与反抗，这一历程与近代中国所受的压迫与侵略伴随始终。

太平天国起义及其失败表明，在半殖民地半封建的中国，农民具有伟大的革命潜力；但它自身不能担负起领导反帝反封建斗争取得胜利的重任。单纯的农民战争不可能完成争取民族独立和人民解放的历史任务。

作为第一次近代化运动，洋务运动在理性认识与政策指导上表现出了多方面的偏执与缺误。第一，近代化的基础和实质是工业化，但洋务派一唯兵，二重官，实质是一种缺乏近代经济灵魂与中心错位的产业政策，延续了怕商、抑商的封建政治惯性，使得洋务企业经济成效受到影响，也抑制了民间资本的成长。第二，洋务运动时期，当政者对于近代文明缺乏整体性的认识，表现出文化保守主义的特征，这是晚清近代化一直步履维艰的重要原因。第三，洋务派与清政府是在维护清王朝的连续性下借法自强的，缺乏建立近代国家和形成近代国民的认识与举措，即罗兹曼所说的"现行政治体制与实现现代化的果断行动极不适应，这一缺陷是中国现代化起步缓慢的主要原因"。① 正因为如此，洋务运动不可能为中国摆脱贫弱找到出路，也不可能避免最终失败的命运。洋务运动作为第一次近代化运动，这篇文章头未开好，肇致了晚清近代化潮流的一波三折。

戊戌维新虽然失败了，但作为一次制度性变换的尝试其意义重大。维新派突破洋务派"中体西用"思想的局限，主张用君主立宪制取代君主专制制度。戊戌维新运动虽然未能成功地建立起资本主义的君主立宪制度，其颁布的促进民族资本主义发展的若干措施也未能生效，但在政治、经济等领域一定程度上冲击了封建制度。

近代以来，中国的志士仁人正是怀着强烈的忧患意识和变革意识，历尽千辛万苦，不怕流血牺牲，去探索挽救中华民族危亡、实现民族复兴的道路的。从太平天国运动、洋务运动、戊戌维新、辛亥革命，都是在救亡图存的时代背景下发生的。这些斗争和探索，使中华民族燃烧起了新的希望，标志着中华民族进一步的觉醒。

三、延伸阅读

（1）［美］史景迁：《"天国之子"和他的世俗王朝：洪秀全与太平天国》，朱庆葆等译，上海远东出版社2001年版。

（2）丁伟志、陈崧：《中西体用之间》，中国社会科学出版社1995年版。

---

① ［美］吉尔伯特·罗兹曼主编：《中国的现代化》，人民出版社1989年版，第274页。

(3) 茅海建：《戊戌变法史事考》，生活·读书·新知三联书店 2005 年版。

(4) 蔡乐苏等：《戊戌变法史述论稿》，清华大学出版社 2001 年版。

(5) 蒋廷黻：《中国近代史（插图本）》，上海古籍出版社 2004 年版。

(6) 李剑农：《中国近百年政治史（1840—1926 年）》，复旦大学出版社 2002 年版。

（杨宏雨）

第三章
辛亥革命与君主专制制度的终结

一、教学指南

(一) 教学目的

(1) 了解辛亥革命在 20 世纪初爆发的重要历史条件,对于产生资产阶级革命派的经济基础和其阶级构成有充分认识。

(2) 了解以孙中山为代表的资产阶级革命派的主要活动,特别是掌握三民主义的核心概念和历史意义,以及资产阶级共和国方案的主要内容。

(3) 了解辛亥革命最终失败的原因,通过对袁世凯窃国的过程和北洋军阀专制统治最终形成等史实的学习,总结资产阶级革命派失败的主客观原因和由此得出的经验教训。

(二) 教学要点

(1) 阐明辛亥革命的爆发绝不是偶然,而是一种历史的必然。梳理辛亥革命爆发的主观与客观等一系列社会历史条件。

(2) 结合对清末"新政"进行讲解和点评,阐明如何正确认识革命与改良的关系。

(3) 从各个层面深入解析辛亥革命是 20 世纪中国的第一次历史性巨变。

(4) 对辛亥革命最终失败的过程进行分析。

(5) 深入阐释资产阶级共和国的方案在中国行不通的根本原因。

（三）框架结构

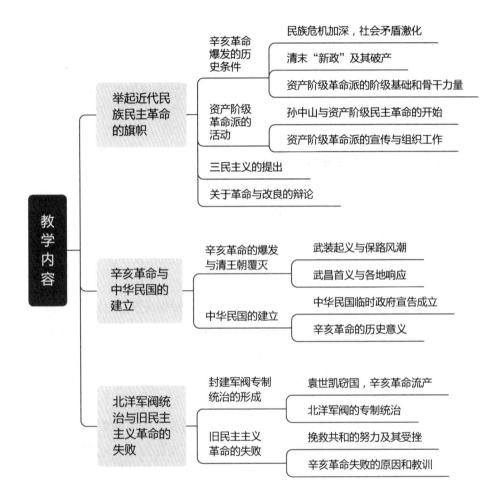

二、教学讲义

辛亥革命与君主专制制度的终结是既是旧民主主义革命的尾声，也是"20世纪中国的第一次历史性巨变"。自1840年中国开始沦为半殖民地半封建社会，近代以来中华民族首先面临着争取民族独立和人民解放这一历史任务。民主革命的先行者孙中山，在进行改良努力失败、对当权者幻想破灭的情况下,最终走上了革命道路。经过前仆后继的英勇奋斗,最终推翻了清王朝统治,结束了统治中国几千年的封建君主专制制度,传播了民主共和的理念,深刻地推动了近代中国的社会变革。

正如习近平同志所指出的,"孙中山先生是伟大的民族英雄、伟大的爱国主义者、中国民主革命的伟大先驱"。① 孙中山先生所领导的辛亥革命永远是中华民族伟大复兴征程上一座巍然屹立的里程碑。

(一) 举起近代民族民主革命的旗帜

1. 辛亥革命爆发的历史条件

1) 民族危机加深,社会矛盾激化

戊戌维新运动失败以后,以孙中山为代表的革命派在中国掀起了一场资产阶级革命运动。这场革命的发生,是和当时民族危机持续加深、社会矛盾不断激化的现实联系在一起的,具有历史的必然性。

1900 年春,八国联军以镇压义和团的名义发动侵华战争,并且迫使清政府签订了丧权辱国的《辛丑条约》。此后,为了加强对清政府的政治控制,帝国主义列强多方扩展在华经济势力,不仅扩大设厂规模和给清政府提供大量高息贷款,并将铁路和矿山的利权作为重要的掠夺目标。与此同时,帝国主义列强对中国领土的入侵也在不断加深。1903 到 1904 年,英国派兵侵入西藏地区;1904 到 1905 年,日本和俄国为了争夺在华利益竟然在中国东北的土地上进行战争,最终日本战胜俄国,获得了中国东北地区南部的一切侵略特权。中国的民族危机进一步加深了。

为了对外支付巨额赔款,清政府的财政开支激增数倍。在清朝的最后几年里,各种巧立名目的税赋层出不穷,致使民怨沸腾,社会矛盾进一步激化了。

从 1902 年到 1911 年,各地较大规模的民变多达 1 300 多起,平均每两天半就要发生一次。各阶层人民的斗争风起云涌,遍及全国,不仅包括各地人民的反洋教斗争,农民、手工业者的抗租、抗捐、抗税斗争,工人的罢工、商人的罢市,少数民族与会党起事,同时还发生了拒俄、拒法、抵制美货运动,以及收回

---

① 习近平:《在纪念辛亥革命 110 周年大会上的讲话》,人民出版社 2021 年版,第 3 页。

利权、保路运动等爱国运动。

这些情况表明,革命正在酝酿之中,有山雨欲来之势。

2）清末"新政"及其破产

为了摆脱困境,清政府于1901年4月成立督办政务处,宣布实行"新政",陆续推行了一些方面的改革。一是裁撤绿营,编练新军；二是废除科举,兴办学堂,颁布新的学制,并且鼓励留学；三是振兴商务,奖励实业；四是迫于内外部压力,于1906年宣布"预备仿行宪政"。

然而,预备立宪不仅没有能够挽救清王朝,反而激化了社会矛盾,加重了危机。主要原因在于,清政府改革的根本目的是延续其封建统治,正如出洋考察政治的五大臣在奏折中所说的,主要是为了"皇位永固"。因此,清政府虽然制定了一个仿效日本实行君主立宪的方案,但又规定了9年的预备立宪期限。在此期间迟迟不答应资产阶级立宪派提出的立即召开国会的要求,镇压立宪派的国会请愿运动,同时却不断借助立宪之名加强巩固皇权。1911年5月所成立的责任内阁里,13名大臣中满族有9人之多,皇族占了7人,被讥讽为不折不扣的"皇族内阁"。这不仅使得立宪派大失所望,转而和革命派联手合作,也使得统治集团内部因为满汉矛盾、中央与地方矛盾的尖锐最终走向分崩离析。

清政府已经陷入无法照旧统治下去的困境,革命已如箭在弦上,一触即发。

3）资产阶级革命派的阶级基础和骨干力量

这里,我们要介绍一下资产阶级革命派的活动。

通常我们所说的狭义的"辛亥革命",就是指发生于农历辛亥年的武昌起义。而广义的"辛亥革命"则是指以孙中山为代表的资产阶级革命派为推翻清王朝帝制,建立资产阶级民主共和国的全部过程。

19世纪末20世纪初,中国的民族资本主义得到了初步的发展。1895年至1911年,新设立的资本额超过万元的民族资本企业达到800家,资本总额超过1.6亿元。随着企业数量的增多和规模的扩大,民族资产阶级和与它相联系的社会力量也有了明显的发展,迫切需要自己政治利益的代言人和经济利益的维护者,这正是资产阶级革命派形成的阶级基础。

资产阶级革命派的骨干是一批资产阶级、小资产阶级知识分子,这一群体的出现与戊戌维新时期和20世纪初清政府期兴学堂、派遣留学生的措施有关。当时出国留学成为一种潮流,特别是留学日本的人数不断增加,最多时达到了近万人。他们在国外更多地接触到了西方资本主义文化和政治思想,对世界大势与国内民族危机有了更加敏锐的认识,开始探索救国救民的新道路。正是这些青年知识分子,成为辛亥革命的中坚力量。

2. 资产阶级革命派的活动

1) 孙中山与资产阶级民主革命的开始

孙中山作为中国革命的先行者,于1894年11月,在夏威夷的檀香山组建了第一个资产阶级革命团体——兴中会,它的总部设在香港,入会的秘密誓词为:"驱除鞑虏,恢复中国,创立合众政府。"

孙中山在后来发表的《中国问题的真解决》一文中指出,只有推翻清朝政府的统治,"以一个新的、开明的、进步的政府来代替旧政府","把过时的满清君主政体"变为"中华民国",才能真正解决中国的问题。[①] 这表明以孙中山为首的资产阶级革命派与康有为、梁启超等改良派有着根本的不同,他们从革命的一开始,就高举民主革命的旗帜,并选择以武装起义推翻清王朝统治的斗争方式。

2) 资产阶级革命派的宣传与组织工作

随着一批新兴知识分子的产生,各种宣传革命的书籍报刊纷纷涌现。

1903年,因参加维新运动流亡日本的章炳麟(章太炎)发表了《驳康有为论革命书》,反对康有为的保皇观点,歌颂革命为"启迪民智,除旧布新"的良药,特别强调中国人民完全有能力建立民主共和制度。留日学生邹容以"革命军中马前卒"的名义,热情讴歌革命,号召人民推翻清王朝统治,建立民主的"中华共和国"。陈天华的两本小册子《警世钟》和《猛回头》,痛陈帝国主义侵略给中国带来的深重灾难,揭露清政府已经成为"洋人的朝廷",是帝国主义统治中国的工具,号召人民奋起反抗,投身革命。

从1904年开始,资产阶级革命团体也在各地依次成立,其中比较重要的

[①] 孙中山:《孙中山选集》(上册),人民出版社2011年版,第71页。

有两湖地区的华兴会和科学补习所、江浙地区的光复会、安徽的岳王会等。这些革命团体的成立,为资产阶级革命派宣传革命思想和发展革命运动,提供了不可或缺的组织力量。

在这些团体的基础上,1905年8月20日,孙中山和黄兴、宋教仁等留日学生一起,以兴中会和华兴会为主体,在日本东京成立了中国同盟会。孙中山被公举为总理,黄兴担任协理,实际主持会内的日常工作,下设执行部、评议部和司法部三部,开展革命活动。同盟会以《民报》为机关报,并在其发刊词中确定"驱除鞑虏,恢复中华,创立民国,平均地权"为政治纲领。

这是近代中国第一个领导资产阶级革命的全国性政党,它的成立标志着中国资产阶级民主革命进入了一个全新阶段。

3. 三民主义的提出

孙中山后来将同盟会的政治纲领进一步概括为三民主义,即民族主义、民权主义和民生主义。三民主义作为资产阶级的建国方案成为孙中山革命思想的核心。

民族主义:包括"驱除鞑虏,恢复中华"两项内容。一是要以革命手段推翻清朝政府,改变它一贯推行的民族歧视和民族压迫政策;二是追求独立,建立"民族独立的国家"。

民权主义:内容是"创立民国",即推翻封建君主专制制度,建立资产阶级民主共和国。这就是孙中山所说的政治革命。

民生主义:内容是"平均地权",也就是孙中山所说的社会革命。为了防止资本主义的贫富分化,防止政治革命成功后出现新的社会问题,孙中山认为国家应该核定全国土地的地价,逐步由国家向地主收买土地,平均地权,从而使政治革命与社会革命"毕其功于一役"。孙中山试图用"平均地权"防止资本主义贫富悬殊现象的产生,避免社会危机的出现。

"三民主义"是一个比较完整的资产阶级民主革命纲领。它的提出,推动了资产阶级民主革命运动的发展。

但是,它是一个不彻底的革命纲领。它主张民族主义,但是没有从正面鲜明地提出反对帝国主义的主张,对帝国主义的本质认识不清,害怕帝国主义干涉,甚至幻想以承认不平等条约"继续有效"为条件来换取列强对自己的支持;

主张打倒满族统治者,却没有明确地把汉族军阀、官僚地主作为革命对象,从而给了这部分人后来从内部和外部破坏革命的可乘之机;主张民生主义、平均地权,但没有正面触及封建土地所有制,不能满足农民对土地的迫切要求,就不能真正地发动民主革命的主力军——农民把反封建的斗争进行到底,更不能把民主革命引向胜利。这些就是它的弱点。

4. 关于革命与改良的辩论

在资产阶级民主革命思潮广泛传播、革命形势日益成熟的时候,康有为、梁启超等人坚持走改良道路,反对用革命手段推翻清朝统治。1905—1907年,围绕中国究竟是采用革命手段还是改良方式这个问题,革命派与改良派展开了一场大论战。中心战场在日本,革命派的主要阵地是《民报》,改良派的主要阵地则是《新民丛报》,论战主要围绕下面三个问题展开。

第一,要不要以革命手段推翻清王朝?

这是双方论战的焦点。改良派说,革命会引起下层社会暴乱,招致外国的干涉、瓜分,使中国"流血成河""亡国灭种",所以要爱国就不能革命,只能改良、立宪。

革命派针锋相对地指出,清政府是帝国主义的"鹰犬",因此爱国必须革命,只有通过革命,才能"免于瓜分之祸",获得民族独立和社会进步。

第二,要不要推翻帝制,实行共和?

改良派认为,中国"国民恶劣""智力低下",没有实行民主共和政治的能力,如果实行,非亡国不可。因此,只能实行君主立宪。

革命派针锋相对地指出,不是"国民恶劣",而是"政府恶劣"。民主共和是大势所趋,人心所向。中国国民自有颠覆专制制度、建立民主共和的能力。

第三,要不要社会革命?

改良派反对土地国有、反对平均地权。他们认为社会革命只会导致中国的大动乱。

而革命派强调,当时的中国存在着严重的"地主强权""地权失平"的现象,必须通过平均地权以实现土地国有,在进行政治革命的同时实现社会革命,才能避免贫富不均等社会问题的出现。

这场论战以革命派的胜利而告终。通过这场论战,划清了革命与改良的界限,传播了民主革命思想,促进了革命形势的发展,为即将到来的辛亥革命作好了舆论准备。

但是这场论战也暴露了革命派在思想理论方面的弱点。比如，他们主张推翻清政府，但对"革命是否会招致帝国主义干涉"的问题不敢作出理直气壮的正面回答，只是希望通过"有秩序的革命"来避免动乱和帝国主义的干涉。他们所说的"国民"，主要还是指资产阶级及其知识分子，而不是广大的劳动群众。他们对"封建地主土地所有制是否应该改革"的问题也是语焉不详，并且反对贫苦农民"夺富人之田为己有"。这些理论和认识的局限不可避免地会影响辛亥革命的进程和结局。

(二) 辛亥革命与中华民国的建立

1. 辛亥革命的爆发与清王朝覆灭

1) 武装起义与保路风潮

孙中山领导的同盟会不仅提出了革命纲领，而且发动了一系列反清武装起义，如1906年初的萍浏醴起义、1907年的镇南关起义等。其中，影响最大的是1911年4月28日举行的广州起义。是日，黄兴率敢死队120余人在广州举行起义，大部分成员在激战中牺牲。其中72位烈士的遗骸被葬于广州东郊黄花岗，所以这场起义又被称为"黄花岗起义"。

革命党人发动的一系列武装斗争均告失败，主要原因在于仅仅依靠会党与新军的力量，未能够深入地发动和组织民众。另外，缺乏周密的部署、强有力的统一指挥和严格的组织纪律，也是造成历次起义失败的重要原因。

1911年5月，清政府宣布"铁路干线收归国有"，并与四国银行团订立粤汉、川汉铁路借款合同，借"国有"名义把铁路利权出卖给帝国主义，同时借此"劫夺"商股。这激起了湖北、湖南、广东、四川四省的保路风潮，其中以四川最为激烈。四川总督赵尔丰竟下令军警向手无寸铁的请愿群众开枪，造成了"成都血案"。广大群众忍无可忍，在同盟会会员的参与下，掀起了全川的武装暴动。这成为辛亥革命爆发的直接导火索。

2) 武昌首义与各地响应

由于清政府急调湖北新军前往四川镇压保路运动，湖北兵力空虚，革命形势已经成熟。湖北新军中的共进会和文学社两个革命团体就决定抓住这一时机联合行动，发动武昌起义。1911年10月10日晚，驻守武昌的新军工程第八营的革命党人打响了起义的第一枪。革命军一夜之间就占领了武昌城，取得了辛亥革命首义的胜利。革命军在三天之内就光复了武汉三镇，成立了湖北军政府。

武昌起义掀起了辛亥革命的高潮，打开了清王朝统治的缺口，大江南北、长城内外，到处燃起了革命的烈火，引发了一连串的反应。在一个月内，就有13个省以及上海和许多州县宣布起义，脱离清政府统治，清王朝的统治迅速土崩瓦解。在这种情势下，1912年2月12日，清帝被迫退位。在中国延续了2000多年的封建帝制终于覆灭了。

在武昌起义和各省政权更迭的过程中，资产阶级革命派既表现出了革命性和勇敢精神，又暴露出了软弱性和妥协态度。在一些地方，开始是由革命派发动新军或会党举行起义、宣布"独立"的，可是当反动势力反扑时，他们却不敢发动群众保卫已夺取的政权，致使政权落到了立宪派或者旧官僚、旧军官的手里。

比如，湖北革命党人起义后，孙中山远在美洲，黄兴在香港，宋教仁则在上海。当时在汉口的孙武和逃出武昌的蒋翊武也失去了联系。革命党人错误地认为，军政府的首脑应由社会上有地位的人来担任，才能号召群众。于是把原清军协统黎元洪硬拉出来当了都督。结果，黎元洪与立宪派结合起来把持了湖北军政府的大权。

又如，江苏宣告独立时，仅"用竹竿挑去了抚衙大堂屋上的几片檐瓦，以示革命必须破坏"，而前清巡抚程德全则摇身一变，就成了民国的江苏都督。在一些省份，旧官僚和立宪派实际上改头换面地维持着旧政权。有的地方虽然是革命党人掌权，但这些人很快就蜕变为新军阀和新官僚。这表明，辛亥革命虽然发展得很快，但是它的基础并不牢固，一开始它的内部和外部就潜伏着失败的危机。

2. 中华民国的建立

1) 中华民国临时政府宣告成立

1911年底，孙中山从海外回到上海。孙中山作为中国资产阶级革命的先行者，是公认的革命领袖，被各省代表推举为临时大总统。1912年1月1日，孙中山在南京正式宣誓就职,改国号为"中华民国",定1912年为民国元年,并成立了中华民国临时政府。

南京临时政府是一个资产阶级共和国性质的革命政权,资产阶级革命派在这个政权中占有领导和主体地位。除孙中山作为临时大总统拥有统治全国和统率海、陆军的权力外,陆军总长、外交总长等重要部门的总长和所有各部次长全都由革命党人担任。在作为国家立法机关的临时参议院中,同盟会会员也占据多数。孙中山在就任临时大总统誓词中,明确提出以"巩固中华民国,图谋民生幸福"为己任。因此,南京临时政府出台了一系列旨在保护中国民族资产阶级利益的措施。

比如,在扫除封建陋习方面,限期剪辫、劝禁缠足、禁止刑讯、保障人权,改变所谓"贱民"身份,禁止买卖人口、严禁鸦片、禁止赌博;改变称呼为先生或某君,废止跪拜礼。这些措施,有力地触动了封建专制的政体,起到了解放思想、移风易俗的作用。

1912年3月临时参议院颁布《中华民国临时约法》,这是中国历史上第一部具有资产阶级共和国宪法性质的法典,是辛亥革命最重要的成果之一。

《中华民国临时约法》规定,"中华民国之主权,属于国民全体",而"以参议院、临时大总统、国务员、法院行使其统治权"。同时还规定,中华民国国民一律平等,享有人身、财产、集会、结社、出版、言论等自由,享有请愿、陈述、考试、选举与被选举等民主权利。

这样,《中华民国临时约法》以根本大法的形式废除了2000年来的封建君主专制制度,确认了资产阶级共和国的政治制度。毛泽东曾经评价:"《中华民国临时约法》在那个时期是一个比较好的东西;当然,是不完全的、有缺点的,是资产阶级性质的,但它带有革命性、民主性。"[①]

(2) 辛亥革命的历史意义

在近代历史上,辛亥革命是中国人民为救亡图存、振兴中华而奋起革命的一个里程碑,它使中国发生了历史性的巨变,具有伟大的历史意义。

第一,辛亥革命推翻了封建势力的政治代表、帝国主义在中国的代理人清

---

① 《毛泽东文集》(第六卷),人民出版社1999年版,第325—326页。

王朝的统治，沉重打击了中外反动势力，为中国人民斗争的发展开辟了道路。

第二，辛亥革命结束了统治中国2 000多年的封建君主专制制度，建立了中国历史上第一个资产阶级共和政府，使民主共和的观念开始深入人心。

第三，辛亥革命给人们带来一次思想上的解放。自古以来，皇帝被看作至高无上、神圣不可侵犯的绝对权威，如今连皇帝都可以被打倒，那么还有什么陈腐的东西不可以被怀疑、不可以被抛弃？辛亥革命激发了人民的爱国热情和民族觉醒，打开了思想进步的闸门。

第四，辛亥革命促使社会经济、思想习惯和社会风俗等方面发生了新的积极变化。南京临时政府成立后，以振兴实业为目标，设立实业部，先后颁布了一系列有利于工商业发展的政策和措施，以推动民族资本主义经济的发展，使随后的几年成了资本主义发展的"黄金时代"。革命政府还提倡社会新风，也有助于人们的精神解放。

第五，辛亥革命不仅在一定程度上打击了帝国主义的侵略势力，而且推动了亚洲各国民族解放运动的高涨。

正如毛泽东所指出的："中国反帝反封建的资产阶级民主革命，正规地说起来，是从孙中山先生开始的。"[①]

（三）北洋军阀统治与旧民主主义革命的失败

辛亥革命取得了巨大的成功，但仍以失败告终。南京临时政府只存在了三个月就夭折了，最终革命果实被袁世凯所窃夺。

1. 封建军阀专制统治的形成

1）袁世凯窃国，辛亥革命流产

武昌起义爆发后，帝国主义看到清王朝已朝不保夕，只好宣布"中立"，同时加紧寻找和扶植新的代理人。各帝国主义国家一致选中了袁世凯，并敦促清政府起用袁世凯。武昌起义后，清政府命令北洋新军南下镇压革命，但北洋新军只听袁世凯的调度，清政府也只好考虑重用袁世凯。1911年10月，清政府起用袁世凯，先后封他为钦差大臣、内阁总理大臣，袁世凯获得了军政大权。

[①]《毛泽东选集》（第二卷），人民出版社1991年版，第563页。

南京临时政府成立后,袁世凯指使他的部下冯国璋、段祺瑞等联名通电,声称"至死"反对共和。列强调动军舰在长江游弋,为袁世凯助威,并攻击孙中山"缺乏管理国家的经验"。革命阵营内的立宪派和旧官僚则从内部施加压力,力主袁世凯上台。一些革命党人甚至也主张只要袁世凯能逼清帝退位,就应该让他当大总统。

在这种情况下,孙中山不得不在 1912 年 1 月 15 日再次表示如清帝退位,宣布共和,即宣布解职,把大总统位让给袁世凯。袁世凯得到这些许诺后,立即加紧"逼宫"。1912 年 2 月 12 日,清帝退位,隐居故宫。第二天,袁世凯致电临时政府,宣布拥护共和政体。同日,孙中山向参议院提出辞职咨文。3 月 10 日,袁世凯在北京就任临时大总统。4 月 1 日,孙中山正式解除临时大总统的职务。4 月 5 日,临时参议院决定,中华民国临时政府迁设北京。

辛亥革命虽然赶跑了皇帝,建立了中华民国,但是同北洋军阀以妥协而告终,并没有真正改变中国半殖民地半封建社会的性质。

2)北洋军阀的专制统治

袁世凯窃夺了辛亥革命的果实之后,建立起代表大地主和买办资产阶级利益的北洋军阀反动政权。

在政治上,北洋政府实行军阀官僚的专制统治。

其一,以袁世凯为首的封建军阀们大力扩充军队,建立特务、警察系统,任意逮捕、杀害革命党人和无辜民众。

其二,袁世凯对资产阶级民主制度是不能容忍的,很快他就有所行动:

(1) 1913 年 7 月至 9 月,又以武力镇压了南方 7 省国民党人的"二次革命"。

(2) 1913 年 10 月,强迫国会选举他为正式大总统。

(3) 1913 年 11 月下令解散国民党。

(4) 1914 年 5 月,撕毁《临时约法》,炮制了一个《中华民国约法》,用总统制取代内阁制。

(5) 修改《总统选举法》,使大总统不仅可以无限期连任,而且可以推荐继承人。他成为终身独裁者。

其三,军阀们为了实行专制统治,不惜投靠帝国主义:

(1) 袁世凯统治时期,出卖路权、矿权,未经国会同意,与列强签订"善后大借款"合同。1915年5月,为了让日本支持复辟帝制,他竟然基本接受日本提出的严重损害中国权益的"二十一条"要求。

(2)皖系军阀段祺瑞控制北京政府时,也投靠日本,向日本借款扩充自己的势力,准备武力统一中国。

其四,为了达到专制独裁的目的,军阀们公然进行帝制复辟活动:

(1)1915年12月,袁世凯下令准备在元旦举行登基大典。帝制复辟活动遭到举国反对,袁世凯从1月1日到3月23日只当了83天皇帝就被迫取消帝制。

(2)1917年6月,前清官僚张勋率"辫子军"北上,拥废帝溥仪复辟。这一次复辟的时间更短,仅12天就在全国人民的声讨中破产了。

在经济上,北洋政府竭力维护帝国主义、地主阶级和买办资产阶级的利益。军阀、官僚本身就是大地主,他们还以各种手段兼并土地。袁世凯在河南彰德等县占有的土地就有4万多亩,奉系军阀张作霖在东北占地150万亩。北洋政府还通过清丈地亩、征收各种苛捐杂税等手段,对农民进行敲骨吸髓的压榨。军阀与官僚还借助于政治势力,组成官僚买办资本集团,操纵、垄断财政金融和工业、运输业。

在文化思想方面,北洋政府鼓吹尊孔复古。1913年6月,袁世凯向全国发布《通令尊崇孔圣文》。不久,又命令全国恢复祀孔祭孔典礼,恢复跪拜礼节,中、小学校恢复尊孔读经。

总之,北洋军阀政府从政治、经济和文化思想上对辛亥革命进行了全面的反攻倒算。中国重新陷入了黑暗的深渊。资产阶级革命派在中国建立资产阶级共和国的梦想破灭了。

2. 旧民主主义革命的失败

1) 挽救共和的努力及其受挫

孙中山起初受到袁世凯的欺骗,表示"十年不预政治",以修铁路、发展实业为己任。国民党在1912年12月到1913年2月举行的第一届国会选举中获胜,引起了袁世凯的极大恐慌。1913年3月20日,宋教仁在上海北站遭遇枪击,3月22日不治身亡。宋教仁的遇刺使孙中山从沉迷中清醒,认为"非去袁不可",决定发动"二次革命"。1913年7月,江西都督李烈钧在湖口誓师讨袁。随后,江苏、广东、安徽等南方数省相继独立,兴师讨袁。但是,由于国民党没有统一的行动纲领,没有领导核心,人心涣散,南方各省的国民党军队被袁世凯各个击败,反对袁世凯独裁、捍卫民主制度的二次革命失败。

1915年12月,袁世凯称帝,宣布改国号为中华帝国。袁世凯的独裁统治、倒行逆施和卖国行为遭到全国人民的反对。1915年12月25日,蔡锷等在云南率先举起反袁护国的旗帜,发动护国战争,全国各地纷纷响应。在全国上下一片讨袁声中,袁世凯被迫于1916年3月22日取消帝制,6月忧惧而死。帝国主义支持北洋军阀的各派系作为自己的代理人,因而形成了军阀割据混战的局面。

皖系军阀头子段祺瑞掌握北洋政府后,拒绝恢复《中华民国临时约法》和国会。1917年7月,孙中山举起"护法"旗帜。由于孙中山既没有足够的实力,也不掌握军队,不得不依靠与皖系军阀有矛盾的西南军阀,而西南军阀则企图利用孙中山的声望对抗北洋军阀,扩大自己的实力。1917年9月,在广州成立以孙中山为大元帅的护法军政府,出师北伐,护法运动开始。不久,西南军阀与直系军阀勾结,擅自实行停战,并排挤孙中山,改组军政府。1918年5月,孙中山愤然辞去大元帅职务,离开广州去上海。护法运动失败。这次失败使孙中山认识到"南与北(军阀)如一丘之貉",想依靠南方军阀来反对北洋军阀,是行不通的。

孙中山不愧是中国民主革命的伟大先行者,然而他并没有找到中国的真正出路。护法运动的失败既标志着中国民族资产阶级领导的旧民主主义革命的终结,也表明中国旧民主主义革命已经陷入绝境,中国民族资产阶级无法领导中国革命继续前进了。

2)辛亥革命失败的原因和教训

毛泽东指出,辛亥革命"有它胜利的地方,也有它失败的地方。你们看,辛亥革命把皇帝赶跑,这不是胜利了吗?说它失败,是说辛亥革命只把一个皇帝赶跑,中国仍旧在帝国主义和封建主义的压迫之下,反帝反封建的革命任务并没有完成"。[①]

[①]《毛泽东选集》(第二卷),人民出版社1991年版,第564页。

辛亥革命为什么会失败？

从客观上说，帝国主义决不容许中国建立一个独立、富强的资产阶级共和国。因此，它们与以袁世凯为代表的大地主大买办势力以及旧官僚、立宪派一起勾结起来，从外部和内部绞杀了这场革命。

从主观方面来说，在于它的领导者资产阶级革命派本身存在着许多弱点和错误。

第一，没有提出彻底的反帝反封建的革命纲领，甚至幻想得到帝国主义对中国革命的同情和支持。对于封建势力，他们虽然强调反满和建立共和政体，却没有触动封建土地制度和彻底摧毁旧的国家机器。

第二，没有充分发动和依靠人民群众。资产阶级革命派虽然曾经联合新军和会党，在一定程度上动员了群众的力量，但在清政府被推翻之后，他们便把群众抛弃了。

第三，不能建立坚强的革命政党，没有形成强有力的领导核心。同盟会内部的组织比较松懈，派系纷杂，缺乏统一和稳定的领导核心。

资产阶级革命派的这些弱点、错误，根源于中国民族资产阶级的软弱性和妥协性。正因如此，辛亥革命仅仅赶跑了一个皇帝，却没有能够改变封建主义和军阀官僚政治的统治基础，无法完成反帝反封建的根本任务。辛亥革命的失败表明，资产阶级共和国的方案没有能够救中国，先进的中国人需要进行新的探索，为中国谋求新的出路。

三、延伸阅读

（1）习近平：《在纪念辛亥革命110周年大会上的讲话》，人民出版社2021年版。

（2）习近平：《在纪念孙中山先生诞辰150周年大会上的讲话》，人民出版社2016年版。

（朱潇潇）

第四章
中国共产党成立和中国革命新局面

一、教学指南

(一) 教学目的

（1）了解新文化运动、五四运动以及马克思主义在中国传播的社会历史条件,掌握历史和人民为什么和怎样选择了马克思主义。

（2）了解中国早期马克思主义思想运动,马克思主义与工人运动的结合以及中国共产党的创建,掌握历史和人民为什么和怎样选择了中国共产党。

（3）了解中国共产党诞生的意义及成立后中国革命新局面,理解为什么说"中国共产党一经成立,中国革命的面貌就焕然一新了"。

(二) 教学要点

（1）新文化运动和五四运动。新文化运动兴起的背景、基本内容、意义及局限性;十月革命如何推动中国先进分子转向马克思主义;五四运动的爆发、特点与影响。

（2）马克思主义的进一步传播与中国共产党的诞生。中国早期马克思主义思想运动;马克思主义与中国工人运动结合的过程;中国共产党创建的经过及历史特点。

（3）中国革命的新局面。中国共产党成立后如何提出中国民主革命纲领;在这一纲领的指导下,又是如何开创中国革命新局面的?包括发动工农群众开展革命斗争,实行国共合作,掀起大革命高潮。

（三）框架结构

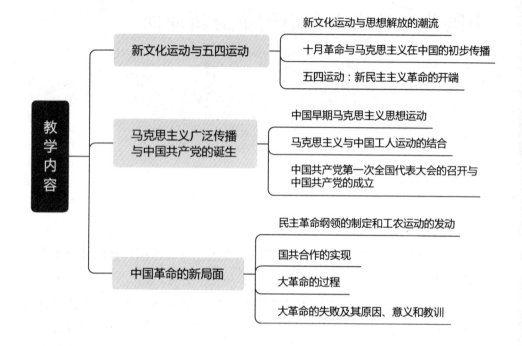

二、教学讲义

1917年列宁领导的俄国十月革命取得胜利，社会主义从理论变为现实，打破了资本主义一统天下的世界格局。十月革命一声炮响，给中国送来了马克思列宁主义，给苦苦探寻救亡图存出路的中国人民指明了前进方向、提供了全新选择。在中国人民和中华民族的伟大觉醒中，在马克思列宁主义同工人运动的紧密结合中，中国共产党应运而生。中国共产党的诞生，这是开天辟地的大事变。

（一）新文化运动和五四运动

1. 新文化运动与思想解放的潮流

1）新文化运动的兴起

新文化运动是随着人们对辛亥革命失败的痛苦反思应运而生的。辛亥革命后,民国初年政治舞台的混乱黑暗局面比晚清有过之而无不及,这使中国的先进分子陷入极度的苦闷和彷徨之中。原有的幻梦破灭了,中华民国的成立并没有给人们带来预期的民族独立和社会进步,"中国又一天天沉入黑暗里"。袁世凯上台后,军阀势力继续利用封建思想禁锢人们的头脑,维护自己的统治。中国思想文化界出现了一股尊孔读经、复古倒退的逆流。孔教会、尊孔会之类组织纷纷出笼,它们利用社会上对辛亥革命后局势的失望情绪,诋毁共和制度,诽谤民主思想,要求定孔教为国教。这些东西严重拘束了人们的思想,扼杀了民族的生机。此时,社会上迷信活动兴盛,如"灵学"。这也是提出"科学"口号的缘由。

当时,一些先进的中国知识分子认为,以往的救国斗争之所以成效甚少,是因为国民对救国"若观对岸之火,熟视而无所容心"。因此,"欲图根本之救亡",必须改造中国的国民性。于是,他们决心发动一场新的启蒙运动,以期廓除蒙昧、启发理智,使人们从封建思想的束缚中解放出来。这个运动后来被称为新文化运动。新文化运动以1919年五四运动为界分为两个时期,五四运动以前的初期新文化运动,是资产阶级民主主义的新文化反对封建主义的旧文化的斗争,五四运动以后宣传马克思主义成为新文化运动的主流。

初期的新文化运动是从1915年9月,陈独秀在上海创办《青年杂志》开始的。陈独秀在《青年杂志》的创刊号上写的发刊词《敬告青年》鲜明地举起了"民主和科学"旗帜。事实上,"民主与科学"也是新文化运动旗帜。一年后,《青年杂志》更名为《新青年》。该刊发表的李大钊《青春》一文,不仅强调青年之青,而且强调一个"新"字,指出从精神上、思想上有新青年与旧青年之分,希望青年们站在时代前列,做一个有为的新青年。《新青年》的主要撰稿人有陈独秀、李大钊、鲁迅、胡适、钱玄同、刘半农、高一涵、周作人、易白沙、吴虞等。以《新青年》的出版为标志的新文化运动,使20世纪初的中国,开始经历一场深刻的思想革命。

1917年1月,著名教育家蔡元培出任北京大学校长。他上任伊始,对保留着浓厚封建教育传统和陈腐校风的北京大学进行了一系列具有重要意义的改革。他提出"循'思想自由'原则,取兼容并包主义",广为延揽有真才实学的名流学者,特别是陆续聘请陈独秀、李大钊、胡适、刘半农、周作人、鲁迅等一批具有新思想、提倡新文化的新派人物执教北大,实行民主办学,鼓励学术研究、出版刊物和开展社团活动。这些改革的实施,培育了北大一代新风,为各种新思想的传播创造了有利条件。陈独秀、李大钊、胡适等新文化运动的倡导者荟萃北大,《新青年》杂志也从上海迁到北京,在北京大学形成了一个以《新青年》编辑部为核心的新文化阵营,新文化运动得以迅猛发展。

2) 五四以前新文化运动的基本内容

新文化运动的基本口号是:"民主"与"科学"。陈独秀借"民主"和"科学"两个名词英文译音的第一个音节,称"民主"为"德先生"(Democracy),"科学"为"赛先生"(Science)。

当时提倡的民主:一是民主精神和民主思想,二是指资产阶级民主政治制度。当时提倡的科学:一是指科学思想、科学精神以及认识和判断事物的科学方法,二是指具体的科学技术、科学知识。

主要武器:进化论观点和个性解放思想。

基本内容:提倡民主,反对独裁专制;提倡科学,反对迷信盲从;提倡新道德,反对旧道德;提倡新文学,反对旧文学。

新文化运动在"民主"和"科学"两面大旗的指引下,向封建主义思想文化发起前所未有的猛烈攻击,号召人们"冲决过去历史之网罗,破坏陈腐学说之囹圄",在众多的领域掀起了思想解放的浪潮,尤其是把攻击的矛头集中指向统治中国 2 000 多年的、以纲常名教为核心的封建正统思想,特别是被袁世凯所尊奉的孔教。新文化运动的发动者们猛烈抨击以孔子为代表的"往圣前贤",揭露三纲五常是"奴隶的道德",忠孝节义是"吃人的礼教",坚定地表示:"对于与此新社会、新国家、新信仰不可相容之孔教,不可不有彻底之觉悟,猛勇之决心,否则不塞不流,不止不行。"这些"离经叛道"的呐喊,把反对封建的政治制度和反对封建的伦理道德结合起来,动摇了封建统治思想的正统地位,形成了一场空前的反封建运动。

3) 五四以前新文化运动的意义和局限性

新文化运动对民主和科学的张扬,对旧文化、旧风俗、旧礼教的批判,在政治上和思想上给了封建主义一次前所未有的沉重打击,加速了中国人民的觉醒,形成一场前所未有的启蒙运动和空前深刻的思想解放运动。

广大知识分子冲破夷夏之辨、中体西用的束缚,放眼世界,大胆拿来。新思想、新观念、新文化犹如脱缰的野马闯进了死气沉沉的中国,整个社会风气为之一变。新文化运动否定 2 000 年来封建正统思想权威,人民敢于独立思考问题,敢于吸收新思想,这就客观上为马克思主义传播提供了条件。

但是,由于阶级和时代的局限,不可避免会在思想认识和思想方法上存在这样或那样的局限。在思想认识上,把改造国民性置于优先的地位,没有揭示根本改造中国现存的基本社会制度的必要性。他们以为离开根本改造产生封建思想的社会环境,仅仅依靠在思想文化领域内的斗争,通过提倡新思想、新道德、新文化,就可以根本改造国民性,使中国成为一个真正的民主共和国,而没有揭示根本改造中国现存的基本社会制度的必要性。在思想方法上,存在形式主义地看问题的偏向,存在着绝对肯定或绝对否定的偏向,把传统与现代、中国与西方绝对对立起来,把复杂的文化现象作简单化处理这种形式主义看问题的方法,影响了这个运动后来的发展。

2. 十月革命与马克思主义在中国的初步传播

中国的先进分子走上马克思主义指引的道路,是他们经过长期的、艰苦的探索之后所作出的一种选择。

马克思主义学说在 19 世纪 40 年代创立以后,其影响主要限于欧洲。梁启超、朱执信等人虽也提过马克思主义,不过在俄国十月革命以前,中国并没有人真正知道马克思主义。

1917 年俄国爆发的十月社会主义革命,推动中国的先进知识分子把目光从西方转向东方,从资产阶级民主主义转向社会主义。正如毛泽东说:"十月革命一声炮响,给我们送来了马克思列宁主义。十月革命帮助了全世界的也帮助了中国的先进分子,用无产阶级的宇宙观作为观察国家命运的工具,重新考虑自己的问题。走俄国人的路——这就是结论。"①

那么,十月革命是怎样推动中国先进分子转向的呢?

第一,认识到经济文化落后的国家也可以用社会主义思想指引自己走向解放之路。十月革命由于发生在情况和中国相同(封建压迫严重)或近似(经

---

① 《毛泽东选集》(第四卷),人民出版社 1991 年版,第 1471 页。

济文化落后)的俄国,因而对中国的先进分子具有特殊的吸引力和亲和力。

第二,新生的俄国号召反对帝国主义和以平等的态度对待中国有力地推动了中国的先进分子向往社会主义。

第三,十月革命给予中国的先进分子以新的革命方法的启示。例如,董必武说:"我们过去和孙中山一起搞革命,孙的路子不对头,总是靠军阀。革命发展了,孙中山掌握不住,结果叫别人搞去了。于是我们就开始研究俄国的方式"①,开始读"马克思主义",因为我们"从俄国革命中见到了搞群众运动"。正是在这一情境下,马克思主义在中国的传播才获得了真实的动力与接受基础。

于是,中国就出现了一批赞成俄国十月社会主义革命、具有初步共产主义思想的知识分子。社会主义开始在中国形成一股有相当影响的思想潮流。

不过,在开始时,人们对社会主义还只是一种朦胧的向往。正如瞿秋白所说:"社会主义的讨论,常常引起我们无限的兴味。然而究竟如俄国十九世纪四十年代的青年思想似的,模糊影响,隔着纱窗看晓雾,社会主义流派,社会主义意义都是纷乱,不十分清晰的。"②无政府主义、工团主义、基尔特(行会)社会主义、社会民主主义以及新村主义、泛劳动主义等,各种社会主义流派的观点,在各种报刊上纷然杂陈。起初,在各种社会主义的思想中,无政府主义占着优势。中国的先进分子是经过反复比较、推求,才选择了马克思主义。

在中国大地上率先举起马克思主义旗帜的是李大钊。

李大钊是从爱国的立场出发,从民主主义者转变为共产主义者的。十月革命以后,他于1918年7月发表《法俄革命之比较观》一文,认定资本主义文明"当入盛极而衰之运必将起绝大之变动"。在同年11月、12月发表的《庶民的胜利》《Bolshevism的胜利》两文中,他指出十月革命"是二十世纪中世界革命的先声",确信"将来的环球,必是赤旗的世界"。1919年9月、11月,他发表了《我的马克思主义观》一文,明确地把马克思主义称为"世界改造原动的学说",并且对马克思的唯物史观、剩余价值学说和阶级斗争理论作了比较系统的介绍。与以往一些人对马克思学说所作的片段的、不确切的表述不同,这篇

---

① 《"一大"前后——中国共产党第一次代表大会前后资料选编(二)》,人民出版社1985年版,第369页。
② 《瞿秋白诗文选》,人民文学出版社1982年版,第34页。

文章对马克思主义的介绍已经具有相当完整的形态,而且作出了基本正确的阐释。这表明,李大钊已成为中国的第一个马克思主义者。

3. 五四运动:新民主主义革命的开端

1) 五四运动的爆发

1919年5月爆发的五四运动,是中国近代上的一个划时代的事件。这个运动是在新的时代条件和社会历史条件下发生的。

首先,是新的社会力量的成长、壮大。在1914年至1918年世界大战期间,中国的资本主义经济得到了相当迅速的发展。中国资产阶级和工人阶级的力量也进一步成长起来。五四运动前夕,中国产业工人已经达到200余万人。这样,五四运动就获得了比以往的革命斗争更加广泛的群众基础。

其次,是新文化运动掀起的思想解放的潮流。受到这个潮流影响的年轻一代知识界,尤其是那些具有初步共产主义思想的知识分子为五四运动准备了最初的群众队伍和骨干力量。

再次,是俄国十月革命对中国的影响。在当时,陈独秀就说,十月革命以后,"中国人也受了两个教训:一是无论南北,凡军阀都不应当存在;一是人民有直接行动的希望。五四运动遂应运而生"①。毛泽东也说,俄罗斯以民众大联合打倒贵族、驱逐富人的事实,使"全世界为之震动"。革命浪潮风起云涌,"异军特起,更有中华长城渤海之间,发生了'五四'运动"。②

五四运动的直接导火线,是巴黎和会上中国外交的失败。

在1919年上半年召开的巴黎"和平会议"上,中国政府代表提出废除外国在华势力范围、撤退外国在华驻军等七项希望和取消日本强加的"二十一条"及换文的陈述书,遭到拒绝。这个由几个西方列强把持的会议,竟规定德国应将在中国山东获得的一切特权转交给日本。会议给予中国的,只是归还八国联军侵入北京时被德国掠去的天文仪器而已。北洋政府居然准备在这样的和约上签字。消息传到国内,激起了各阶层人民的强烈愤怒。五四运动由此爆发。

---

① 陈独秀:《五四运动的精神是什么?》,《时事新报》1920年4月22日。
② 中共中央文献研究室、中共湖南省委《毛泽东早期文稿》编辑组编:《毛泽东早期文稿(1921.6—1920.11)》,湖南人民出版社1990年版,第390页。

1919年5月4日,北京大学等北京十几所学校的学生3 000余人在天安门前集会,随后举行示威游行。学界的宣言呼吁:"中国的土地可以征服而不可以断送!中国的人民可以杀戮而不可以低头!国亡了!同胞起来呀!"[①]

学生的爱国行动受到北洋政府的严厉镇压。正是在这个时候,中国工人阶级开始以独立的姿态登上历史舞台。从6月5日起,上海六七万工人为声援学生先后自动举行罢工。工人罢工推动了商人罢市、学生罢课。随后,这场反帝爱国运动扩展到了20多个省区、100多个城市。

五四运动开始时,英勇地出现在斗争前面的是学生群众。这时,运动突破了知识分子的狭小范围,成为有工人阶级、小资产阶级和资产阶级参加的全国范围的革命运动了。斗争的主力由学生转向了工人,运动的中心由北京转到了上海。

迫于人民群众的压力,北洋政府不得不于6月10日宣布罢免亲日派官僚曹汝霖、章宗祥、陆宗舆的职务。6月28日,中国政府代表也没有出席巴黎和约的签字仪式。五四运动的直接斗争目标得到了实现。

2)五四运动的特点

第一,五四运动表现了反帝反封建的彻底性。对"彻底性"的理解有两点,一是"彻底性"不是指完成了反帝反封建的任务,而是指斗争的坚决性、不妥协性;二是从感性地排外到理性地认识到帝国主义的内部和外部的各种矛盾,帝国主义和中国封建势力的联合,如"外争国权、内惩国贼""改造强盗世界"和"另起炉灶"等。

第二,五四运动是一次真正的群众运动,这是指五四运动体现了近代以来历次斗争所不具有的广泛性、群众性。

第三,五四运动促进了马克思主义在中国的传播及其与中国工人运动的结合。五四运动以后,具有初步共产主义思想的知识分子不仅从理论上一般地认识到工人阶级的历史地位和历史使命,而且亲眼看到中国工人阶级的强大力量,他们开始到工人群众中去宣传马克思主义和进行组织工作,促进了马

[①] 中共中央党史研究室:《中国共产党的九十年:新民主主义革命时期》,中央党史出版社、党建读物出版社2016年版,第18页。

克思主义同中国工人运动的结合,为中国共产党的成立准备了条件。

五四运动具备了上述新的历史特点,它也就成了新民主主义革命的开端。

(二) 马克思主义广泛传播与中国共产党诞生

五四运动促进了中国人民的新觉醒,研究、宣传社会主义逐渐成为进步思想界的主流。一批先进知识分子在对各种政治主张和学说进行比较、鉴别之后,选择了马克思主义,使马克思主义开始逐步地在思想文化领域中发挥指导作用。

1. 中国早期马克思主义思想运动

1) 马克思主义进一步传播的主要条件

第一,从政治思想角度看,马克思主义具有鲜明的反对帝国主义侵略,抨击资本主义政治、经济秩序的思想特征,革命精神极强,这对于饱受列强侵略之痛,又经过五四运动洗礼的相当一部分中国人来说,极易引起共鸣。

第二,五四运动时期,恰逢第一次世界大战终结,大战是对西方文明缺陷的暴露。

第三,马克思主义理论本身所具有的鲜明的科学性、阶级性、实践性的思想特征,为迷茫中的人们提供了解难释疑的思想武器。

第四,马克思主义是无产阶级的思想武器,无产阶级的发展壮大是马克思主义传播的阶级基础。中国无产阶级在第一次世界大战期间,由于民族资本主义的迅速发展,队伍很快壮大,据不完全统计,到 1919 年五四运动前夕,中国产业工人已达 200 余万人,工人阶级队伍的不断壮大,使马克思主义的广泛传播有了实现的可能。

2) 早期马克思主义者的队伍

中国早期信仰马克思主义的人物,主要有三种类型。

一是五四运动以前的新文化运动的精神领袖。其代表人物除李大钊以外,就是陈独秀。

二是五四运动的左翼骨干,其代表人物为毛泽东等。

三是一部分原中国同盟会会员、辛亥革命时期的活动家,其代表人物如董必武等。

3）新文化运动的发展

五四运动以后，中国的先进分子在选择、接受马克思主义以后，并没有抛弃五四运动的科学和民主的精神，而是在马克思主义的基础上对它们进行改造，从而赋予民主和科学以新的含义。民主不再是指狭隘的资产阶级民主，而是指多数人的民主、劳动阶级的民主；科学除指自然科学外，就社会科学而言，主要是指马克思主义的科学世界观和方法论。所以，五四运动以后，马克思主义传播逐渐成为五四新文化运动的主流。

2. 马克思主义与中国工人运动的结合

1）中国共产党的早期组织

随着中国工人阶级开始作为独立的政治力量登上历史舞台和马克思主义在中国逐步传播，建立一个以马克思主义理论为指导的工人阶级政党的任务被提上了日程。

在工人阶级政党产生以前，中国国民党及其前身在中国革命中起领导作用。辛亥革命以后，许多原先的革命党人有的消极退隐，有的甚至蜕变为军阀、官僚、政客。五四运动时，国民党并没有站在群众运动的前列。蔡和森感叹说，这个趋势很可以说明国民党已"不能领导革命了，客观的革命势力发展已超过它的主观力量了"。成立新的政党来领导中国革命，成了近代中国社会发展和革命发展的客观要求。

1920年1月，有人在报刊上发表《劳动团体与政党》一文，呼吁"劳动团体应自己起来做一个大政党"。

同年4月，经共产国际批准，俄共（布）远东局派维经斯基来华。他先后在北京、上海会见李大钊、陈独秀等，介绍苏俄和共产国际情况，并说中国可以组织共产党。这对中国共产党的创建起了一定的促进作用。

中国工人阶级政党最早的组织，是在中国工人阶级最密集的中心城市上海建立的。时间约在1920年8月，参加者有陈独秀、李汉俊、李达等。首次会议决定，推选陈独秀为书记，并函约各地社会主义分子组织支部。11月，创办《共产党》（月刊）。这标志着共产党和共产主义的旗帜在中国大地上树立起来了。

同年10月，李大钊、张国焘等在北京成立共产党的早期组织；11月，将其定名为中国共产党北京支部，李大钊任书记。从1920年秋至1921年春，董必武、陈潭秋、包惠僧等在武汉,毛泽东、何叔衡等在长沙,王尽美、邓恩铭等在济南,谭平山、谭植棠等在广州,都成立了共产党的早期组织。在日本、法国留学的中国先进分子,也成立了这样的组织。

在建党过程中,陈独秀起着重要的作用。他在上海创建的共产党早期组织,实际上是中国共产党的发起组,是各地共产主义者进行建党活动的联络中心。

2) 中国共产党早期组织的活动

中国共产党早期组织成立以后,着重进行了以下几方面的工作。

第一,研究和宣传马克思主义。

共产党早期组织的成员开始着重从马克思、恩格斯的原著来学习马克思主义,同时也开始学习列宁的著作。他们在《新青年》杂志(此时成了上海中共早期组织的机关刊物)、《共产党》(月刊)以及《民国日报》等报刊上发表文章,宣传马克思主义和俄国革命的经验。上海、北京的共产党早期组织还积极进行马克思主义著作的译介工作。1920年8月,陈望道翻译的《共产党宣言》中文全译本公开出版。同月,恩格斯的《科学的社会主义》中译本也公开出版。之后还陆续出版了若干种介绍马克思主义的著作,如《马克思资本论入门》《唯物史观解说》等。

为了扩大马克思主义的思想阵地,共产党早期组织的成员还同反马克思主义及其他思想流派进行了斗争。包括,问题与主义之争(双方争论的焦点是,中国要不要马克思主义,要不要革命。代表性人物有胡适、李大钊等);关于社会主义之争(双方争论的焦点是,社会主义是否适合中国国情);马克思主义与无政府主义之争(双方争论的焦点是,中国走社会主义道路还是走资本主义道路,实行社会革命还是实行社会改良,需要不需要建立无产阶级政党);等等。

第二,到工人中去进行宣传和组织工作。

共产党早期组织的成员认识到,组织共产党,"离开工界不行"。"我们都是知识分子出身,与工人阶级的距离很大。因此,首先应当同他们加强内部联系。"[①]为此,他们提出了"请钻进工场去罢"的口号。

---

① 《北京共产主义组织的报告》,载中共中央文献研究室、中央档案馆编《建党以来重要文献选编(1921～1949)》(第一册),中央文献出版社2011年版,第11页。

为了能在工人群众中有效地开展工作,一些先进的知识分子穿起工人的服装,学习工人的语言,从事工人的劳动,力求与工人打成一片。如上海党的早期组织的成员俞秀松改名换服,到厚生铁工厂做工。马克思主义思想运动成了知识分子与工人群众相结合的运动。

各地共产党的早期组织创办了一批专门供工人阅读的进行马克思主义启蒙教育的刊物,如上海的《劳动界》、北京的《劳动音》和《工人月刊》、济南的《济南劳动月刊》等。同时,还创办了各种形式的工人学校,其中影响最大的,是邓中夏在北京长辛店、李启汉在沪西小沙渡分别开办的劳动补习学校。开办学校,是党的早期组织对工人做工作的入手方法,借此以接近群众。

经过宣传教育,觉悟的工人有了组织起来的要求。1920 年 11 月共产党早期组织领导的第一个工会——上海机器工会宣告成立。1921 年五一国际劳动节,长辛店成立工人俱乐部(工会)。武汉、长沙、广州、济南等地的工人也相继成立工会。工会开始发动工人开展罢工斗争。工人的觉悟程度和组织程度在斗争中得到了进一步的提高。

第三,进行关于建党问题的讨论和实际组织工作。

1920 年 11 月,党的发起组制定了《中国共产党宣言》,阐述共产主义者的理想、共产主义者的目的和阶级斗争的最近状态。这个宣言没有向外发表,不过以此作为收纳党员的标准。

各地的共产主义者对建党的有关问题展开了讨论。如蔡和森在给毛泽东的信中指出:"我以为先要组织党——共产党。因为他是革命运动的发动者、宣传者、先锋队、作战部。"[1]党必须注重"无产阶级专政"与"国际色彩两点"[2];必须坚持"以唯物史观为人生哲学社会哲学的出发点"[3];必须严密党的组织和纪律,"严格的物色确实党员"[4]等。这些意见得到毛泽东的赞同。

在中国共产党早期组织的领导下,1920 年 11 月,社会主义青年团在上海成立。其后,北京、天津、武汉、长沙等地也成立了团的组织。各地团组织通过

---

[1] 《蔡和森文集》(上),人民出版社 2013 年版,第 57 页。
[2] 同上书,第 58 页。
[3] 同上书,第 67 页。
[4] 同上书,第 75 页。

引导青年学习马克思主义,参加实际斗争,为党造就了一批后备力量。

共产党早期组织成立后进行的这些活动,促进了马克思列宁主义的传播及其与中国工人运动的结合。在这个过程中,初步确立了共产主义信念的知识分子,其思想感情进一步转变到工人阶级方面来;同时,一部分工人由于受到马克思列宁主义的教育而提高了阶级觉悟,这样,就形成了一批工人阶级的先进分子。在中国创建工人阶级的先锋队——中国共产党的条件基本具备了。

3. 中国共产党第一次全国代表大会的召开与中国共产党的成立

1) 中国共产党第一次全国代表大会

1921年7月23日,国内各地的党组织和旅日的党组织派出12名代表,秘密聚集在上海(法租界望志路106号,今兴业路76号),举行了中国共产党第一次全国代表大会。其间因会场受到暗探注意和法国巡捕搜查,最后一天的会议改在嘉兴南湖的游船上举行。

参加大会的有12名代表,他们来自7个地方,代表50多名党员。他们是:李达、李汉俊(上海),张国焘、刘仁静(北京),毛泽东、何叔衡(长沙),董必武、陈潭秋(武汉),王尽美、邓恩铭(济南),陈公博(广州),周佛海(日本东京)。陈独秀、李大钊因分别在广州和北京有事,未出席会议。包惠僧受陈独秀派遣,出席了会议。出席会议的还有共产国际代表马林和尼科尔斯基。

中共一大的主要内容如下:

(1) 确立党的名称为"中国共产党"。

(2) 制定党的纲领,即以无产阶级革命军队推翻资产阶级,采用无产阶级专政以达到阶级斗争的目的——消灭阶级,废除资本私有制,以及联合第三国际等。

(3) 明确党的中心任务,即首先集中精力组织工人。鉴于当时的党几乎完全是由知识分子组成,大会决定"要特别注意组织工人,以共产主义精神教育他们"①。

(4) 选举党的领导机构。大会产生了由陈独秀、张国焘、李达组成的党的

---

① 《中国共产党第一次代表大会》,载中共中央文献研究室、中央档案馆编《建党以来重要文献选编(1921~1949)》(第一册),中央文献出版社2011年版,第24页。

领导机构——中央局,陈独秀为书记。

2) 中国共产党成立的历史特点

第一,中国共产党成立于俄国十月革命取得胜利、第二国际社会民主主义思潮在第一次世界大战期间遭到破产之后。中国共产党没有受到第二国际的思想上、政治上的影响(如"劳资合作""资本主义和平发展到社会主义"等社会改良主义的思想),也没有受到第二国际在组织上的影响(如自由主义、工会独立主义等)。

第二,中国共产党是在半殖民地半封建中国的工人运动的基础上产生的。近代中国的工人阶级虽然还比较年轻,许多工人从前还是小生产者,但是它深受外国帝国主义和本国资产阶级、封建势力的残酷压迫和剥削,革命要求极其强烈;在这个阶级中,不存在欧洲那种工人贵族阶级,缺乏改良主义的深厚经济基础;中国也没有经过欧洲那样的资本主义"和平"发展时期,中国工人阶级根本不可能进行和平的议会斗争,不太可能对资产阶级民主制度产生幻想。所以,党没有受到第二国际的影响,从一开始,它就是一个以马克思列宁主义为理论基础的党,是一个新型的工人阶级革命政党。

第三,中国共产党成立后,立即投入到紧张的轰轰烈烈的革命斗争。一方面,这使党没有充裕的时间进行理论研究,表现了党的理论准备不足;另一方面,在斗争的实践中学习和研究马克思主义,则容易把理论和实践密切结合起来,正因为这样,中国共产党从一开始就表现了革命的首创精神和坚强的战斗力。

3) 中国共产党成立的意义

中国共产党的成立,是一个"开天辟地的大事变",它使灾难深重、富于斗争探索精神的中国人民有了可以信赖的组织者和领导者。在中国共产党成立以前,中国人民的历次斗争为什么屡遭失败,关键是没有一个先进坚强的政党的领导。有了中国共产党,中国人民的力量就有可能团结凝聚,实际上为中国革命的胜利开辟了道路。当然道路是曲折的,中国共产党在1921—1949年虽然有两落两起,但是经过28年革命取得了新民主主义革命的胜利,为实现社会主义现代化开辟了道路,创造了前提。

中国共产党的先驱们创建了中国共产党,形成了坚持真理、坚守理想,践行初心、担当使命,不怕牺牲、英勇斗争,对党忠诚、不负人民的伟大建党精神,这是中国共产党的精神之源。正是对这一精神的坚守与践行,光大与发扬,构建起中国共产党的精神谱系,激励中国共产党和中国人民创造了人间奇迹。

中国共产党的成立,深刻改变了近代以后中华民族发展的方向和进程,深刻改变了中国人民和中华民族的前途和命运,深刻改变了世界发展的趋势和格局。

(三) 中国革命的新局面

1. 民主革命纲领的制定和工农运动的发动

中国共产党一经成立,中国革命就展现了新的面貌。

第一,第一次提出了反帝反封建的民主革命的纲领,为中国人民指出了明确的斗争目标。

中国共产党第一次代表大会召开时,确定了实现社会主义革命和最终实现共产主义的奋斗目标,但并没有根据中国的实际情况制定出现阶段中国革命的最低纲领,这一任务,是中国共产党在考察了中国政治形势的发展变化,通过领导中国工人运动的实践,并得到了列宁和共产国际在理论上的帮助,在1922年召开的党的二大上完成的。

1922年7月召开的中国共产党第二次全国代表大会通过对中国社会经济政治状况的分析,明确地指出,加给中国人民"最大痛苦的是资本帝国主义和军阀官僚的封建势力",因此,"反对那两种势力的民主主义的革命运动是极有意义的"①。党的最高纲领是实现社会主义、共产主义。党在当前阶段的纲领应当是:打倒军阀;推翻国际帝国主义的压迫;统一中国为真正民主共和国。这是在半殖民地半封建社会的条件下,走向社会主义、共产主义不可逾越的一个阶段。

第二,开始采取民族资产阶级、小资产阶级的政党和政治派别没有采取过、也不可能采取的革命方法,即群众路线的方法。

---

① 《中国共产党第二次全国代表大会宣言》,载中共中央文献研究室、中央档案馆编《建党以来重要文献选编(1921~1949)》(第一册),中央文献出版社2011年版,第132页。

是不是相信群众、依靠群众,这是关系革命成败的一个大问题。以往的斗争之所以成效甚少,一个重要的原因,就在于未能充分地发动群众。这种情况,在中国共产党成立之后不久,也有了一个根本的改变。中共二大就指出:"我们既然是为无产群众奋斗的政党,我们便要'到群众中去,要组成一个大的群众党'。"①这个党不仅"必须有适应于革命的组织与训练",且"党的一切运动都必须深入到广大的群众里面去",都"必须是不离开群众的"。② 发动工农展开革命斗争,在中国共产党的领导、组织、推动下,从 1922 年 1 月香港海员大罢工到 1923 年 2 月京汉铁路工人罢工,中国掀起了第一个工人运动的高潮。在 13 个月的时间里,全国发生了包括安源路矿工人罢工、开滦五矿工人罢工等在内的大小罢工 100 余次,参加者在 30 万人以上。

　　中国共产党领导的工人斗争,显示了中国工人阶级的坚定的革命性和坚强的战斗力,扩大了中国共产党在全国的政治影响。孙中山正是从这个斗争中,认识到中国共产党是一支新兴的、生机勃勃的革命力量,因而下决心同它进行合作的。与此同时,通过领导工人的斗争,中国共产党密切了同工人阶级的联系,党的自身建设也由此得到了加强。

　　2. 国共合作的实现

　　1922 年 6 月,中国共产党发表《中国共产党对于时局的主张》,明确提出建立各民主阶级联合战线的主张。7 月,中共二大通过了《关于"民主的联合战线"的议决案》,讨论了同国民党建立革命统一战线的问题,正式确立了建立民主联合战线的方针。8 月,中共中央召开西湖会议,会议决定共产党员以个人身份加入国民党,实现党内合作。

　　1923 年 6 月,中国共产党第三次全国代表大会在广州召开。大会集中讨论了国共合作及建立革命统一战线的问题,决定全体共产党员以个人名义加入国民党,以建立各民主阶级的统一战线。同时强调,在共产党员加入国民党时,党必须在政治上、思想上、组织上保持自己的独立性。中共三大正确制定了建立革命统一战线的方针、政策,有力推动了第一次国共合作的形成。不足

---

① 《关于共产党的组织章程决议案》,载中共中央文献研究室、中央档案馆编《建党以来重要文献选编(1921~1949)》(第一册),中央文献出版社 2011 年版,第 162 页。
② 同上书,第 162—163 页。

之处在于没有提出党对民主革命的领导权问题，反映出中国共产党仍处于缺乏经验的幼年时期。辛亥革命后屡遭挫折的孙中山，欢迎苏俄和共产国际援助中国革命，把中国共产党人当成亲密朋友。在中国共产党和共产国际的建议下，他毅然改组中国国民党，同意国共两党合作开展国民革命，欢迎共产党员和社会主义青年团员以个人身份参加国民党，实行联俄、联共、扶助农工三大政策。

1924年1月，中国国民党第一次全国代表大会在广州召开。出席开幕式的165名代表中，有以个人身份加入国民党的共产党员20多人。大会通过的宣言重新阐释了三民主义：民族主义突出反对帝国主义的内容；民权主义强调民权为一般平民所共有；民生主义增加了"节制资本"的原则。新三民主义和中共在民主革命时期的纲领在基本原则上是一致的，成为国共合作的政治基础。大会选举产生了中国国民党中央执行委员会，共产党员李大钊、谭平山、林祖涵（林伯渠）、瞿秋白等10人当选为中央执行委员或候补委员。改组后的国民党成为工人、农民、城市小资产阶级和民族资产阶级分子参加的革命联盟。中国国民党一大的召开，标志着以国共合作为基础的革命统一战线的正式形成。

3. 大革命的过程

国共合作的形成实现了革命力量的大联合，以广州为中心、席卷大半个中国的反对军阀的国民革命迅速兴起。

1926年7月，以推翻北洋军阀统治为目标的北伐战争开始。国民革命军在工农群众的支援下，采取各个击破的战略，在不到半年的时间里，基本上摧毁了北洋军阀吴佩孚、孙传芳的主力，革命势力发展到了长江流域和黄河流域的大部分地区。"打倒列强，除军阀"的歌声响彻了大江南北、大河上下。随着北伐的胜利进军，中国形成了历史上空前广大的人民解放运动。以湖南为中心，广大农村掀起了大革命的风暴；工人运动迅速走向高涨；国民政府进行了收回汉口、九江的英租界的斗争；上海工人举行了三次武装起义。帝国主义、封建主义的统治受到严重的打击。

1925年至1927年中国反帝反封建的革命，比之以往任何一次革命，包括辛亥革命和五四运动，群众的动员程度更为广泛，斗争的规模更加宏伟，革命的社会内涵更其深刻,因此被称作"大革命"。

大革命是在国共合作的条件下进行的,没有国共合作,不会在短时间内掀起这样一场革命。在这场革命中,中国共产党起着独特的、不可代替的作用。没有中国共产党,不会有这场大革命。

第一,大革命是在反对帝国主义、反对军阀的政治口号下进行的。而提出这个口号的,正是中国共产党。

第二,大革命是在以国共合作为基础的统一战线的组织形式下进行的。而中国共产党正是国共合作的倡导者和统一战线的组织者。

第三,大革命是近代中国历史上空前广泛而深刻的群众运动。而中国共产党正是人民群众的主要发动者和组织者。

第四,大革命的主要形式是革命战争,共产党人不仅帮助和推动了国民革命军的建立,而且在军队中发挥了重要作用。

4. 大革命的失败及其原因、意义和教训

北洋军阀势力的迅速崩溃,使帝国主义列强感到震惊。它们在中国集结兵力、制造事端,企图以武力相威胁,阻挡中国革命前进的步伐;同时开始把当时任国民革命军总司令的蒋介石看作国民党内的"稳健派",进行拉拢。

周恩来说过,蒋介石"虽曾一度组织黄埔军校,指挥北伐,但他的军阀思想和投机思想却与他'参加'革命相随而来"。① 在大革命初期,他"起了一些一般资产阶级代表人物的作用"。② 1926年3月,他制造了中山舰事件,打击共产党和工农的力量。他的立场就转到了"大地主、大资产阶级方面",变为新右派。③

1927年3月国民革命军占领南京后,游弋在长江江面的英、美军舰借口保护侨民,猛烈炮轰南京,使中国军民遭到重大伤亡。南京事件加速了蒋介石同帝国主义势力勾结的步伐。4月12日,蒋介石在上海发动反共政变,以"清党"为名,在东南各省大规模捕杀共产党员和革命群众。同年7月15日,当时任武汉国民政府主席的汪精卫在武汉发动七一五反革命政变,并在其辖区内对

---

① 《周恩来选集》(上卷),人民出版社1980年版,第151页。
② 同上书,第208页。
③ 同上。

共产党员和革命群众实行搜捕和屠杀。国共合作全面破裂,大革命最终失败。

大革命的失败,从客观方面来讲,是由于反革命力量的强大,是由于资产阶级发生严重的动摇、统一战线出现剧烈的分化,是由于蒋介石集团、汪精卫集团先后被帝国主义势力和地主阶级、买办资产阶级拉进反革命阵营里去了。从主观方面来说,是由于中国共产党的中央领导机关在大革命的后期犯了以陈独秀为代表的右倾机会主义的错误,放弃了无产阶级对于农民群众、城市小资产阶级和民族资产阶级的领导权,尤其是武装力量的领导权。当时的中国共产党还处在幼年时期,没有经验,缺乏对中国社会和中国革命基本问题的深刻认识,还不善于将马克思列宁主义的基本原理和中国革命的实践结合起来。所以,右倾机会主义在大革命后期才在中共中央领导机关中占据了统治地位。

1922年7月,中共二大决定加入共产国际。作为共产国际的一个支部,它当时直接受共产国际的领导。共产国际及其在中国的代表虽然对这次大革命起了积极的作用,所出的主意有些是正确的,但由于并不真正了解中国的情况,也出了一些错误的主意。幼年的中国共产党还难以摆脱共产国际的那些错误的指导思想。这对酿成陈独秀右倾机会主义错误有直接影响。

大革命虽然失败了,但它的历史意义仍然是不可磨灭的。这场失败了的革命,实际上是未来胜利的革命的一次伟大的演习。因为正是在这个时期,中国共产党人进行了轰轰烈烈的革命工作,领导了全国反帝反封建的伟大斗争,在中国革命史上写下了光荣的一页,同时开始探索马克思主义中国化的途径,初步提出了无产阶级领导的、人民大众的、反帝反封建的新民主主义革命的基本思想,并且从大革命的失败中汲取了严重的历史教训,开始懂得进行土地革命和掌握革命武装的重要性。

三、延伸阅读

(1) 中共中央党史研究室:《中国共产党历史》(第一卷上册)第一编,中共党史出版社2011年版。

(2) 陈独秀:《敬告青年》(1915年9月)。

(3) 李大钊:《我的马克思主义观》(上)(1919年9月)。

(4)《中国共产党第二次全国代表大会宣言》(1922年7月)。

(5)《中国国民党第一次全国代表大会宣言》(1924年1月)。

(6) 习近平:《弘扬"红船精神" 走在时代前列》,《光明日报》2005年6月21日。

(张涛)

第五章
中国革命的新道路

一、教学指南

(一) 教学目的

(1) 了解南京国民党政权的性质、内外政策及在其统治下中国的社会状况,懂得中国共产党领导中国人民进行土地革命的必要性、正义性和进步性。

(2) 了解中国共产党探索中国革命新道路的艰难历程,学习毛泽东关于农村包围城市、武装夺取政权的革命道路理论。

(3) 了解中国共产党人和红军战士在长征中表现出来的英雄气概,弘扬长征精神,坚定共产主义理想和信念。

(二) 教学要点

(1) 深刻认识和体会中国共产党对中国革命新道路的艰苦探索。

(2) 了解和掌握马克思主义中国化的历史进程,领会把马克思主义基本原理同中国具体实际相结合的极端重要性。

(3) 认识党内连续出现"左"倾错误的原因和坚持实事求是思想路线的必要性。

(三) 框架结构

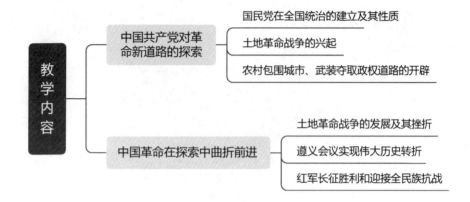

二、教学讲义

1924年至1927年,国共合作掀起大革命的高潮,帝国主义、封建主义的统治受到沉重打击。然而,由于国民党蒋介石集团和汪精卫集团相继叛变,大革命惨遭失败。面对反动派的血腥屠杀,中国共产党和中国人民并没有被吓倒,被征服,被杀绝,他们从地下爬起来,揩干净身上的血迹,掩埋好同伴的尸首,又继续战斗了。中国革命由此进入土地革命战争时期,中国共产党人经过艰难探索,开辟了中国革命的新道路。

(一) 中国共产党对革命新道路的探索

1927年,大革命失败以后,中国共产党人从血的教训中深刻认识到武装斗争的重要性,但是受俄国模式的影响,党在最初领导武装斗争的过程中,走的都是俄国"城市中心论"的道路,结果均遭到失败,在此情形下,起义队伍被迫转向农村。以毛泽东为代表的中国共产党人,在农村革命斗争的实践中,经过艰苦探索,逐渐形成了关于中国革命道路的光辉理论。

1. 国民党在全国统治的建立及其性质

经过北伐战争,大部分旧军阀的势力已被消灭或被削弱,打着国民党旗号的新军阀乘机崛起,相互争夺。当时国民党各派军阀的纷争,主要表现为宁汉(分别指南京和武汉)两方的对立和争斗。经过七一五反革命政变,宁汉双方渐有妥协之势。7月24日和8月3日,汪精卫、谭延闿等先后两次联名致电冯玉祥,表示愿意"和平统一","迁都南京"。8月8日,胡汉民、李宗仁等通电表示,欢迎武汉要员到南京"枘权"。蒋介石面对众多困难和矛盾,以退为进,于8月13日通电下野,辞去国民革命军总司令之职。南京方面的实权便落在桂系军阀手中。

8月下旬和9月上旬,武汉的谭延闿、孙科和汪精卫、陈公博先后到达南京。汪清卫、陈公博以国民党中央"正统"自居,主张召开国民党二届四中全会,解决宁汉纠纷问题。这一主张未得到南京方面的响应,且谭延闿、孙科也不再听命于汪精卫。这样,汪精卫只得自认"防共过迟",表示"自劾下野,听候处分"。

9月15日,宁、汉、沪(西山会议派)三方代表成立国民党中央特别委员会,代行中央职权。17日发表《国民党特别委员会宣言》,宣布宁汉政府合作,国民党"统一"完成。但这个宁汉合作很快又重新变为宁汉对立。汪精卫回到武汉,联合唐生智,反对国民党特别委员会。10月19日,宁汉战起,唐生智被李宗仁打败。与此同时,广东军阀张发奎、李济深公开打出"拥汪护党"的旗帜,电请汪精卫回粤"主持党国大计"。在这种形势下,下野的蒋介石在取得了日本谅解和美国支持的许诺后,于11月10日返回上海。12月2日,南京国民政府借口共产党领导的广州起义,攻击汪精卫集团"通共",迫使汪精卫流亡海外。

1928年1月9日,蒋介石通电复职。2月2日,在蒋介石的操纵下,召开了国民党二届四中全会。会议全面篡改了新三民主义的革命内容,使国民党的军政大权重新集中于蒋介石一人身上。

国民党二届四中全会后,蒋介石、李宗仁、冯玉祥、阎锡山四派新军阀暂时取得了妥协,决定继续"北伐",展开同奉系军阀的战争。1928年4月上旬,蒋介石下达总攻击令。5月1日,国民党军占领济南。日本为阻止国民党军前进,于3日出兵济南,惨杀中国军民4 000余人,制造了济南惨案。蒋介石命令部队撤出济南,绕道北上。5月28日,张作霖下令总退却。6月4日,张作霖乘坐的火车到达沈阳城外皇姑屯时,被日本关东军预谋炸死。张作霖死后,张学良就任东三省保安总司令，重新经营东北。12月19日，张学良发表"改旗易帜"通电，表示服从南京国民政府。此前，西南各省已先后通电拥蒋，新疆、热河也宣布"易帜"。至此，南京国民政府在名义上统一了中国。

为了加强国民党在全国的统治，以蒋介石为代表的南京国民政府采取了一系列政策、措施。

在对内政策上，推行一党专政，实行封建的、军事的法西斯统治。1928年8月，国民党召开二届五中全会，宣布实施"训政"。10月3日，国民党中央通过《训政纲领》，同时公布了《中华民国国民政府组织法》。规定国民政府由行政、立法、司法、考试、监察五院组成，中华民国的"治权"由国民政府总揽。10月8日，国民党中常会选出蒋介石为国民政府主席，五院院长分别由谭延闿、胡汉民、王宠惠、戴季陶、蔡元培担任。1929年3月，国民党三大又进一步规定"对中华民国之政权治权"，由国民党"独负全责"。1931年5月，国民会议通过《训政时期约法》，以国家根本大法的形式确认了国民党一党专政的政治体制。同时，强化反动国家机器，建立以黄埔系军官为骨干、人数达200万的正规军和遍布全国的庞大的特务组织，在全国推行保甲制度，制定名目繁多的反动条例、法令，对共产党人和革命人民实行残酷镇压，使广大人民群众生活在法西斯恐怖统治之中。在思想文化上，大力推行专制主义，打着所谓"党化教育"和"新生活"的招牌，严令取缔进步理论和革命运动。

在对外关系上，实行亲帝、卖国、反苏外交。1927年12月13日，蒋介石公开声称要联合各国共同对付共产国际，表明他决心站在帝国主义一边。1928年2月，南京国民政府同英、美等国讨论解决南京事件，把事件发生原因归咎为"共产党的煽动"，答应向各国道歉、赔偿、惩凶，表明了南京国民政府对帝国主义的顺从。6月15日，南京国民政府在所谓"北伐"告成之际，发表对外宣言，要求各国"遵正当之手续，实行重订新约"。其"改订新约"内容只限于关税自主和废除领事裁判权。关于关税自主问题，1928年7月美国首先与南京政府订立了《整理中美两国关税关系之条约》，承认中国关税完全自主之原则，但又规定缔约双方仍享有最惠国待遇。接着又陆续同德、挪、比、意、丹、葡、荷、瑞典、英、法、西、日等国缔结了"友好通商条约"或"新关税条约"，援引中美条约之例，规定了最惠国待遇。关于废除领事裁判权，更是毫无结果。南京国民政府一面投靠帝国主义，一面反对社会主义苏联。1927年12月14日，南京国民政府发布对苏断绝邦交令。1929年5月，张学良派兵搜查苏联驻哈尔滨领事馆。7月10日，蒋介石、张学良指使中东铁路中方负责人以武力接收中东路，制造了中东路事件。7月18日，中苏断交。8月，中苏边境爆发武装冲突。美国等帝国主义国家企图干涉，实现中东路的国际共管。张学良的东北军被苏联红军打败。1929年12月，签订《伯力协定》，恢复事件以前的状态。

南京国民政府的内政外交政策说明，国民党政权的统治，实质上依然是乡村豪绅阶级和城市买办阶级的统治，是大地主大资产阶级的专政，而且比北洋军阀的统治具有更多的欺骗性。

2. 土地革命战争的兴起

党在新民主主义革命时期的第一次伟大历史转折就是从北伐战争失败到土地革命战争兴起，中国共产党在完成这一伟大历史性转变的同时也开始了对中国革命新道路的艰辛探索。

中国共产主义运动是在俄国十月革命的直接影响下发生发展的。中国共产党诞生以后，成为共产国际领导下的一个支部。中国共产党建立之初，曾得到了共产国际的大力帮助，从建党到国民革命，党基本上是按照俄国革命的模式开展工作的，即以城市为中心，以开展城市工人运动和同国民党建立统一战线为工作重点。

俄国十月革命成功的先例，使得所有人对俄国道路在中国革命实践中的胜利充满信心，而国共合作的国民革命轰轰烈烈，工农运动蓬勃发展，北伐战争胜利进军，又部分地掩盖了道路问题的暴露。

但是，正当工农兵奋勇前进，大革命汹涌澎湃的时候，蒋介石、汪精卫先后背叛革命，发动四一二反革命政变和七一五反革命政变，疯狂屠杀共产党人和革命群众，使革命力量遭受严重摧残和破坏。据不完全统计，1927年至1928年，在1年不到的时间里，共产党员、共青团员和革命群众被屠杀了31万人。各地革命工会几乎全被解散，工会会员由近300万人急剧锐减至几万人；农会也被取消，1 000余万农民协会会员大都流失。蒋介石凭借其掌握的强大武装力量占有了全国所有城市。在反动统治下，敌我力量对比悬殊，中国革命进入一个低潮时期。

为挽救和复兴中国革命,中国共产党先后领导了以夺取中心城市为目标的三大武装起义。

1927年8月1日,中国共产党领导了南昌起义。南昌起义原计划在7月31日举行,因为张国焘以中央代表身份阻挠起义,加上一个副营长叛变,起义改在8月1日凌晨2点举行。起义部队占领了南昌城,但在敌人优势兵力的进攻下,起义部队不得不从南昌城撤退。起义部队在撤退途中遭受严重损失,一部分转入海陆丰,一部分由朱德、陈毅率领,经江西、粤北转至湘南,后来与毛泽东会师。南昌起义打响了武装反抗国民党反动派的第一枪,是中国共产党独立领导中国革命、创建人民军队和武装夺取政权的伟大开端。

为彻底纠正在过去工作中的严重错误,中国共产党在共产国际的帮助下于1927年8月7日在汉口召开了紧急会议,即八七会议。

这次会议是党中央召开的紧急会议,毛泽东、邓小平等参加了会议。八七会议有两大功绩:一是会议总结了大革命失败的经验教训,反对了陈独秀的右倾投降主义,宣告右倾投降主义的结束;二是确定了土地革命和武装反抗国民党反动派的总方针,决定在湘、鄂、赣、粤四省举行秋收起义。毛泽东在会上提出了"枪杆子里面出政权"的著名论断,并选出以瞿秋白为首的中央临时政治局。八七会议确定的总方针反映了中共中央对开展土地革命和武装斗争的新认识,给处在危急之中的中国共产党指明了继续革命的方向,为挽救党和革命做出了巨大贡献。中国革命从此开始了由大革命失败到土地革命战争兴起的历史性转变。

八七会议以后,毛泽东作为中央特派员到湖南领导湘赣边界的秋收起义。

毛泽东首先在江西安源张家湾召开会议,向湖南省委传达八七会议精神,成立了以毛泽东为书记的前敌委员会。9月9日,秋收起义开始。毛泽东计划兵分三路,攻下平江、浏阳、醴陵等城市后,会攻长沙。战斗打响以后,进攻浏、醴的部队一度取得胜利。由于敌人的反扑和第四团的叛变,起义部队遭受严重损失。毛泽东当机立断,决定改变进攻长沙的计划,命各路部队向文家市集中。

9月19日,毛泽东在文家市召开党的前敌委员会。毛泽东对形势作了分析,指出在敌强我弱的情况下,必须放弃中心城市。毛泽东拟定将剩余部队沿罗霄山脉南下,向敌人统治力量相对薄弱的农村进军。

9月29日,部队到达永新县三湾村,部队这时还剩下1 000多人,毛泽东决定对部队进行改编,将部队缩编为一个团,在连上建立支部,确定了党对军队的绝对领导,这就是著名的三湾改编。

继南昌起义和秋收起义后,中国共产党又发动了广州起义。1927年12月11日,张太雷、叶挺、叶剑英领导了广州工人赤卫队及部分革命武装,经过激战,曾一度占领了广州城,建立了工农兵政权——广州公社。但苏维埃政权只存在了三天,在优势敌人的围攻下遭到了失败。

广州起义是中国共产党在城市武装夺取政权的又一次尝试,它和南昌起义、秋收起义一起,是中国共产党创建工农红军的开端,为中国革命走农村包围城市道路提供了血的经验教训。

除三大起义外,从1927年秋到1928年底,中国共产党在全国各地发动了大大小小100多次起义,比较著名的有海陆丰起义、海南岛起义、黄麻起义、赣东北起义、平江起义、湘南起义、湘鄂西起义、渭华起义、左右江起义等,这些起义有一个共同点,即其指导思想基本上是城市中心论,结果,这些起义大多失败了。血的惨痛教训证明,在敌强我弱、革命处于低潮的形势下,企图通过城市武装暴动或攻占大城市来夺取全国范围的革命胜利,是不切实际的。一些起义受挫后转移到农村的部队,在反动统治力量薄弱的地区继续坚持斗争,为后来红军和革命根据地的发展奠定了基础,这标示着中国革命发展的正确方向。

3. 农村包围城市、武装夺取政权道路的开辟

为总结大革命失败以来的经验教训,制定新的路线和政策,1928年6月,中国共产党在莫斯科召开了第六次全国代表大会。尽管这次代表大会仍然把城市工作放在中心地位,对大革命失败后党所需要的策略退却以及农村革命根据地重要性和民主革命的长期性缺乏必要的认识,对中间阶级的两面性和反动势力的内部矛盾缺乏正确的分析和相关政策,但是,它对"左"、右倾两种错误倾向,特别是对"左"倾盲动主义的批判,对中国革命的发展起了积极的推动作用,因此,在党的六大以后的两年间,中国的革命出现了走向复兴的局面。

1) 井冈山等革命根据地的建立

三湾改编以后,10月3日,部队到达宁冈古城,毛泽东主持召开了前委扩大会议,决定建立井冈山革命根据地。毛泽东又和平争取了已经在井冈山落脚的地方武装袁文才、王佐的部队。10月6日,毛泽东会见了袁文才,赠袁部100多条枪,袁资助工农革命军700块大洋。10月24日,毛泽东集合部队讲话,要求全体官兵上井冈山以后,要严格遵守群众纪律,搞好与袁文才部的关系,袁文才、王佐后来加入了革命军,使红军的实力增加到3团人。

1928年4月底,朱德、陈毅等率领南昌起义余部和湘南农军转战到井冈山,与毛泽东领导的工农革命军会师。5月4日,工农革命军第四军(后改为工农红军第四军)宣告成立,朱德任军长,毛泽东任党代表,陈毅为军委书记(后改称政治部主任)。第四军全军约11 000人,枪支2 000余支。

毛泽东领导起义部队向井冈山进军,开辟了中国革命第一个根据地。井冈山地区群众基础好,远离中心城市,毛泽东在井冈山建立了各级党组织,成立了特区和工农兵政府,发展红军,开展游击战争,同时在军队中建立民主制度,在地方开展土地革命。

在毛泽东的影响下,一批领导武装斗争的共产党人相继从城市走向农村,建立农村革命根据地。到1930年,全国红军已经发展到10多万人,建立了大小十几块革命根据地。井冈山燃烧的"星星之火",渐成燎原之势。

但是,在农村开展革命斗争对中国共产党来说,是一条前人没有走过的道路,因此,从创建农村革命根据地开始,党内对此就存在不同认识。比如,秋收起义队伍内部对"上山"就存在不同意见,少数人为此还离开了部队。当时的临时中央对毛泽东上井冈山表示不满,1928年3月上旬,中共湘南特委代表周鲁到江西宁冈砻市,传达了中共中央关于撤销毛泽东临时中央政治局候补委员的决定,同时宣布撤销以毛泽东为书记的前委,另成立中共师委,毛泽东改任师长。

临时中央不顾敌我力量极其悬殊的客观实际,硬是强调所谓的进攻路线,主张"暴动暴动再暴动",强行推动中国革命的"新高潮"。在根据地中也有人提出"红旗到底打得多久"的疑问。在这种情况下,中国共产党人就必须回答应该走一条什么样的道路才能引导中国革命走向胜利这个重大问题。以毛泽东为代表的中国共产党人坚持从实际出发,先后撰写了《中国的红色政权为什么能够存在?》《井冈山的斗争》《星星之火,可以燎原》《中国革命战争的战略问题》《战争和战略问题》等著作,对中国革命道路理论进行了全面深刻的阐述,为中国革命指明了方向。

2) 农村包围城市、武装夺取政权道路理论

农村包围城市、武装夺取政权的道路,是马克思主义暴力革命原理在中国特殊历史条件下的运用和发展,它科学地论证了中国为什么必须走农村包围城市的道路,以及为什么走这条道路能够夺取革命的胜利,其理论闪耀着中国革命必须走自己道路的思想。其内容主要有以下三个方面。

一是中国红色政权存在与发展的原因和条件。

中国是一个政治经济发展不平衡的半殖民地半封建大国。所谓中国政治经济发展不平衡,是指中国不是统一的资本主义经济,而是地方性农业经济占主要地位的半封建国家,微弱的资本主义经济和严重的半封建经济同时存在,近代式的若干工商业都市和停滞不前的广大农村同时存在,若干铁路、航路、汽车路和普遍的独轮车路、只能用脚走的路以及用脚还不好走的路同时存在。

中国是一个幅员辽阔的大国,特别是广大的农村地区,为革命力量提供了极大的回旋余地,"东方不亮西方亮,黑了南方有北方",即使在局部遇到严重的困难和挫折,革命力量仍能在其他地区或其他方面得以恢复和发展。因此,毛泽东指出,只要认清了中国是一个多帝国主义国家互相争夺的半殖民地,就会明白为什么中国反动统治阶级内部的混战会一天比一天激烈,就会明白为什么农村革命斗争和社会政权会出现全国规模的发展。

革命的广泛影响和良好的群众基础。中国红色政权能够存在,还因为有良好的群众基础。中国政治经济发展的不平衡,使得中国革命的发展呈现出不平衡的状态。

近代中国革命的一个显著特点是革命爆发于南方,由南向北发展。土地革命战争时期,红色政权首先发生并能够长期存在的地方是受第一次大革命影响的南方地区,如湖南、湖北、江西等地区。这充分说明在具有广泛革命影响的地区,无产阶级有首先取得胜利的可能。

全国革命形势的不断向前发展。全国革命形势的不断向前发展是红色政权能够存在和发展的一个重要条件。毛泽东认为,小块地区的红色政权能否

长期存在并发展壮大,取决于中国革命整个形势的发展,如果革命形势是向前发展的,那么红色政权的发展则是没有疑义的。

大革命失败后,新军阀统治取代了北洋军阀统治,中国社会的主要矛盾仍然是中华民族同帝国主义的矛盾、人民大众同封建主义的矛盾,引起中国革命的各种矛盾一个也没有得到解决。而只要中国社会的主要矛盾存在,人民群众的革命要求就永远不会泯灭,革命形势必然不断向前发展。毛泽东说:"全国都布满了干柴。"①在这种情况下,革命的星星之火,必将呈现燎原之势。

有相当力量的正式革命武装是红色政权能够存在和发展的一个必要的主观条件。没有相当力量的正式革命武装,便不能造成割据局面。在革命的武装中,必须要有相当力量的红军做骨干。如果只有地方性质的赤卫队而没有相当力量的红军,将难以打败敌人的军事"围剿",红色政权则不能坚持和发展。

中国历史上的经验证明,单纯的农民战争是难以取得完全胜利的。农村革命根据地的主体虽然是农民,但是农民阶级自身的特点决定了他们不能成为革命战争的正确领导者。

红色政权能够存在和发展的又一个必要的主观条件是共产党组织有力量的坚强领导和正确的政策。抗日战争时期,为了动员全民族抗战,中国共产党制定了抗日民族统一战线政策。正是在这一政策的领导之下,迎来了抗战的胜利。

毛泽东阐述的五个条件中,前三个是客观条件,后两个是主观条件,其中第一条是最重要的。正是由于中国半殖民地、半封建社会的特殊国情,才提供了中国红色政权发生发展的可能性。

二是关于工农武装割据。

所谓"工农武装割据"就是在共产党的领导下,以革命根据地红色政权建设为依托,以土地革命为主要内容和以武装斗争为主要斗争形式。这三个基本内容之间的相互关系是"三位一体"、密切结合的关系。

---

① 《毛泽东选集》(第一卷),人民出版社 1991 年版,第 102 页。

坚持"工农武装割据"必须以土地革命为中心内容。土地革命是中国民主革命的基本内容。在以自给自足的自然经济为主要特征的中国广大农村,土地是农民赖以生存的命根子。只有将土地无偿地分配给占全国人口80%以上的农民,才能满足广大农民对于土地的要求,才能极大地调动农民参加革命的积极性。

坚持"工农武装割据"必须以武装斗争为主要形式。血的教训告诉中国共产党人,武装斗争是中国革命的主要形式,中国的革命是武装的革命反对武装的反革命,双方的斗争是你死我活的斗争,这是中国革命的特点。毛泽东说,没有武装斗争,没有强大的红军,便不能造成割据,革命根据地就不能存在,土地革命便不能进行。

坚持"工农武装割据"必须以根据地建设为基本依托。革命根据地是中国革命的战略基地,没有根据地,革命武装便不可能开展土地革命,就成了黄巢、李自成式的流寇主义,红军就不能扩大,武装斗争就失去依托,中国革命就有被敌人扼杀的危险。

"工农武装割据"的思想是以毛泽东为代表的中国共产党人,把马克思列宁主义基本原理和中国革命实际相结合的重大成果。它解决了在政治经济发展不平衡的农业大国,在敌强我弱的形势下,共产党怎样坚持革命,怎样发展壮大革命力量,最终夺取革命胜利的问题。"工农武装割据"思想是农村包围城市道路理论的重要组成部分,为农村包围城市道路理论的形成奠定了基础。

三是关于走农村包围城市的道路。

农村包围城市、武装夺取政权就是以农村为中心,在农村开展游击战争,深入进行土地革命,建立和发展革命政权,待条件成熟时再夺取全国政权。这是农村包围城市、武装夺取政权道路理论最重要的思想。那么走农村包围城市、武装夺取政权道路就必须在农村中长期积蓄和发展革命力量,在农村开展土地革命,发动农民参加革命,积蓄并发展壮大革命力量,以争取最后战胜敌人。就必须把落后的农村改造成先进的革命阵地,借以反对利用城市进攻农村区域的凶恶敌人,借以在长期战斗中逐步地争取革命的全部胜利。就必须注意城市工作和其他方面工作同农村斗争的配合,还必须根据革命的发展进程主动实施战略转变。

农村包围城市的道路理论,是以毛泽东为代表的中国共产党人把马克思列宁主义同中国实际相结合的伟大创造,是马列主义普遍原理同中国革命具体实践相结合的光辉典范,是中国革命唯一正确的道路,开创了无产阶级革命道路多样性的先河,为国际共产主义运动和民族解放运动提供了经验,它对于历史和现实都具有伟大而深远的实践和理论意义。

随着红军和农村根据地的发展,怎样建设一个坚强的无产阶级政党和一支新型人民军队的问题,摆在了中国共产党面前。毛泽东认为,中国走"工农武装割据"的道路,大量吸收农民党员是不可避免的。要使共产党组织成为有力量的坚强领导并采取正确的政策,关键的问题在于要对农民进行无产阶级思想教育,使之克服农民意识,实现无产阶级化。毛泽东在实践中不断总结经验,成功地解决了在以农民为主要成分的情况下,保持共产党无产阶级先进性的问题。这就是古田会议的召开。

1929年12月,红四军在福建上杭古田村召开第九次代表大会,大会通过了毛泽东起草的会议决议《中国共产党红军第四军第九次代表大会决议案》,即古田会议决议。

古田会议的中心思想是要用无产阶级思想进行军队和党的建设。在军队建设方面,决议明确规定了红军的性质,指出"红军是一个执行革命的政治任务的武装集团"①。这一规定从根本上划清了新型人民军队同一切旧式军队的界限,确立了党对军队领导的原则和制度。同时提出,红军必须担负起打仗、筹款和做群众工作三位一体的任务,也阐明了必须加强军队的政治工作,建立军队内部外部正确关系和对敌军应采取的政策等问题。

在党的建设方面,决议着重强调加强党的思想建设的重要性,同时也指出,必须加强党的组织建设,坚持党的民主集中制,反对极端民主化、非组织观点等错误倾向。

古田会议决议从根本上解决了农村游击战争环境中,党和军队如何保持无产阶级先进性的问题,标志中国红军的马克思列宁主义建军路线的形成,是党和红军建设的纲领性文件。古田会议是党和人民军队建设史上重要里程碑。

---

① 《毛泽东选集》(第一卷),人民出版社1991年版,第86页。

(二) 中国革命在探索中曲折前进

党的中央领导机构由于受到共产国际的错误指导尤其是教条主义的束缚,盲目迷信苏联经验和顽固坚持"城市中心论",曾连续出现三次"左"倾错误,给革命造成严重危害。经过中国革命实践正反两方面的鲜明比较,正确路线在全党的指导地位终于得到确立。

1. 土地革命战争的发展及其挫折

蒋介石政府不能容忍工农红军和农村革命根据地的存在,中原大战结束后,蒋介石调动军队对红军和根据地进行"围剿"。从1930年10月起,蒋介石集中重兵,向南方各根据地的红军发动大规模的"围剿"。

国民党军队"围剿"的重点是毛泽东、朱德领导的红一方面军。到1931年7月,红一方面军贯彻积极防御的方针,实行"诱敌深入"等一整套行之有效的战术原则,先后粉碎国民党军队的三次"围剿"。反"围剿"的胜利,使赣南、闽西根据地连成一片,形成拥有21座县城、面积5万平方千米、人口达250万人的中央革命根据地。与此同时,鄂豫皖、湘鄂西、湘赣、湘鄂赣、赣东北根据地的红军,也打败了国民党军的多次"围剿",取得了重大胜利。

红色区域的革命在第三次反"围剿"胜利后有了迅速发展,各根据地普遍建立了工农民主政权。为了统一和加强对各个根据地的领导,1931年11月7日至20日,在江西瑞金召开了第一次全国苏维埃代表大会,宣布成立中华苏维埃共和国临时中央政府。毛泽东被选为临时中央政府主席。

1932年6月,蒋介石调集63万兵力向各苏区发动第四次"围剿"。7月,国民党军队30万人,首先向鄂豫皖苏区发动进攻,由于张国焘麻痹轻敌,苦战两个月,不能扭转战局,只能放弃鄂豫皖苏区,向西转移,进入川陕边界,开辟川陕苏区。同时,国民党以10万兵力进攻湘鄂西苏区。由于苏区领导人的错误政策,也放弃了湘鄂西苏区,转战至湘鄂川黔边境。

1932年底,在朱德、周恩来等领导下,中央红军采取声东击西、大兵团伏击和集中优势兵力各个歼灭敌人的战法,取得第四次反"围剿"胜利。中央红军发展到10万人左右,中央苏区进入全盛时期。到1933年下半年,全国红军发展到30万人,在300余县建立了红色政权。

红军反"围剿"的胜利,是人民战争战略战术的胜利。毛泽东、朱德在井冈山时期提出的"分兵以发动群众,集中以应付敌人"和"敌进我退,敌驻我扰,敌疲我打,敌退我追"的游击战争原则①,在反"围剿"作战中得到丰富和发展,还相继提出了诱敌深入,集中兵力,打运动战、速决战、歼灭战等一系列战略战术原则,初步形成了人民战争的战略战术思想。

革命的进程并不是一帆风顺的,正当中国共产党逐步从大革命失败后的困境中走出,复兴中国革命时,连续出现的"左"倾错误却将这个大好的局面断送掉了。1931年1月,由于共产国际的直接干预,继瞿秋白"左"倾盲动主义、李立三"左"倾冒险主义错误之后,以王明为代表的"左"倾教条主义错误开始在党内取得统治地位,并长达4年时间。中共临时中央政治局在白区工作因冒险失败后,被迫由上海迁入中央革命根据地,使王明"左"倾冒险主义在苏区得以全面贯彻。

他们把马克思主义教条化、把共产国际指示和苏联经验神圣化,因而在中国革命的一系列政策和策略上犯有严重错误:在社会性质问题上,夸大资本主义经济在中国社会经济中的比重,把反对资产阶级和反帝反封建并列,希望一举完成中国革命"两步走"的战略目标;在革命形势和党的任务上,否认当时中国革命尚处于低潮,强调全国性的"革命高潮"和党在全国范围的"进攻路线";在革命道路问题上,坚持城市中心论,一味追求在大城市发动武装起义,低估农民在中国革命中的作用;在组织上推行宗派主义和惩办主义,狂妄地提出要"根本改造党的领导",对坚持正确意见的同志实行"无情打击"和"残酷斗争";在军事上完全否定毛泽东、朱德等创造的人民战争战略战术,照搬苏联红军经验。

相比瞿秋白、李立三,王明的"左"倾错误更系统,有更多的理论装饰,对中国革命造成的危害也更大。刚刚恢复不久的白区党组织因此损失殆尽,各主要根据地的工作受到严重干扰和破坏。其最大恶果是直接导致了中央红军第五次反"围剿"的失败和中央苏区的丧失。

1933年下半年,蒋介石发动对革命根据地的第五次"围剿",并首先以50万重兵进攻中央革命根据地。这时的毛泽东已经被排除出中央军事领导核心,临时中央负责人博古依靠共产国际派来的军事顾问李德负责军事指挥。

---

① 《毛泽东选集》(第一卷),人民出版社1991年版,第104页。

他们放弃过去反"围剿"中行之有效的积极防御方针,主张"御敌于国门之外",使红军陷入被动地位;实行"关门主义",拒绝援助福建人民政府,丧失打败国民党军围剿的有利战机;在进攻遭受挫折后,又采取消极防御方针,主张分兵防御、企图用阵地战代替游击战和运动战,同装备精良的国民党军拼消耗。结果,根据地越缩越小、红军越打越少。第五次反"围剿"失利,红军被迫撤离历经浴血奋战建立的根据地,实施战略转移。

2. 遵义会议实现伟大历史转折

第五次反"围剿"不能打退敌人,红军处于包围之中,被迫进行战略转移。由于敌人重兵的"追剿",红军难以在南方立脚,不得已过长江折转北上。这样,原计划的短程战略转移便发展为长征。作为红军在南方战略格局主要支柱的中央红军不能尽快恢复稳定,引起了整个战局的不稳定。全国各主要红军先后进行长征。在此之前,1934年7月,寻淮洲、粟裕率领由红七军团组成北上抗日先遣队,向闽浙皖赣边界前进,在赣东北与方志敏的红十军会合,编为红十军团,继续北上。8月,任弼时、肖克又率领红六军团从湘赣苏区突围西征,与贺龙的红二军团在贵州东北会合,开辟了湘鄂川黔苏区。为中央红军的西征,起了探路的作用。9月,鄂豫皖的红二十五军团在吴焕先、程子华、徐海东率领下进行西征,后经陕南到达陕北,与刘志丹的红二十六军、二十七军合编为红十五军团,为迎接中央红军到达陕北创造了条件。

1934年10月,中共中央机关和中央红军主力8.6万人出发,开始长征。长征开始后,"左"倾领导人博古、李德又犯了逃跑主义错误,并把战略转移变成搬家式的行动。在连续突破国民党军队布置的四道封锁线后,红军在强渡湘江战役中锐减到3万多人。这时,蒋介石已判断红军意在北出湘西与红二、六军团会合,在通往湘西的途中集结重兵,张开大网,等待红军到来。在这种情况下,"左"倾领导人仍打算按计划前往湘西。在危急关头,毛泽东不顾个人荣辱,以对党和红军高度负责的精神,坚决主张放弃原计划,改向敌人力量薄弱的贵州进军,甩开敌人,争取主动。他的意见得到军委大多数同志的赞同。红军占领湖南通道城后,转入贵州。1935年1月7日,红军攻克黔北重镇遵义。

1月15至17日,中共中央政治局在遵义召开扩大会议。会议集中全力解决具有决定意义的军事和组织问题。会上,毛泽东、张闻天、王稼祥作了重要发言。他们尖锐批评了博古、李德在第五次反"围剿"中实行进攻中的冒险主义、防御中的保守主义、退却中的逃跑主义错误。经过激烈争论,多数人同意毛泽东等人的意见,肯定了毛泽东的正确军事路线。会议增选毛泽东为中央政治局常委,并委托张闻天起草决议。张闻天在会后根据与会多数人特别是毛泽东发言的内容,起草了《中央关于反对敌人五次"围剿"的总结决议》。这个决议,在2月上旬中共中央到达云南省扎西县后召开的会议上正式通过,并在中央红军中传达贯彻。在扎西会议上,中央政治局常委决定由张闻天代替博古负总责。3月中旬,成立由毛泽东、周恩来、王稼祥参加的三人军事指挥小组,负责指挥全军的军事行动。

遵义会议是党的历史上一个生死攸关的转折点。这次会议事实上确立了毛泽东在党中央和红军的领导地位,开始确立以毛泽东为主要代表的马克思主义正确路线在党中央的领导地位,开始形成以毛泽东同志为核心的第一代领导集体,在最危急关头挽救了党、挽救了红军,挽救了中国革命。遵义会议的鲜明特点是坚持真理、修正错误,确立党中央的正确领导,创造性地制定和实施符合中国革命特点的战略策略。遵义会议开启了中国共产党独立自主解决中国革命实际问题的新阶段。

3. 红军长征胜利和迎接全民族抗战

遵义会议后,中央红军在新的中央领导下,采用灵活机动的战略战术,穿插于敌重兵之间,四渡赤水,迅速摆脱了被动局面。5月9日,红军巧渡金沙江,跳出了数十万敌军围追堵截的圈子,取得了战略转移中具有决定意义的胜利。5月下旬,红军强渡大渡河,飞夺泸定桥,翻越终年积雪、人迹罕至的夹金山。6月14日,中央红军在川西懋功地区与从川陕根据地退出的红四方面军会师。

为确定会师后的行动方针,中央政治局于6月26日在两河口召开政治局会议,决定集中主力向北进攻。不久,张国焘借口"统一指挥"和"组织问题"没有解决,故意阻延部队行动,并提出南下四川、西康的方针,给红军两大主力会师后的有利形势蒙上了阴影。8月初,红军分成左、右两路军北上。毛泽东、张闻天、周恩来等率中共中央机关和前敌指挥部随右路军行动,朱德、张国焘、刘伯承等率红军总司令部随左路军行动。8月下旬,右路军穿过草地后,等待左路军前来会合。可是,张国焘坚持要右路军南下。9月9日,他电令右路军政治委员陈昌浩率部南下,"彻底开展党内斗争"。毛泽东得知这一情况后,与周恩来、张闻天、博古紧急磋商,决定连夜率红一、三军团和军委纵队先行北上。9月11日,中央电令张国焘率部北上,但他置之不理。12日,中央政治局召开扩大会议,通过《关于张国焘同志的错误的决定》,并将北上红军改称陕甘支队。

9月27日,中央政治局常委会会议根据在行军途中获悉的陕北红军和根据地仍然保存这一情况,正式决定把长征的最后落脚点放在陕北,同徐海东、程子华、刘志丹率领的红十五军团会师。10月19日,陕甘支队到达陕北吴起镇。中央红军经过行程二万五千里、纵横11省的长征,终于实现了战略转移。

中共中央先行北上后,已经南下的张国焘于10月5日公然另立"中央",自封为"主席"。张国焘的分裂行为受到朱德、刘伯承等人的反对,在红四方面军中也不得人心。张国焘不得不于1936年6月6日宣布取消另立的"中央"。在南下进军成都平原的战役中红四方面军遭到重大损失,被迫转战到甘孜地区。

1936年7月2日,从湘鄂川黔根据地退出的红二、六军团到达甘孜,与红四方面军会师,并组成红二方面军,贺龙任总指挥,任弼时任政委。经过朱德、刘伯承、任弼时、贺龙等的力争,并得到红四方面军广大指战员的支持,红二、四方面军终于实现共同北上。同年10月,红一、二、四方面军在陕甘地区会师。伟大的长征胜利结束。红四方面军一部西渡黄河后组成西路军,于1937年初失败。

红军主力长征后,留守在江西、福建、广东、浙江、湖南、湖北、安徽、河南八省的红军和游击队,在项英、陈毅等的领导下,独立地坚持了长达三年的极端艰苦的游击战争,保存了革命的力量和阵地,有力地策应了红军主力的长征,为中国革命做出了重要贡献。

红军长征胜利的经验十分丰富。以毛泽东为核心的党中央的正确领导,是长征取得胜利的最基本的原因。党、红军和人民群众的坚强团结,各红军主力、游击队的战略配合和坚强团结,都是长征胜利不可缺少的条件。灵活机动的机动作战,正确的战略方向选择,坚定的共产主义信念,英勇无畏的牺牲精神,确保了长征的胜利。

中国工农红军长征的胜利,具有伟大的历史意义。第一,它宣告了国民党消灭共产党和红军计划的彻底破产,使中国革命转危为安,表明以马克思列宁主义理论武装的、深深植根于中国人民之中的中国共产党及其领导的人民军队是不可战胜的。第二,它用实际行动,向全国人民宣传了共产党和红军的政治主张,提高了中国共产党在全国人民心中的地位,扩大了党和红军的国际影响。第三,它保存和锻炼了革命力量,培育和形成了独具魅力的长征精神——坚定的共产主义理想,革命必胜的信念,艰苦奋斗的精神和一往无前、不怕牺牲的英雄气概。第四,它使革命重心由南方转移到西北抗日前线,为推动抗日救亡运动,促进抗日民族统一战线的建立,奠定了坚实基础。第五,它确立了毛泽东在红军和党中央的领导地位,开始形成以毛泽东为核心的第一代中央领导集体,这是我们党坚持正确的革命道路的最重要保证,也是长征胜利最深远的意义。

中国共产党是在俄共(布)、共产国际的帮助下建立的,是共产国际的一个支部,直接接受共产国际特别是斯大林的指导。即使1943年共产国际解散以后,斯大林也继续充当着国际共产主义运动指导者的角色。在这种情况下,把斯大林和共产国际的意见和指示奉为教条,按照莫斯科的思路和主意来解决中国革命问题,就成为很容易发生的事情了。中国共产党既面对着如何对待来自外域的马克思主义的"本本"的问题,又面对如何处理来自斯大林、苏联及共产国际的指挥的问题。共产国际及其在中国的代表,给中国共产党许多积极帮助,但由于他们并不真正了解中国的国情,其指导又往往给幼年的中国共产党带来许多消极的影响。在大革命中,陈独秀执行共产国际对国民党右派妥协退让的方针,在一系列问题上对国民党作出致命让步,导致了大革命的失败。在第二次国内革命战争时期,共产国际对中国革命形势、阶级关系以及革命道路等问题提出了一系列错误论断。王明等人照搬照抄共产国际的错误指示,把共产国际决议和苏联经验神圣化,使中国革命几乎陷于绝境。王明的"左"倾路线,由于斯大林和共产国际的强有力的支持,其教条主义特征达到了登峰造极的地步。后来毛泽东一针见血地指出:"过去的王明路线,实际上就是斯大林路线。"①

---

① 《毛泽东文集》(第七卷),人民出版社1999年版,第120页。

第五章 中国革命的新道路

对于这种以斯大林和共产国际为背景的教条主义,早在1927年大革命失败之际,就已经引起了中共党内一些领导人的怀疑。但要真正解决中国革命问题,仅对莫斯科的指挥棒表示不满和怀疑是远远不够的。要打破这种困扰,必须具有超越常人的勇气和智慧,提出一条与教条主义不同的解决中国革命的正确思路。以毛泽东为代表的中国共产党人为此进行了艰难而险峻的探索。

1930年5月,仅是中央苏区领导人的毛泽东写了《调查工作》一文。在这篇文章中,他犀利直白地批评了在红军和苏区出现的教条主义倾向:"那些具有一成不变的保守的形式和空洞乐观的头脑的同志们,以为现在的斗争策略已经是再好没有了,党的第六次全国代表大会的'本本'保障了永久的胜利,只要遵守既定办法就无往而不胜利。"①与这些同志们不同,在毛泽东看来,党的"六大"尽管总结了大革命失败的经验教训,统一了全党的思想,但这毕竟是在莫斯科得出来的结论,因而用这些东西来指导中国共产党,来指导在中国山沟里进行的革命,是远远不够的。为此,毛泽东提出"中国革命斗争的胜利要靠中国同志了解中国情况"。②特别强调了"中国革命斗争""中国同志"和"中国情况",凸显出了"中国"的重要性。毛泽东提出:马克思主义的"本本"是要学习的,但是必须同我国的实际情况相结合。既反对把中国革命问题交给那些根本没到过中国的外国人来解决,又反对教条主义地对待共产国际的指示,强调只有我们党自己了解了中国实际情况才能解决好中国革命问题。这标志着实事求是思想路线的初步形成。

遵义会议确定毛泽东在全党的指导地位后,毛泽东把克服党内的教条主义倾向、树立正确的思想路线作为党的思想理论建设的一项重大任务。1935年12月,毛泽东作了《论反对日本帝国主义的策略》的报告,批判了一个时期内党内存在的"左"倾冒险主义、关门主义的指导思想,阐明了建立广泛的抗日民族统一战线的政策和策略,系统地解决了党的政治路线问题。1936年12月,毛泽东撰写了《中国革命战争的战略问题》,深刻总结了土地革命战争中党在军事问题上的经验教训,系统地阐明了有关中国革命战争战略方面的问

---

① 《毛泽东选集》(第一卷),人民出版社1991年版,第115—116页。
② 同上书,第115页。

题。1937年7月至8月,毛泽东写出了哲学名篇《实践论》与《矛盾论》。这两篇文章的问世,是毛泽东从哲学上批判教条主义危害的结晶。《实践论》的思想核心,在于强调实践在马克思主义认识论中的重要地位,强调理论对于实践的依赖关系。在《矛盾论》中,毛泽东则进一步论述了在实践中具体认识、把握中国实际情况的方法论,这就是掌握对立统一规律,处理好现实的实践中的矛盾的普遍性与特殊性的问题。《实践论》和《矛盾论》用辩证唯物主义的世界观和方法论武装了全党,为从根本上克服教条主义提供了重要的思想武器。以毛泽东为核心的党中央领导,在深刻总结历史经验基础上形成了正确的政治路线、军事路线、思想路线,为迎接并赢得即将到来的伟大的抗日战争奠定了坚实基础。

[教学小结]

中国共产党探索中国革命道路,经历了一个从城市起义到工农武装割据的实践过程。革命道路理论是中国共产党人把马克思主义普遍真理与中国革命具体实践相结合的产物。革命道路理论探索、形成的过程,也是毛泽东思想形成的过程和党的实事求是思想路线确立的过程。这个过程是一个曲折发展的历程,体现出中国革命正确理论形成和确立的艰难性。

三、延伸阅读

(1)毛泽东:《中国的红色政权为什么能够存在?》,载《毛泽东选集》(第一卷),人民出版社1991年版。

(2)毛泽东:《井冈山的斗争》,载《毛泽东选集》(第一卷),人民出版社1991年版。

(3)毛泽东:《星星之火,可以燎原》,载《毛泽东选集》(第一卷),人民出版社1991年版。

(薛小荣)

第六章
中华民族的抗日战争

一、教学指南

(一) 教学目的

(1) 了解日本帝国主义对中国侵略不断加深的过程以及给中国人民带来的巨大灾难,激发学生的爱国情感。

(2) 学习抗日民族统一战线的形成过程,认识中国共产党为抗日民族统一战线的形成和巩固所做的努力,以及抗日民族统一战线对抗战胜利的意义。

(3) 学习正面战场和敌后战场在抗日战争中的作用,理解中国共产党实行人民战争路线,开辟敌后根据地的原因和意义。

(二) 教学要点

(1) 日本帝国主义对中国侵略的不断加深。

(2) 抗日民族统一战线的形成及重大意义。

(3) 抗日战争的正面战场与国民党的抗战路线。

(4) 中国共产党全面抗战路线和持久战的战略总方针。

(5) 中国共产党开辟敌后战场和抗日民主根据地的建设及党的自身建设。

(6) 中国抗日战争胜利的经验及在世界反法西斯战争中的地位。

(三) 框架结构

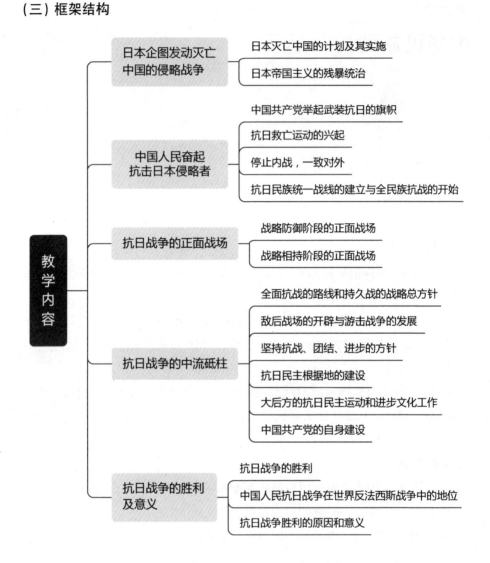

二、教学讲义

20 世纪 30 年代,日本军国主义努力为实现征服中国、称霸亚洲和世界的目的,悍然发动了企图灭亡中国的侵略战争。中华民族到了最危险的时刻。中华儿女同仇敌忾,进行了长达 14 年艰苦卓绝的抗日战争,打败了穷凶极恶的日本侵略者,取得了中国人民抗日战争的伟大胜利。

(一) 日本企图发动灭亡中国的侵略战争

1. 日本灭亡中国的计划及其实施

日本是亚洲东部太平洋西岸的一个岛国。近代以来,它也是最富侵略性的国家之一。

日本是资源小国。近代日本很多与经济、战争所需的铁、煤和棉花等,都不能实现自给。明治维新后,日本进行了一系列资产阶级性质的社会变革,很快完成资产阶级工业化,迅速跻身世界强国之林。但不幸的是,随着资本主义发展,日本也随之军国主义化。而且它的大陆政策一直以中国为假想敌和进攻对象。1868年,日本政府以天皇名义发布施政纲领,宣布要经营天下,讲到"欲开拓万里波涛,布国威于四方",提出了对外侵略的总方针。之后,日本改革军制,推行国民皆兵主义,强化武士道精神,并进一步露骨地提出通过强兵以富国的侵略方针。

所谓大陆政策,就是要向大陆扩张,吞并朝鲜、侵略中国,然后占领亚洲,乃至控制全世界。1875年后,日本开始进一步将中国作为其假想敌,提出了日本对外扩张,主要敌手是中国。1894年,日本发动了甲午战争,占领朝鲜,一直打到中国境内。甲午战争中国战败后,日本勒索包括赎辽费在内的2.3亿两白银的巨额战争赔款,并取得了新的通商特权。1900年八国联军侵华,日本是出兵最多、获得侵略利益最大的国家之一。它从第2年签订的辛丑条约中捞到大笔好处,取得了在中国天津和北京地区的驻兵权。随后在1904~1905年日俄战争,一场在中国土地上进行的两个帝国主义国家为争夺在中国东北侵略权益的战争,使中国数万生灵涂炭。俄国战败后,日本逼迫清政府同意把俄国相应的侵略权益转给日本,使日本成为我国东北南部最大的侵略势力。1914~1918年第一次世界大战期间,日本利用欧美列强无暇东顾的时机,加紧侵略中国。日本借口对德宣战,设法取得了德国在我国山东的权益,占领济南、胶州湾、青岛、黄海、渤海等几乎都被日本所控制。1915年又向中国北洋军阀政府提出了灭亡中国的"二十一条"。经过多年经营,日本成为在华拥有最大侵略势力的帝国主义国家。第一次世界大战结束后,中国作为战胜国之一,中国的要求没有得到解决。像巴黎和会以及之后的华盛顿会议,虽然对日本在中国的扩张给予一定的抑制,但帝国主义在华势力仍然存在。

标志日本大陆政策进一步推进的,还有东方会议。1927年6月,日本在东京召开东方会议,进一步讨论了侵华政策。会议形成了有8条内容的决议,叫《对华政策纲要》。其中第6条为:对满、蒙尤其中国东北三省,因与我国国防及国民生存具有重大利害关系,我国不仅必须予以特殊考虑,且对该地区维持和平、发展经济,使之成为内外人士安居之所。作为接壤之邻邦,尤须具有责任感。第8条则为:万一波及满蒙,治安紊乱,有侵害我国在该地特殊地位及权益之时,不论来自何方,均应加以防护,必须做好准备,为保护内外人士安居于发展之地而不失时机地采取适当措施。这清楚地表明了日本帝国主义分割满蒙、扩张对华侵略的方针。之后,日本内阁首相兼外相田中义一根据会议内容,起草了呈给天皇的奏折,这就是臭名昭著的《田中奏折》,其中更有"唯欲征服支那,必先征服满、蒙,如欲征服世界,必先征服支那"[①]。8月,日本又在中国旅顺召开第2次东方会议。这是日本对华侵略的进一步具体化。在1929年12月,中国南京出版的《时事月报》杂志曾给予披露,但可惜的是没有引起中国当局的足够重视。

另外,1926年、1927年,日本爆发了经济危机,而这时中国正在进行北伐战争,对日本影响也比较大。1929年世界性经济危机爆发,日本再次陷入了经济困局,遭受了沉重的打击。日本大量工人失业,工资急剧下降,经济危机导致政治危机。日本希望将国内矛盾转嫁国外。这时,日本军国主义崛起,加剧了日本内外政治冲突和变化。同期,中国国共合作北伐取得胜利后,蒋介石在四一二反革命政变后,叛变革命,国民党政权成立后又单独进行北伐。北伐结束后,国民党获得形式上的统一,但内部矛盾仍然非常突出。随后,国民党内发生大规模军阀混战,如1929年3月的蒋桂战争、10月的蒋冯战争、12月蒋桂张战争。1930年的蒋冯阎中原大战,尽管东北军入关,使蒋介石取得中原大战的最后胜利,但这种内耗对中国力量的削弱是巨大的,而东北军入关,也削弱了东北的防御力量。

---

① 彭明主编:《中国现代史资料选辑》(第3册),中国人民大学出版社1988年版,第80—81页。

1929年7月,关东军作战主任石原莞尔起草了关东军占领满蒙计划,制定了《1931年形势判断》,讨论如何解决满洲问题。侵略意图非常明显。为推行大陆政策,日本在各个方面进行了充分准备。1930年日本军费达到4.4亿日元,占它整个国家总预算的28.5%。兵力在1931年扩充到30.8万人,陆军17个师,23万人。为在天气非常寒冷的中国东北作战需要,甚至是细化到在1931年把日本北方士兵组成的仙台第二师团,与驻中国东北地区的第16师换防,并进行人事调整,任命本庄繁为关东军司令,任命"中国通"土肥原贤二为沈阳特务机关长。同时,日军频繁进行军事演习。进入1931年,演习更加频繁,而且在演习中常常越界,试探国民政府。此外,他们还通过制造万宝山事件、中村事件等,为其发动侵略战争找借口。

1931年9月18日,日本军队制造了九一八事变,炸毁柳条湖附近一段铁路后,反诬是中国军队所为,迅速占领沈阳。事变发生后,蒋介石推行不抵抗政策。

蒋介石为什么会实行不抵抗政策呢?第一,攘外必先安内的基本政策。攘外必先安内,并不是蒋介石的发明,在中国古代就有。它是讲在外敌入侵还不紧迫的情况下先安内,力量强大之后,再抵御外侮。但九一八事变日本已经打进中国来了,蒋介石却在继续推行攘外必先安内的政策。这是贻误了战机,损害了中华民族的根本利益。第二,在蒋介石看来,中国的力量弱于日本,不如妥协退让,以保存国民党的实力,把东北让给日本,以换取日本不再向华北以及关内侵略。第三,国民党政权其实害怕人民力量在反对日本帝国主义侵略的战争中壮大起来,危及统治。它幻想通过依赖国际联盟出来仗义执言、主持公道,来制裁日本。但日本在九一八事变后,迅速占领整个东北,然后把侵略矛头指向华北。日本对中国的侵略步步紧逼,而蒋介石集团采取妥协投降政策,与日本签订了一系列丧权辱国的不平等协定如《何梅协定》等。华北事变后,日本开始着手准备全面侵华战争,准备在经济上大力推行经济军事化,使得以军事工业为主导的重工业急剧发展,军事上大规模扩军,而政治思想上逐渐法西斯化。1937年7月7日,日本进行军事演习,谎称士兵失踪,要进北平寻找士兵,遭到拒绝后,炮轰北平,这就是卢沟桥事变。卢沟桥事变标志着日本全面侵华的开始。日本动员了几乎全部的军事力量,采取速战速决战略,向我国华北、华东、华中地区发起战略进攻。中国军民也给予坚决的反抗。

2. 日本帝国主义的残暴统治

日本进入中国之后,对占领区实行殖民统治。

在政治上扶植傀儡政权,实行以华制华,对占领区人民实行疯狂迫害。在经济上,日军从农业、工矿业、运输业、金融业等各个方面大肆掠夺中国资源与财富,榨取掠夺中国资产和劳动力。在思想文化上进行奴化教育,蒙蔽、麻痹、腐蚀中国人民,企图以此达到泯灭中国民众的民族意识和反抗精神,维护其殖民统治的政治目的。日军把日语定为国语,强迫中国学生学习,强迫中国学生在饭前祈祷,等等。

侵略军制造了严重的罪行,制造惨绝人寰的大屠杀。尤其是南京大屠杀(列举残害中国人民的罪证。日军在徐州会战当中将被俘的中国军人刺死。日军 731 部队进行了各种活体实验,如冻伤实验、鼠疫患者解剖。潘家峪惨案)。近年来日本右翼势力不断散布南京大屠杀是虚构的,南京大屠杀人数没有 30 万等谬论,一再修改历史教科书,否定日本的战争罪责,为日本法西斯的侵略罪行辩护,为战争罪犯涂脂抹粉。战后,远东军事法庭对南京大屠杀进行了正义的审判,这个已经成为历史最有力的证明。日本的自我揭露和战后陆续透露的事实也证明了南京大屠杀的真实性。国际舆论对日本暴行也进行了种种揭露和谴责。

据不完全统计,整个抗日战争期间,中国军民伤亡人数达到 3 500 多万。按照 1937 年的比值折算,中国直接经济损失达到 1 000 多亿美元,间接经济损失有 5 000 多亿美元。

(二) 中国人民奋起抗击日本侵略者

1. 中国共产党举起武装抗日的旗帜

九一八事变后第 3 天,中共中央就发表了《中国共产党为日本帝国主义强暴占领东三省事件宣言》。1931 年 9 月 22 日,中共中央又作出《关于日本帝国主义强占满洲事变的决议》。1932 年 4 月 15 日,毛泽东以中华苏维埃共和国临时中央政府名义,发表《中华苏维埃共和国临时中央政府对日作战宣言》,正式对日本帝国主义宣战。中国共产党还直接领导了东北人民的抗日武装斗争。在日本入侵中国东北后,中共中央以及中共东北地方组织先后选派罗登贤、杨靖宇、赵尚志、周保中、赵一曼等到东北加强中共满洲省委及各地方党组织的领导力量。中共领导的抗日游击队先后在东北各地崛起。1934年,各抗日游击队先后改编为东北人民革命军。1936年又陆续改建为东北抗日联军。在东北与日军进行了艰苦卓绝的斗争,沉重地打击了日本侵略军。

2. 抗日救亡运动的兴起

九一八事变后,尽管国民党中央实行了对日不抵抗政策,但国民党军队中部分爱国官兵进行了坚决抵抗,也称局部抗战。中国共产党开始同国民党官兵合作抗日。在东北,中共满洲省委同以原东北军为主体的抗日义勇军进行了合作。像马占山、李杜等都是原东北军的高级军官。另外,1935年5月,原西北军将领冯玉祥在张家口成立察哈尔抗日同盟军,并谋求与中共的合作,在同盟军中工作的中共党员有300多人。北路军前敌总指挥吉鸿昌,不久也加入了中国共产党。察哈尔抗日同盟军在对日军作战中收复了一些失地。对日抵抗,非常英勇。在中国共产党关于抗日救亡、全民抗战的号召下,在中共地下党组织的领导下,1935年12月9日,北平学生举行了声势浩大的抗日示威游行,喊出了"反对华北自治运动""打倒日本帝国主义""停止内战,一致对外"等口号。这就是"一二·九"运动。

3. 停止内战,一致对外

日本帝国主义发动九一八事变,对中国进行侵略,中日民族矛盾逐渐上升,但是民族矛盾上升、阶级矛盾下降有一个过程。国民党对日推行不抵抗政策,把主要精力放在"安内"上,尤其是派大量军队来围剿中国共产党领导的根据地。所以说在1931年到第二次国共合作形成这段时间,国民党是国内阶级矛盾的主要方面,它要进攻中国共产党,中国共产党只有先维护住生存,才能够保证自己有力量进行维护国家和人民利益的对日抵抗。

但随着日本帝国主义侵略的加深,国共两党都认识到民族危机日益严重,必须集全国力量才能抵抗日本的侵略。国共第二次合作能够形成,原因主要有以下几方面。一是民族矛盾的激化,这是推动国共实现再次合作的主要动力。毛泽东曾经指出:"国共之再合作,就是从共同利害中产生出来的。民族危机已到最高程度,日本帝国主义要灭亡我们,中日之间的民族矛盾成为主要矛盾。这个矛盾成为一切问题的根源。"① 二是国共两党都做了让步。1937年5月,毛泽东在《中国共产党在抗日时期的任务》的报告中,强调:"让步是两党的让步:国民党抛弃内战、独裁和对外不抵抗政策,共产党抛弃两个政权敌对的政策。我们以后者换得前者,重新与国民党合作,为救亡而奋斗。"② 中国共产党的政策,经过了"反蒋抗日"到"逼蒋抗日",再到"联蒋抗日"的转变,国民党方面也由过去的内战和对外不抵抗政策转向了和平、民主和抗日方面。三是全国人民一致对外的要求,是国共合作的巨大推动力。

当然第二次国共合作形成的一个关键,就是**西安事变**的发生以及和平解决。1936年12月初,蒋介石到达西安,逼迫张学良、杨虎城攻打陕北的红军。12月12日凌晨,为实现停止内战,实行全面对日抵抗。张、杨在对蒋介石哭谏无效的情况下实行了兵谏,也就是扣押了蒋介石,这就是震惊中外的西安事变。

西安事变发生后,国内外各派政治力量对事变的反应是怎样的?国际上,日本怂恿亲日派,希望亲日派能够对西安实行武力讨伐,并以武力占领京沪相威胁。而英美力主西安事变和平解决。苏联方面担心张、杨受到日本方面的怂恿,不利于中国抗日。国内亲日派杀气腾腾,积极部署,主张用武力来解决西安事变。亲英美派主张和平解决。而国民党地方实力派过去与蒋介石国民党中央有矛盾,这时也虚虚实实,要求恢复蒋介石的自由。中国共产党在得到了西安事变的消息之后,提出了和平解决的主张,并派周恩来等赴西安参与和平谈判。

中国共产党为什么主张和平解决西安事变?美国记者斯诺在他的《西行漫记》中写道:中国共产党之所以会做出和平解决西安事变的主张,一个是因为中国面临灭亡整个民族的外国威胁,另一个原因就是中国共产党有了提出统一战线纲领具有诚意的机会。③ 刘伯承将军也讲:"我们共产党人要把祖国和人民的利益看成最高的利益。现在大敌当前,国家民族危在旦夕,我们要把

---

① 毛泽东在陕北公学讲演(1938年4月5日)。转引自金冲及:《抗战期间国共合作中的联合与斗争(一)》,《中国党史研究》2015年第7期。
② 《毛泽东选集》(第一卷),人民出版社1991年版,第258页。
③ [美]埃德加·斯诺:《西行漫记》,董乐山译,东方出版社2010年版,第427页。

斗争的矛头指向日本帝国主义，为了抗日救国，挽救国家民族的危亡，我们要把阶级的仇恨埋在心里和国民党合作抗日。"①

西安事变为什么能够得到和平解决？这是多方合力作用的结果。第一，中国共产党在其中发挥了非常积极的作用。第二，国民党政府中占优势地位的亲英美派，主张和平解决，并为此积极斡旋。第三，张学良、杨虎城发动西安事变的主要目的，不是要威胁蒋介石的安全，不是要破坏抗战，而是要逼迫蒋介石抗日。第四，国内各地方实力派以及进步力量主张和平解决。第五，蒋介石作为当时中国的领袖，他在民族危亡和各种压力之下，被迫对政策进行了调整，作出了六项口头承诺，决定率领中国对日抵抗。第六，国际上英美苏等国施加影响，使得西安事变能够最后得到和平解决。

4. 抗日民族统一战线的建立与全民族抗战的开始

1937年，七七事变爆发，中国抗日战争进入到全国性的抗战的新时期。在这个关键的时刻，1937年9月22日，国民党中央通讯社发表了《中共中央为公布国共合作宣言》。23日，蒋介石发表谈话，在这个谈话当中实际承认了共产党的合法地位。到这里以国共第二次合作为基础的抗日民族统一战线正式形成。国共第二次合作为基础的抗日民族统一战线正式形成具有非常重要的历史意义。第一，国民党政府当局开始走上了抗日的道路。第二，中国军队才能够一致对外，才能在抗日战场上英勇杀敌，给侵略者以沉重的打击。第三，中华民族达到了空前团结，为坚持抗日战争奠定了最广泛最深厚的民众基础。第四，这不仅保证了党对抗战的领导，为取得抗战胜利创造了有利条件，而且为最后夺取民主革命在全国的胜利奠定了基础。当时国共合作抗日的画面正像美国作家安娜·雅各布所描述的："全中国都在动——从沿海飘流到内地，犹如混乱的涡流聚集在这个临时的首都。许多军阀部队从南方或北方赶来参加战斗。共产党的游击队正在开往支持日军前线的横七竖八的交通线附近。在汉口，政府成员和共产党人同坐在一间会议室里，讨论制定共同作战计划。"②

---

① 全国政协文史和学习委员会编：《亲历者说：中国抗战编年纪事（1937）》，人民出版社2015年版，第115页。
② ［美］西奥多·怀特、安娜·雅各布：《风暴遍中国》，王健康、康元非译，解放军出版社1985年版，第54页。

(三) 抗日战争的正面战场

1. 战略防御阶段的正面战场

从 1937 年 7 月卢沟桥事变，到 1938 年 10 月武汉、广州失守，中国抗战处于战略防御阶段。在这个阶段，以国民党军队为主体的正面战场，担负了抗击日本侵略军进攻的主要任务，先后组织了几次大规模的战役，如淞沪会战、忻口会战、徐州会战、武汉会战等。国民党正面战场的抗战是比较积极的。但除了台儿庄战役取得胜利之外，其他的战役几乎都是以退却失败而结束。国民党正面战场为什么会退却失败呢？原因是多方面的。从客观原因看，敌强我弱，这是一个事实。日本是强国，又做了长期的侵略准备。中国是弱国，再加上国民党政府没有进行认真备战，所以在军力、经济力、组织力（如战略部署上和各兵种的配合上），日本都占有很大的优势。从主观原因上来看，第一，国民党推行的是片面抗战路线，蒋介石集团在决心抗战的同时，却又实行片面抗战路线，也就是不敢发动和武装民众，把希望单纯寄托在政府和正规军的抵抗上，因此没有强有力的民众基础。第二，在战略战术上，国民党军事当局没有采取积极防御的方针，而是进行单纯的阵地防御战。由于兵力分散，又缺少强大的预备队，一旦一线被突破，就会引起全线动摇和溃退。比如说淞沪会战，当时国民党为了引起国际社会的广泛关注，在淞沪广大的平原地区，蒋介石投入了六七十万的兵力，这犯了军事大忌。桂系李宗仁、白崇禧就曾给予客观评价。第三，是国民党军队派系林立，各为己谋。在战斗中往往为了保存自身实力，不能很好地协同作战，甚至是互相倾轧，常常因援军不能及时赶到而贻误战机。再加上国民党军队纪律松弛，内部腐败，部分高级将领畏敌如虎，没有战斗意志，有时候闻敌即溃。但总体上看，正如毛泽东所讲："从一九三七年七月七日卢沟桥事变到一九三八年十月武汉失守这一个时期内，国民党政府的对日作战是比较努力的。"[①]

2. 战略相持阶段的正面战场

1938 年 10 月，日军占领广州、武汉后，抗日战争进入相持阶段。这一个阶段的正面战场，可分为两个时期。第一个时期，从武汉失守到太平洋战争爆

---

① 《毛泽东选集》(第三卷)，人民出版社 1991 年版，第 1037 页。

发,国民党对内加紧反共,对外仍然比较认真地进行抗战。国民党是既抗日又反共,一方面制造了一系列反共摩擦事件,像第一次反共高潮以及第二次反共高潮当中的皖南事变;另一方面仍然继续抗日,并打了几个较有成效的战役。因此从总体上看,国民党这一时期还是以抗战为主,比如我们的敌手,日军当时主管情报的今井武夫就曾经说:国民党军"从一年后的一九三九年底起到第二年一月,在汉口北部和南宁的两战线上,终于积极地断然进行了开战以来未曾有过的大规模的反攻,冲击了日本军"①。第二个时期,从太平洋战争爆发,到大反攻前,国民党集团不但积极反共,而且消极抗日。中国抗战的主战场也由国民党正面战场转到了中国共产党领导的敌后战场。

在抗战胜利前夕,国民党为什么会出现大溃退?国民党在这段时期一边抵抗一边撤退,撤到大西南、大西北地区,这主要是由于国民党内部腐败造成的。在抗战后期,国民党在大后方大发国难财,四大家族官僚资本迅速膨胀,而前方战士忍饥挨饿。所以有人讲"前方吃紧,后方紧吃",因而他们不愿意为这样的政府卖命,国民党军队战斗力严重下降。对这一时期国民党的抗战,我们的客观评价是国民党军队进行了几次较大的战役,但这个时期国民党对抗战在全局上逐渐趋向消极,基本上实行保守的收缩战略,以便保存实力。

1945 年 8 月,抗日战争进入战略反攻阶段。由于这个时期国民党军队主要集中在中国的大西南、大西北地区,因此没有立即进入反攻作战。然而在日军占领的大部分城镇,交通要道和沿海地区都处在中国共产党领导的抗日根据地的包围之中,因而全面反攻的任务主要由敌后的人民军队来完成。

(四) 抗日战争的中流砥柱

中国人民能够赢得抗日战争的胜利,以落后的武器装备打败经济实力和军事装备远比自己强大的日本侵略者,绝不是偶然的。中国共产党以自己的坚定意志和模范行动,在全民族抗战中发挥了中流砥柱的作用。

---

① [日] 今井武夫:《今井武夫回忆录》,《今井武夫回忆录》翻译组译,上海译文出版社 1978 年版,第 136 页。

1. 全面抗战的路线和持久战的战略总方针

怎样理解中流砥柱的作用？主要是全面抗战的路线和持久战的方针。中国共产党为什么要实行全面的全民族的抗战路线？在毛泽东看来，兵民是胜利之本，战争伟力最深厚的根源存在于民众之中，只有动员了全国的老百姓，才能陷敌于灭顶之灾的汪洋大海，才能弥补我之武器装备的缺陷与不足。日本帝国主义之所以敢大举进攻中国，是因为日本看到中国虽然人多，但是没有组织起来，一盘散沙。所以毛泽东说："只要真能组织千百万群众进入民族统一战线，抗日战争的胜利是无疑义的。"①

中国共产党为什么要采取持久战的战略方针？在1938年五六月期间，毛泽东发表了《论持久战》的演讲，系统地阐明了持久抗战的总方针，回应了中国失败论、中国速胜论等错误认识。在这篇著作中，毛泽东指出，中日战争是半殖民地半封建的中国同帝国主义日本之间在20世纪30年代所进行的一场决死的战争，这是全部问题的根据。在这场战争当中，中日双方存在着相互矛盾的四个基本特点。日本是强国，中国是弱国，所以强弱对比，中国不可能速胜。但日本又是小国，处在帝国主义阶段，就是处在退步时期，他进行的战争是对外侵略，失道寡助。中国是大国，处在革命的上升的进步时期，中国进行的是反侵略的维护民族利益的正义战争，所以得道多助。这样对比看，中国不会亡国。毛泽东还科学地预测了抗日战争的发展进程，也就是抗日战争必将经历战略防御、战略相持、战略反攻三个阶段，并指出战略相持阶段是中国抗日战争能够取得最后胜利的最关键的阶段。所以毛泽东得出结论，抗日战争是持久战，最后胜利属于中国。

当年这部著作反响怎么样呢？它对国民党统治集团的影响和触动又有哪些？曾经在李宗仁身边工作的程思远先生，在他的《我的回忆》中曾经披露说：毛泽东《论持久战》刚发表，周恩来就把它的基本精神向白崇禧作了介绍。白崇禧深为赞赏，认为这是克敌制胜的最高战略方针。后来白崇禧又把它向蒋介石转述，蒋也十分赞成。在蒋介石的支持下，白崇禧把《论持久战》的精神归纳成两句话："积小胜为大胜，以空间换时间。"并取得了周公的意见，由军事委

---

① 《毛泽东选集》(第二卷)，人民出版社1991年版，第398页。

员会通令全国,作为抗日战争中的战略指导思想。① 不久,就把《论持久战》发给国民党军官人手一本。另外守城名将傅作义也认为抗战中的重大问题都在《论持久战》中找到了答案。所以,他不仅自己学习研究,还组织军队进行学习。

2. 敌后战场的开辟与游击战争的发展

中国共产党及其领导的人民武装在国民党正面战场的抵抗遭到失败后,勇敢地逆向而行,向敌人后方开展战略大进军。敌后战场的抗日军民机动灵活,神出鬼没,向日军后方和交通线频频出击,描绘了一幅人民战争的壮丽画面。

到敌人后方去,坚持开展敌后抗日游击战争,具有必要性。第一,它能有效地打击敌人。第二,它能有效地积聚和发展人民的抗日力量。第三,它也符合当时的历史事实。

到敌人后方去,坚持开展敌后抗日游击战争也具有可能性。第一,由于敌小我大,决定了日军在中国占领的地域越广大,兵力就越不足,只能控制主要交通线和城镇,而广大农村则是日军统治的薄弱环节。如果人民军队能深入敌后农村,就等于钻进了日军的心脏地带,能给日军以有效的打击。第二,在日军的进攻中,敌后的广大地区,国民党军队已经撤退,原来的统治机构已经土崩瓦解,而日军力量又没有立即深入进来。这一时期地方上处在无政府状态,这就为中国共产党开辟敌后战场,创建抗日根据地提供了可能的条件。第三,沦陷区的广大人民群众坚决要求对日抵抗。由于民族矛盾是主要矛盾,所以除了极少数的汉奸外,各个阶级包括爱国的地主在内都要求对日抗战。这样敌后抗日就有着雄厚的群众基础。第四,抗日战争时期,敌后农村仍然是自给自足的自然经济,不怕敌人封锁,可以解决战争的物资供应,在敌后能站得住脚。第五,我们有了一支经过长期战争锻炼的人民武装,它是敌后抗战的火种和骨干力量,在敌后可以动员和组织强大的人民武装。第六,中国共产党的正确领导,有丰富的领导农村根据地的经验。这些都是开展抗日敌后游击战争的可能性。英国记者詹姆斯·勃脱兰在《华北前线》中曾这样写道:"但是中

---

① 程思远:《我的回忆》,华艺出版社1994年版,第131页。

国真正的力量在哪里呢？不在大城市也不在省会，而在这里。它们是在小村落和小城镇里，……在目前战争的风浪和困境里，不久将产生一个新的中国——一个截然不同的新中国了。"①

为什么游击战争能够成为人民军队的主要作战形式呢？在抗日战争的初期和中期，游击战被提到了战略的地位，具有了全局性意义，成为人民军队作战的主要形式。在反侵略战争的各个阶段，敌后游击战争都具有重大的战略作用。在战略防御阶段，从战争全局上看，国民党正面战场的正规战是主要的，敌后游击战争起到了辅助的作用。而在战略相持阶段，游击战上升到了主要的地位。游击战还为人民军队进行战略反攻准备了重要的条件。美国中国问题专家费正清教授说："用常规的阵地战是打不败日本军队的，只有用游击战法才能消耗他们的实力。"②

3. 坚持抗战、团结、进步的方针

在抗战时期，中国共产党提出了坚持抗日民族统一战线中的独立自主原则。还在抗战前夕，毛泽东就强调："共产党和红军不但在现在充当着抗日民族统一战线的发起人，而且在将来的抗日政府和抗日军队中必然要成为坚强的台柱子。"③怎么理解坚持独立自主原则的目的呢？毛泽东说，"一方面是在保持自己已经取得的阵地。这是我们的战略出发地，丧失了这个阵地就一切无从说起了。但是主要的目的还在另一方面，这就是为了发展阵地，为了实现'动员千百万群众进入抗日民族统一战线，打倒日本帝国主义'这个积极的目的。"④

中国共产党提出了坚持抗战、团结进步，反对妥协、分裂倒退的方针。抗战进入相持阶段后，针对国民党采取的消极抗日、积极反共反人民的方针和妥协倾向，为坚持持久抗战，坚持抗日民族统一战线，中国共产党提出了坚持抗战、反对妥协、坚持团结、反对分裂、坚持进步、反对倒退的口号。在同顽固派作斗争的时候，我们党采取了有理、有利、有节的原则。

---

① [新西兰] 勃脱兰：《华北前线》，伍叔民译，上海科学技术文献出版社2015年版，第213页。
② [美] 费正清：《伟大的中国革命(1800—1985)》，刘尊棋译，国际文化出版公司1989年版，第231页。
③ 《毛泽东选集》(第一卷)，人民出版社1991年版，第157页。
④ 《毛泽东选集》(第二卷)，人民出版社1991年版，第394页。

有理,就是自卫的原则。在同国民党顽固派进行斗争的过程中,理要在我们一方,我们坚决不放第一枪。比如说第一次反共摩擦期间,阎锡山部队首先进攻我们,在他进攻后,我们给他以痛击,打败他后,毛泽东写信给阎锡山,给他讲明团结抗日的大方向,使得阎锡山在第二次反共高潮中没有参与。有利,就是胜利的原则,就是不斗则已,斗则必胜。有节,就是局部的原则。同国民党顽固派斗争要有节制,不是要把它斗争出统一战线。斗争的目的是团结,为了让它留在统一战线中。

巩固抗日民族统一战线的策略总方针。毛泽东说:"抗日战争胜利的基本条件,是抗日统一战线的扩大和巩固。而要达此目的,必须采取发展进步势力、争取中间势力、反对顽固势力的策略,这是不可分离的三个环节。"①这里我们需要注意的是,我们党把国民党地方实力派作为中间势力来争取,扩大了中间势力的范围,这是我们党在统一战线上的一个重大的创举。

4. 抗日民主根据地的建设

在抗战时期,中国共产党非常重视各抗日民主根据地的政权建设。三三制民主政权建设就是抗日民主政府在工作人员分配上实行三三制原则,即共产党员、非党的左派进步分子以及中间派各占1/3。这是著名的党外人士李鼎铭先生提出来的。他后来还对人说:"我原本不愿出来做事的,是受到毛主席在参议会上的演说的感动才出来的,在党外人士有职有权的鼓励下出来的。"②

另外,中国共产党领导了抗日根据地的大生产运动,自己动手丰衣足食。毛泽东曾经说:"我们曾经弄到几乎没有衣穿,没有油吃,没有纸,没有菜,战士没有鞋袜,工作人员在冬天没有被盖。"③为克服根据地面临的严重困难,1942年,中国共产党领导根据地军民开展了大生产运动。

5. 大后方的抗日民主运动和进步文化工作

国民党统治区的抗日民主运动和进步文化工作,是全面抗日战争中的一条重要的战线,对于激发大后方人民爱国民主意识,坚持国共合作、团结

---

① 《毛泽东选集》(第二卷),人民出版社1991年版,第745页。
② 李维汉:《回忆与研究》(下),中共党史资料出版社1986年版,第523页。
③ 《毛泽东选集》(第三卷),人民出版社1991年版,第892页。

抗战,支援抗战前线,积蓄革命力量等,都发挥了非常重要的作用。当时美国驻华使馆人员曾经在给美国国务院的报告当中承认:"共产党的政府和军队,是中国近代史中第一次受到积极的广大人民支持的政府和军队。他们得到这种支持,是因为这个政府和军队真正是属于人民的。"①共产党人将成为最有力的和最有建设性的统一中国的力量。

6. 中国共产党的自身建设

抗战时期是中国共产党自身建设非常重要的一个时期。中国共产党提出了马克思主义中国化的命题有其历史必然性。第一,它反映了中国社会和中国革命极大的特殊性,对理论发展具有特殊的需要。第二,马克思主义中国化命题的提出,昭示了中国共产党对异域文化相互交融这一发展规律的自觉认识。第三,它体现了马克思主义在中国更加广泛的应用和进一步发展的内在要求。同时,抗日战争时期,也是中国共产党系统阐明新民主主义理论的重要时期。20 世纪 30 年代后期到 40 年代初期,毛泽东撰写了《〈共产党人〉发刊词》《中国革命和中国共产党》《新民主主义论》等一批重要的理论著作。在这些著作中,毛泽东提出了中国革命必须分两步走,党在新民主主义革命阶段的政治经济、文化纲领,以及党在中国革命战争中战胜敌人的三大法宝等一系列重要论断,丰富了新民主主义革命理论。同时,在抗战时期我们开展了延安整风运动,确立了实事求是的思想路线。开展延安整风运动是中国共产党领导中国革命事业继续前进的现实需要,也有着深厚的历史背景。一方面,自中国共产党成立以来,中国共产党不断发展壮大的同时,也受到了"左"倾和右倾思想的影响。遵义会议虽然结束了第三次"左"倾错误在中央的统治,但没有来得及从思想上进行清理。另一方面,由于中共长期处在农村环境,党员中的绝大多数都出自农民,还没有来得及进行系统的马克思主义思想政治教育。在延安整风期间,我们党把反对主观主义作为延安整风的主要内容。因为它是一种反马克思主义的学风,是党内"左"倾思想产生的根源。宗派主义和党八股都是从主观主义派生出来的,所以要根除宗派主义和党八股,就必须彻底反

---

① 复旦大学历史系中国近代史教研组:《中国近代史对外关系史资料选辑》(下),上海人民出版社 1977 年版,第 212 页。

对主观主义。毛泽东说:"一九四二及四三两年开始的普遍性的整风运动与生产运动,曾经起了与正在起着这样的重大意义,就是说,这是两个环子,如果不拿起它们,我们的革命车子就不能推向前进。"①

正因为抗日战争的历史充分显示了中国共产党是中华民族和中国人民利益最坚强有力的捍卫者。所以经过抗日战争,中国共产党领导的人民革命力量,不仅有了空前的壮大,党在人民中的政治威信也得到极大提高。越来越多的中国人把实现民族独立、人民民主和国家富强的希望,寄托在了中国共产党身上。周恩来在当时就曾经说过:"一九四四年,不仅小资产阶级,连民族资产阶级也靠拢了我们。"②这似乎令人难以理解,但却是历史的事实。美国驻华使馆"中国通"谢伟思在写给美国国务院的报告中断言:"我们必须得出结论,未来的中国,中国共产党将占有确定的和重要的地位。"③

(五) 抗日战争的胜利及意义

1. 抗日战争的胜利

1945年上半年,世界反法西斯战争进入了最后阶段。4月,联合国制宪会议在美国旧金山举行,包括中国解放区代表董必武在内的中国代表出席了这次会议。中国成为联合国的创始国和联合国安理会五个常任理事国之一。5月上旬,苏联红军攻克柏林,德国法西斯投降。7月26日,中美英三国发表了《波茨坦公告》,敦促日本投降。8月上旬,苏联红军进入中国东北地区,猛烈攻击日本关东军。8月9日,毛泽东发表《对日寇的最后一战》的声明,号召八路军、新四军及其他人民军队对日军的战略反攻全面展开。8月14日,日本政府照会中、美、英、苏等国,表示接受《波茨坦公告》。8月15日,日本天皇裕仁以广播终结诏书的形式宣布接受《波茨坦公告》。9月2日,在东京湾美军军舰密苏里号举行日本向同盟国投降签字仪式。至此,中国人民抗日战争获得最后的胜利,世界反法西斯战争也胜利结束。

---

① 毛泽东:《全军生产自给,今年应是普遍推行的一年——兼论整风与生产的历史重要性》,《解放日报》1945年4月27日,第1版。
② 中共中央文献研究室编:《周恩来传(1898—1949)》,人民出版社1989年版,第579页。
③ 中共陕西省委党史研究室:《中外记者团和美军观察组在延安》,陕西人民出版社1995年版,第257页。

9月9日,中国战区日军投降签字仪式在南京举行。中国战区日军投降代表日军中国派遣军司令冈村宁次在投降书上签字,侵华日军128万余人向中国政府投降。1945年10月25日,中国政府在台湾举行受降仪式,根据《波茨坦公告》,被日本占领50年之久的台湾以及澎湖列岛由中国政府收回,这成为抗日战争取得完全胜利的重要标志。

2. 中国人民抗日战争在世界反法西斯战争中的地位

中国人民的抗日战争是世界反法西斯战争的重要组成部分,中国战场是反法西斯战争的东方主战场。中国的抗战从1931年"九一八"事变开始,一直到1939年9月欧洲战场战争爆发,中国人民一直孤军奋战,英勇抗击百万日军的进攻。中国的抗战牵制和削弱了日军的力量,使之不敢贸然北进,从而使苏联得到有效应对德国进军的时机。

二战风云人物给予中国的反法西斯战争以重要的客观的评价。美国总统罗斯福说,假如没有中国,假如中国被日本打垮了,你们想想,有多少师团的日本兵可以调到其他方面来作战?他们可以马上打下澳洲,打下印度,他们可以一直冲向中东、印度,和德国配合起来,举行大规模的突击。在近东会师,把俄国完全隔绝起来。割吞埃及,斩断通往地中海的一切通道。英国首相丘吉尔也说,如果日本进军印度洋,必然会导致我方在中东的全部阵地崩溃。而能防止上述局势出现的只有中国。① 斯大林曾经说,只有当日本侵略者的手脚被(中国)捆住的时候,我们才能在德国侵略者一旦进攻我国的时候,避免两线作战。② 苏联元帅崔可夫也说:"我们最艰苦的年代里,日本也没有进攻苏联,却把中国淹没在血泊中。"③在世界庆祝二战胜利60周年之际,英国《卫报》发表了这样的评论,说如果不是中国以牺牲2 000万人的代价,在亚洲战场拖住日本军队,日本军队在侵占控制了中国后,就会转而进攻苏联后方,或者进一步进入太平洋地区,历史将会重写。④

---

① 任天佑编:《强军梦》,人民出版社2015年版,第52页。
② [苏]瓦·伊·崔可夫:《在华使命——一个军事顾问的笔记》,万成才译,新华出版社1980年版,第36页。
③ 同上书,第38页。
④ Richard Overy, "We must not forget how war was won" (May 7, 2005), *The Guardian*, https://www.theguardian.com/world/2005/may/7/russia.secondworldwar.

3. 抗日战争胜利的原因和意义
1) 抗日战争胜利的原因

中国抗日战争的胜利是1840年鸦片战争以来,中国抗击外国入侵的第一次取得完全胜利的民族解放战争。首先,以爱国主义为核心的民族精神,是中国人民抗日战争胜利的决定因素。近代以来,中国人民为争取民族独立和解放进行了一系列抗争,是中华民族觉醒和民族精神升华的历史进程。这种民族觉醒和民族精神升华,在整个抗日战争达到了全面的全新的高度。面对民族存亡的空前危机,中国人民的爱国热情迸发出来,中华儿女众志成城,共御外侮,谱写了惊天地、泣鬼神的爱国主义篇章。其次,中国共产党以自己坚定的意志和模范行动,在全民族抗战中发挥了中流砥柱的作用。中国共产党从成立的那一天起,就把实现中华民族伟大复兴作为自己的历史使命。中国共产党倡导和推动国共合作,建立、坚持和发展广泛的抗日民族统一战线。中国共产党坚持全面抗战,制定正确的策略、路线、方针,开辟广大的敌后战场,成为坚强的抗战的力量。中国共产党始终坚持抗战、反对投降,坚持团结、反对分裂,坚持进步、反对倒退,同广大爱国党派团体和广大人民一起共同维护抗战大局,引领着夺取战争胜利的正确方向,成为夺取抗日战争最后胜利的民族先锋。再次,全民族抗战是中国人民抗日战争胜利的重要法宝。抗击日本侵略者,救亡图存,成为当时中国各党派、各民族、各阶级、各阶层、各团体以及海内外中国人民的共同意志。中国共产党坚持动员人民、依靠人民,提出并实施持久战的战略总方针和一整套人民战争的战略战术,广泛开展游击战争,破袭战、地雷战、地道战、麻雀战等游击战的战法,使得日本侵略军陷入了人民战争的汪洋大海之中。中国人民抗日战争的胜利是全民族抗战的胜利。最后,中国人民抗日战争的胜利,同世界所有爱好和平和正义的国家和人民、国际组织以及反法西斯力量的援助同情是分不开的。抗战期间,中国人民的抗日战争得到了苏联持续的经济援助、军事援助。美国空军也给予了中国极大的援助。像飞虎队参加到中国人民的抗日战争中,为抗战做出了重要贡献。

2) 抗日战争胜利的意义

中国人民抗日战争是20世纪中国和人类历史上的重大事件,是中华民族由近代以来陷入深重危机,走向伟大民族复兴的历史转折点。第一,中国人民抗日战争的胜利,彻底粉碎了日本军国主义殖民奴役中国的图谋。中国人民用自己的顽强奋斗和巨大牺牲,迫使日本归还甲午战争以后,从中国窃取的东北、台湾、澎湖列岛等神圣领土,捍卫了国家领土和主权的完整,彻底洗刷了近代以来抗击外来侵略屡遭失败的耻辱。第二,中国人民抗日战争的胜利,促进了中华民族的大团结,形成了伟大的抗战精神,这是中华民族精神的写照。中国人民向世界展现了天下兴亡、匹夫有责的爱国情怀,宁死不屈的民族气节,不畏强暴、血战到底的英雄气概,百折不挠、坚韧不拔的必胜信念,这是中国人民弥足珍贵的精神财富。第三,中国人民抗日战争的胜利,在全世界人民面前树立了一个以弱胜强的范例。对世界各国夺取反法西斯战争的胜利,维护世界和平的事业,产生了巨大而深远的影响,中国人民为最终战胜世界法西斯反动势力做出了历史性的贡献。第四,中国人民抗日战争的胜利,开辟了中华民族走向复兴的光明前景。经历抗日战争锤炼的中国人民进一步认识到,只有实现民族独立和人民解放,建立人民当家作主的新中国,才能真正实现民族复兴和人民幸福。同时,这也为中国共产党团结带领全国人民继续奋斗,赢得新民主主义革命的最后胜利,创造了重要的条件。

三、延伸阅读

(1) 蒋介石:《对日一贯的方针和立场》(1937 年 7 月 7 日)。

(2)《国民政府自卫抗战声明书》(1937 年 8 月 14 日)。

(3)《抗日救国十大纲领》(1937 年 8 月 25 日)。

(4) 毛泽东:《论持久战》(1938 年 5 月),载《毛泽东选集》(第二卷),人民出版社 1991 年版。

(高晓林)

第七章
为建立新中国而奋斗

一、教学指南

（一）教学目的

（1）了解抗日战争胜利后国内外局势以及国共两党在和平、民主问题上所展开的较量。

（2）掌握中国共产党领导的人民战争从战略防御到战略反攻，再到战略决战的历史发展进程，以及战争发生转折的原因。

（3）理解资本主义道路在中国行不通的历史逻辑，懂得旧民主主义革命让位给新民主主义革命、资产阶级共和国让位给人民共和国的历史必然性。

（4）掌握中国革命胜利的原因和基本经验；明确统一战线、武装斗争、党的建设在中国革命中的地位。

（二）教学要点

（1）抗日战争胜利后，中国共产党是如何为争取和平民主而斗争的？

（2）全国解放战争的胜利发展。

（3）人民解放战争节节胜利的原因。

（4）第二条战线的形成。

（5）中国共产党领导的多党合作、政治协商格局的形成。

（6）中国革命的最后胜利，新中国的诞生。

（7）中国革命胜利的原因和基本经验。

(三) 框架结构

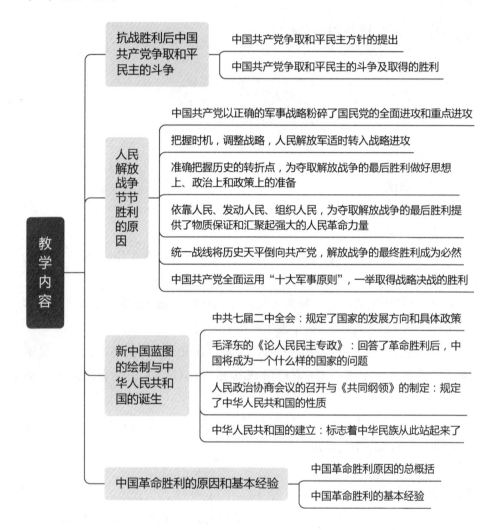

二、教学讲义

抗战胜利后,中国人民面临两种前途、两个命运的生死抉择。以蒋介石为代表的国民党统治集团企图用武力消灭共产党和一切民主力量,以期达到其在中国大陆的独裁统治。逐步成熟起来的中国共产党制定了一系列正确的方针、政策,领导人民解放战争迅速取得了胜利,中国争取到了光明前途,中国人民由此站起来了。那么,中国共产党领导的人民解放战争何以迅速取得彻底胜利?对此,我们通过以下几个方面来解读。

(一) 抗战胜利后中国共产党争取和平民主的斗争

抗战胜利后,中国共产党充分理解人民要求和平的呼声和渴望,并在准确把握国际国内的政治局势的基础上,制定了争取和平民主的方针;为争取和平民主的实现,同国民党反动派进行了有勇有谋的较量,在争取和平民主的斗争中获得了主动。

1. 中国共产党争取和平民主方针的提出

早在1945年4月,毛泽东在《论联合政府》中,就提出成立联合政府,召开国民大会,建立独立、自由、民主、统一和富强的新国家的主张。抗战一结束,8月24日,毛泽东根据时局变化进一步指出,抗战结束,和平建设阶段开始;8月25日,中共中央发表《对目前时局的宣言》,提出了"和平、民主、团结"三大口号。该宣言认为当前全民族的重大任务是:"巩固国内团结,保证国内和平,实现民主,改善民生,以便在和平、民主、团结的基础上,实现全国统一,建立独立、自由与富强的新中国。"[①]这个宣言明确了中国共产党关于和平民主团结的方针,表明了争取和平民主的愿望。

中国共产党争取和平民主方针提出,主要基于战后人民渴望和平,以及对国际国内的政治形势的正确分析提出的。

首先,从战后的国际形势看:抗战胜利后的初期,国际形势的第一个显著特点是帝国主义遭到削弱,以及社会主义和人民民主力量的发展。经过第二次世界大战,德、意、日三个法西斯国家被打败,英、法遭受了巨大的战争创伤,国力锐减,社会主义国家、民族解放运动的力量有了新的发展,世界反动势力已经难以集中起来干涉中国革命。

战后国际形势的另一显著特点是,美苏两国之间既斗争又妥协的新格局的出现。在战后世界划分的重大问题上,它们既想压倒对手,又谋求一定的妥

---

① 《毛泽东选集》(第四卷),人民出版社1991年版,第1155页。

协,这种局面左右着战后世界形势的发展。其中,美国政府在中国实行扶蒋反共政策,这是美国全球战略的重要组成部分。美国在中国追求的长期的基本目标是建立一个统一的亲美政府;短期目标则是"避免共产党完全控制中国"。一是为了让蒋介石政府成为它在亚洲的主要支持者,以此稳定它的亚洲战线。二是从"遏制苏联"这个总的战略考虑和反对人民革命的一贯立场出发,担心"一个共产党统治的中国将在政治、经济和军事上和苏联结成紧密的联盟",担心中国革命的胜利会对整个亚洲产生深刻的影响。三是为了维护美国在中国的殖民主义利益,即为了便于使中国成为它倾销商品,获取廉价原料和进行自由投资的场所。为了实现上述目标,美国决策者曾考虑过"实行大规模军事干涉,帮助国民党消灭共产党"的问题,但它又担心这样做会使自己深陷中国这个泥潭而不能自拔。于是,它采取的主要方法是:一方面要求国民党政府实行某种程度的改革,包括搞一点儿形式上的民主,以获得中间派的同情和支持,尤其是诱骗中共交出军队,实现中国在国民党领导下的"统一";另一方面,通过给予经济、政治、军事等方面的援助,"帮助国民党把他们的权力在中国最大可能的地区里面建立起来"。① 所以,它不得不表面上声称"不支持中国中央政府进行内战"。并派总统特使马歇尔来华调处国共关系。

其次,从战后的国内形势看:一方面,十四年抗战,中华民族遭受了难以想象的创伤。经历了长期战争之后,人民渴望和平,国家需要休养生息。另一方面,经过十四年抗战,中国人民的革命力量得到了很大发展,阶级力量的对比已经发生了新的变化。人民军队发展到 120 余万人,民兵 260 余万人,抗日民主根据地面积达到近 100 万平方千米,人口近 1 亿,人民的觉悟程度和组织程度得到空前提高。

再者,虽然以武力消灭共产党及其所领导的人民军队和解放区政权是蒋介石的既定方针,但是,在当时由于全国人民强烈要求和平、反对内战;国民党军队大部分远在西南、西北后方,完成内战部署需要时间。正如美国总统杜鲁门的回忆录中所说,当时"蒋介石的权力只及于西南一隅,华南和华东仍被日军占领着,长江以北则连任何一种中央政府的影子也没有","事实上,蒋介石

---

① 《毛泽东选集》(第四卷),人民出版社 1991 年版,第 1493 页。

甚至连再占领华南都有极大的困难。要拿到华北,他就必须同共产党人达成协议,如果他不同共产党人及俄国人达成协议,他就休想进入东北"。① 国际上苏联、美国等都表示希望中国能够实行和平建国。在这种情况下,蒋介石也表示愿意与中共进行和平谈判。

这样,中国共产党综合人民力量强大等各种条件,估计形成国共两党合作、和平发展新阶段的可能性是存在的。所以,将争取和平民主作为自己最基本的方针。

2. 中国共产党争取和平民主的斗争及取得的胜利

抗战胜利后,国共两党的第一轮较量是围绕反内战、反独裁、争取和平改造国家而展开的。在这一轮斗争中,中国共产党充分展现了顺应历史发展要求、为人民利益而奋斗以及具备高超斗争艺术的政党形象。这突出表现在以下几个方面。

首先,中国共产党通过重庆谈判与政治协商会议取得重大成果。

通过蒋介石与毛泽东往来的各自三封电报入手加以分析,看中国共产党与国民党蒋介石的较量:蒋介石为了摆脱被动局面,先发制人,打出了第一张王牌——和谈。他从1945年8月14日日本投降的这天开始,连续给毛泽东发了三份电报,邀请毛泽东去重庆谈判。对此,中国共产党既抱着真诚的和平愿望,又保持着清醒的头脑,智慧地加以应对。

8月24日起,毛泽东巧妙地回应蒋介石第三封电报的邀请;8月26日,在中央政治局召开的会议上,毛泽东明确地表示:"可以去,必须去","这样,我们可以取得全部主动权"。②

为了争取和平民主,毛泽东不顾个人安危,于1945年8月28日,偕周恩来、王若飞前往重庆同国民党当局进行谈判。经过43天复杂而艰苦的谈判,国共双方于10月10日签订了《政府与中共代表会谈纪要》(即《双十协定》)。

重庆谈判,对于中国共产党来说取得了一系列重大成果。一是赢得了民

---

① 《杜鲁门回忆录》(第2卷),世界知识出版社1965年版,第70—71页。
② 中共中央文献研究室编:《毛泽东思想年编:1921~1975》,中央文献出版社2011年版,第453页。

心。二是捍卫人民革命胜利成果,中共在有原则的基础上作出了让步,获得了各界的同情和支持。三是取得了军事上的胜利。在谈判过程中,人民军队取得了上党战役的重大胜利。四是10月10日,国共双方共同签署了《双十协定》,确认和平建国的基本方针。五是在和谈基础上,1946年1月10日,国共双方下达停战令。同一天,政治协商会议在重庆开幕,会议通过了关于政府组织、和平建国纲领、军事问题、国民大会和宪法草案等五项决议。在政府组织问题的决议中,确定改组国民党一党专政的政府,各党派和无党派人士可以参加政府;在和平建国纲领中,规定全国团结一致、建设统一自由民主的新中国、实现党派平等合法等;在军事问题决议中,规定按民主原则改革军队制度、整编全国军队。

这些协议的内容虽然还不是新民主主义性质的,但对国民党独裁专制的政治制度和反人民的内战政策,具有明显的限制作用。它基本上符合全国人民的和平民主愿望,因而受到人民群众的欢迎。

其次,政治协商会议后,中国共产党由于严格履行政协协议,获得了政治上的主动。在政协闭幕的第二天,中共中央发出党内指示,指出"从此中国即走上了和平民主建设的新阶段","中国革命的主要斗争形式,目前已由武装斗争转变到非武装的群众的与议会的斗争,国内政治问题由政治方式来解决。党的全部工作必须适应这一形势"。全党要"准备为坚决实现(政协的)这些决议而奋斗"。[①] 但同时,中共中央也清醒地认识到中国民主化道路依然是十分曲折的,英美和中国大资产阶级还有许多阴谋,因此,在努力争取和平民主的同时,领导解放区军民积极做好进行自卫战争的准备。特别是中国共产党为争取和平民主的努力,尽管最终未能阻止全面内战的爆发,但是,它使各界群众增进了对中国共产党的了解、懂得了什么人应当对这场战争承担什么责任。对于中国共产党而言,这是政治上的一个重大胜利。

总之,中国共产党在争取和平民主的斗争中能赢得了民心,首先取得了政治上的重大胜利。

[①]《中共中央关于目前形势与任务的指示》,载中共中央文献研究室、中央档案馆编《建党以来重要文献选编(1921~1949)》(第23册),中央文献出版社2011年版,第104—105页。

(二) 人民解放战争节节胜利的原因

1946年6月全面内战爆发后,中国共产党一方面准确把握战争规律,实施英明的军事战略方针,另一方面,在思想、政治、土地改革等方面制定和实施正确路线、方针、政策,获得了各阶层人民广泛的支持,从而取得了人民解放战争的节节胜利,加速了中国革命胜利的进程。

1. 中国共产党以正确的军事战略粉碎了国民党的全面进攻和重点进攻

1946年6月底,蒋介石悍然撕毁停战协定和政协协议,调动22万大军进攻中原解放区,挑起了全面内战,关闭了和平谈判的大门,国共关系彻底破裂。

内战爆发时,中国共产党面临严峻形势。当时人民解放军的总兵力为127万人,装备基本上是缴获日军的步兵武器,解放区面积约230万平方千米,是被分割和包围的,在物质上也得不到任何外援。而国民党的总兵力为430万人,它不仅接收了100余万日军和数十万伪军的装备,而且美国还为它训练和装备了50万军队。国统区面积达730万平方千米,并且控制着几乎所有的大城市和绝大部分铁路交通线。蒋介石声称,这场战争"一定能速战速决"。

中国共产党的军事战略方针,粉碎了国民党的全面进攻和重点进攻。内战爆发后,中国共产党清醒地估计了当时国内外形势,认定:我们不仅必须打败蒋介石,而且能够打败他。毛泽东指出,我们能够打败蒋介石,因为蒋介石军事优势和美国的援助,只是临时起作用的因素,而蒋介石发动战争的反人民性质,人心的向背,则是经常起作用的因素,在这方面,我们占着优势。[①] 人民解放战争所具有的爱国的正义的革命性质,必然要获得全国人民的拥护。这就是战胜蒋介石的政治基础。

那么,靠什么打败国民党蒋介石?中国共产党提出:在政治上建立最广泛的人民民主统一战线;在军事上,必须采取集中优势兵力,各个歼灭敌人的作战原则,不以夺取城市和地方为主,而以消灭敌人的有生力量为主。

在内战初期,即1946年6月下旬至1947年3月,国民党军对解放区发起

---

① 《毛泽东选集》(第四卷),人民出版社1991年版,第1245—1246页。

了全面进攻,企图以所谓"速战速决"的方式一举消灭人民军队,但中国共产党采取了积极防御的战略方针,当国民党军队大举围攻中原解放区时,李先念、郑位三等率领中原解放军英勇突围,粉碎了国民党的围歼计划,胜利实现了战略转移。国民党军被迫放弃对解放区的全面进攻,而改为对陕北、山东两个解放区的重点进攻。

1947年3月至6月,解放军经过4个月的内线作战,打退了国民党军的重点进攻,并在东北、热河、冀东、豫南等地开始局部反攻,先后收复和解放了153座城市,歼敌40余万人。战局的发展,从根本上粉碎了国民党统治集团的速战速决计划,加速了解放战争的胜利进程。

2. 把握时机,调整战略,人民解放军适时转入战略进攻

内战之初,国民党在军队数量、军事装备、后备资源及外来援助等方面,都明显地超过中国共产党。但是,解放战争进行一年后,战争形势发生重大变化。国民党军队的总兵力已由战争开始时的430万人减少到373万人,其中正规军由200万人减少到150万人。解放军的总兵力则由127万人增加到195万人,其中正规军近100万。依据战争形势的重大变化,中共中央及时实行战略转变,将主力打到外线去,将战争引向国民党统治区域。于是,人民解放军适时转入战略进攻。

1947年6月底,根据中共中央的决策和部署,刘伯承、邓小平率领晋冀鲁豫野战军主力,实施中央突破,千里跃进大别山;为了配合刘、邓大军,由陈毅、粟裕率领的华东野战军主力为东路,由陈赓、谢富治率领的晋冀鲁豫野战军一部为西路,挺进豫西;三路大军相互策应,机动歼敌。揭开了人民解放军战略进攻的序幕。在我军主力打到外线的同时,仍在内线作战的人民解放军,包括彭德怀率领的西北野战军,谭震林、许世友率领的华东野战军山东兵团等,也渐次转入反攻。各战场人民解放军在内线和外线的配合作战,构成人民解放战争全国规模的战略进攻的总形势。这使蒋介石政府已经陷入了人民战争的汪洋大海之中,难以逃脱失败的命运。

3. 准确把握历史的转折点,为夺取解放战争的最后胜利做好思想上、政治上和政策上的准备

其一,及时发出军事动员令。在人民解放战争转入战略进攻后,即1947

年 10 月 10 日,中国人民解放军总部发表宣言,提出了"打倒蒋介石,解放全中国"的口号。

其二,及时制定正确的路线、方针、政策。1947 年 12 月 25 日至 28 日,中共中央在陕北米脂县杨家沟召开会议,即十二月会议。毛泽东指出:中国革命发展到了一个历史的转折点。这是蒋介石 20 年反革命统治由发展到消灭的转折点。这是 100 多年以来帝国主义在中国的统治由发展到消灭的转折点。随后,他进一步要求全党同志,必须牢牢掌握党的总路线,即无产阶级领导的,人民大众的,反对帝国主义、封建主义和官僚资本主义的新民主主义革命的总路线。

十二月会议制定了夺取全国胜利的行动纲领和各项具体政策,其内容有:军事上,提出坚持以"集中优势兵力,歼灭敌人有生力量"为核心的十大军事原则;政治上,毛泽东重申了党的基本政治纲领,即"联合工农兵学商各被压迫阶级、各人民团体、各民主党派、各少数民族、各地华侨和其他爱国分子,组成民族统一战线,打倒蒋介石独裁政府,成立民主联合政府"①;在经济方面,毛泽东明确宣布新民主主义革命的三大经济纲领,以及一系列具体政策。

十二月会议为党领导中国人民夺取新民主主义革命在全国的胜利,在思想上、政治上和政策上作了充分的准备。

4. 依靠人民、发动人民、组织人民,为夺取解放战争的最后胜利提供了物质保证和汇聚起强大的人民革命力量

解放战争的迅速胜利,除了中国共产党在军事上实施正确的战略方针、不断取得胜利,同时,与中国共产党开展土地革命、发动群众,以及正确引导国统区人民与国民党进行有效斗争密不可分。

解放战争的胜利是农民用小车推出来的。在解放战争胜利发展过程中,解放区开展了轰轰烈烈的土地改革运动。在全面内战爆发前夕,中共中央及时调整土地政策。于 1946 年 5 月 4 日,发出《关于清算、减租及土地问题的指示》(史称《五四指示》)决定将党在抗日战争时期实行的减租减息改变为"耕者

---

① 《毛泽东选集》(第四卷),人民出版社 1991 年版,第 1237 页。

有其田"的政策。通过实施《五四指示》,到1947年下半年,解放区三分之二的地区基本解决了农民的土地问题。

当人民解放军转入战略进攻之后,为了维护广大农民的利益,进一步激发他们支援解放战争的积极性。1947年7月到9月,中国共产党在河北平山县召开全国土地会议,制定了和通过了《中国土地法大纲》。它明确规定:"废除封建性及半封建性剥削的土地制度,实行耕者有其田的土地制度";"乡村中一切地主的土地及公地,由乡村农会接收",分配给无地或者少地的农民。①

全国土地会议后,在新老解放区迅速掀起土地改革的热潮。经过土地改革运动,到1948年秋,一亿人口的解放区消灭了封建生产关系。广大农民分得土地并在政治上翻身解放以后,其政治觉悟和组织程度空前提高,农村的生产力得到了极大的解放,农民的生产积极性普遍高涨,为解放战争的胜利奠定了坚实的物质基础。毛泽东指出:"我们的解放战争,主要就是靠这一亿六千万人民打胜的。有了土地改革这个胜利,才有了打倒蒋介石的胜利。"②

反蒋第二条战线的形成加速了人民解放战争的胜利和国民党统治的灭亡。由于国民党实行独裁、内战、卖国三位一体的反动政策,内战爆发一年后,国统区在政治、经济上出现了全面危机。特别是国统区经济危机的加深,使人民对国民党彻底失望。内战规模的扩大使国民党政府的军费开支猛增,造成大量财政赤字,巨额赤字只能依靠发行货币来弥补,加之国民党的野蛮掠夺及官员们的贪污腐败,致使恶性通货膨胀、物价飞涨、工商业倒闭,人民已经无法生活下去。以抗战前夕的物价为标准,到1947年7月已上涨6万倍。1937年100元法币能买两头牛,到1947年只能买1/3盒火柴了。对国民党统治区的经济危机,时人惊呼:"中国不亡于日本,如今却要亡于经济总崩溃!"③

总之,国民党当局将全国各阶层人民置于饥饿和死亡的界线上,因而迫使

---

① 中共中央党史研究室:《中国共产党历史》(上卷),人民出版社1991年版,第757页。
② 《毛泽东文集》(第六卷),人民出版社1999年版,第73页。
③ 转引自中共中央党史研究室:《中国共产党历史》(上卷),人民出版社1991年版,第742页。

全国各阶层人民团结起来,同蒋介石反动政府作坚决的斗争。于是,国民党统治区以学生运动为先导的人民民主运动也迅速发展起来,成为配合人民解放战争的第二条战线。

中国共产党十分重视国民党统治区的爱国主义民主运动。1946年12月2日,中共中央召开书记处会议,决定改组中共中央城市工作部,党在国民党统治区的组织调整和加强,成为促成第二条战线的兴起的重要条件。在中国共产党的领导下,学生运动高涨,如"一二·一"运动、反美抗暴运动、"五二〇"运动接连爆发。在党的领导下,"反饥饿、反内战、反迫害"运动迅速扩展到全国。

学生运动的高涨,促进了整个人民运动的高涨。例如,在全面内战爆发前夜,1946年6月23日,上海人民团体联合会派出请愿团去南京向国民党当局呼吁和平;1947年间,全国20多个大中城市先后有120万工人举行罢工;5月到6月,饥饿的城市居民"抢米"风潮席卷江苏等省的40多个城市;在农村,民变迭起;1947年2月28日,台湾省台北市人民为反抗国民党当局的暴政、抗议反动军警屠杀市民,举行大规模的示威游行,由此爆发"二·二八"起义。与此同时,新疆、内蒙古等地区的革命运动进一步发展。这些运动表明,国民党统治区各个阶层人民的斗争正汇合在一起、相互配合,在打倒蒋介石、解放全中国的斗争中,发挥了重要作用。

第二条战线的形成表明,国民党政府不仅在军事上,而且在政治上、经济上都打了败仗,这个政府已经处在全民的包围中。第二条战线成为配合人民解放军粉碎国民党军事进攻的另一条重要战线。

5. 统一战线将历史天平倒向共产党,解放战争的最终胜利成为必然

中国各民主党派是中国共产党领导的爱国统一战线的重要组成部分。

中国主要的民主党派包括中国国民党革命委员会(简称"民革")、中国民主同盟(简称"民盟")、中国民主建国会(简称"民建")、中国农工民主党(简称"农工党")、中国致公党(简称"致公党")、九三学社、台湾民主自治同盟(简称"台盟")。

民主党派何以倒向共产党?

首先,中国各民主党派的政纲不尽相同,但都主张爱国、反对卖国,主张民

主、反对独裁。在这些方面,同中国共产党的新民主主义革命政纲基本一致。

其次,中国民主党派大多同中国共产党建立了不同程度的合作关系。例如,在重庆谈判和1946年初召开的政治协商会议中,中国共产党与民主党派就针对国民党的独裁内战政策进行联合斗争。

民主党派主张的第三条道路在中国行不通。毛泽东曾经说过:"资产阶级的共和国,外国有过的,中国不能有,因为中国是受帝国主义压迫的国家。"①

首先,第三条道路不符合当时中国的国情。毛泽东在总结中国革命的经验时指出:"因为我们的敌人不给中国人民以和平活动的可能,中国人民没有任何的政治上的自由权利。"②"在中国,是武装的革命反对武装的反革命。这是中国革命的特点之一,也是中国革命的优点之一。"③中间党派主张"和平奋斗",轻视和反对武装斗争,轻视革命战争,主张用"理"而不是"力"与蒋介石进行政治斗争,解决中国的出路问题,结果只能遭到蒋介石集团的欺骗和"力"的打击与迫害。

其次,国民党当局对民主党派的迫害。国民党蒋介石坚持大地主大资产阶级专政,当然不允许中间党派走另一条道路。当中间路线的宣传、活动不利于其反动统治之时,国民党当局便采取暴力手段对他们进行残酷打击迫害。

继著名爱国民主人士李公朴、闻一多在昆明遭暗杀之后,民盟中央常委杜斌丞又在西安被暗杀。1947年10月,国民党当局以"勾结共匪,参加叛乱"为名,宣布民盟为非法团体,明令对该盟及其成员的一切活动"严加取缔"。在此情况下,民盟总部被迫宣告解散。

中国共产党及时开展对民主党派的统战工作。在解放战争节节胜利、中间路线走不通的历史背景下,中国共产党于1948年4月30日,在纪念五一国际劳动节的口号中提出,要与"各民主党派、各人民团体、各社会贤达迅速召开政治协商会议,讨论并实现召集人民代表大会,成立民主联合政府"④。这个号

---

① 《毛泽东选集》(第四卷),人民出版社1991年版,第1471页。
② 《毛泽东选集》(第二卷),人民出版社1991年版,第635页。
③ 同上书,第543页。
④ 中共中央文献研究室编:《中华人民共和国开国文选》,中央文献出版社1999年版,第4页。

召得到各民主党派和社会各界的热烈响应。从当年8月起,各民主党派负责人、无党派民主人士接受中共中央的邀请,分别从香港、上海、北平及海外,陆续进入东北、华北解放区。北平解放后,进入解放区的民主人士在北平汇合。

1949年1月22日,李济深、沈钧儒等民主党派的领导人和著名的无党派民主人士55人联合发表了《我们对于时局的意见》,一致认定中共提出的关于召开政治协商会议,成立民主联合政府的主张"符合于全国人民大众要求",恳切表示"愿在中共领导下,献其绵薄,共策进行,以期中国人民民主革命之迅速成功,独立、自由、和平、幸福的新中国之早日实现"。[①] 这个政治声明表明,中国各民主党派和无党派民主人士自愿地接受了中国共产党的领导,决心走人民革命的道路,拥护建立人民民主的新中国。由此,中国各民主党派已经走上了新的历史道路。中国共产党领导的多党合作、政治协商的格局在历史中也逐步形成。

6. 中国共产党全面运用"十大军事原则",一举取得战略决战的胜利

历时142天的三大战役,摧毁了国民党赖以维持其反动统治的主要军事力量,从而奠定了全国胜利的基础。解放战争进行过程中,中国共产党和国民党的政治、经济以及军事力量发生了此消彼长的变化。

从军事的对比上看:人民解放军兵力增加、素质提高、武器得到改善。此时,总兵力已由战争开始时的127万人发展到280万人。除了兵力增加,全军开展了新式整军运动,解放军的军政素质和技术水平也有极大提高;而国民党军队则由430万人下降到365万人,其中可用于第一线的兵力仅174万人。到1948年6月底,国民党军队已经由"全面防御"转入"重点防御"。

从政治经济的对比上看:1948年后,解放区的面积占全国总面积达235.5万平方千米,拥有1.68亿人口;各主要解放区基本上连成一片,而且基本完成了土地改革,广大翻身农民生产的积极性空前高涨,人民解放军的后方进一步巩固。与此相反,国民党危机四伏。军队士气低落,战斗力不强;由于遭到各阶层人民的强烈反对,处境十分孤立。

---

① 《我们对于时局的意见》,《人民日报》1949年1月24日,第1版。

于是，中共中央果断地实施战略决战方针，人民解放战争进入了夺取全国胜利的决定性阶段。从1948年9月12日到1949年1月31日，发起了辽沈战役、淮海战役、平津战役。在三大战役中，由于人民军队全面运用"十大军事原则"，以及获得人民群众全力支持，三大战役历时4个月19天，就解放了东北全境、华北及长江下游以北的广大地区，共歼灭国民党有生力量154万余人，国民党主要军事力量基本上被摧毁。

在三大战役进行期间和结束以后，国民党统治集团在美国支持和策划下，发动了"和平攻势"，企图利用和平谈判的手段，争取喘息时间，布置长江防线，以便卷土重来。蒋介石在1949年元旦发表"求和"声明，提出以保存伪宪法、伪法统及反动军队等作为谈判的条件。

为了迅速结束战争，减少人民的痛苦，1月14日，毛泽东以中共中央主席的名义发表关于时局的声明，提出在惩办战争罪犯、废除伪宪法和伪法统、改变一切反动军队等八项条件的基础上，同南京国民党政府及国民党地方政府和军事集团进行和平谈判。1月21日，蒋介石宣告引退，由副总统李宗仁代理总统职务与中共进行和谈。从4月1日开始，以周恩来为首席代表的中国共产党代表团和以张治中为首席代表的国民党政府代表团，在北平举行和平谈判。中共代表团在4月15日将《国内和平协定最后修正案》送交国民党政府代表团，但国民党政府拒绝在《国内和平协定》上签字。至此，蒋介石的和谈阴谋彻底破产。

4月21日，毛泽东主席和朱德总司令发布《向全国进军的命令》，人民解放军第二、第三野战军发起渡江战役，国民党苦心经营的长江防线顷刻瓦解。4月23日，人民解放军占领国民党统治中心南京，宣告了国民党延续22年的反动统治的覆灭。随后，解放军第一、第二、第三、第四野战军所部各路大军继续向中南、西北、西南各省举行胜利进军，分别以战斗方式或和平方式，迅速解决残余敌人，解放广大国土，国民党蒋介石集团被人民赶出中国大陆，逃往中国台湾省。人民解放战争取得了最后胜利。

（三）新中国蓝图的绘制与中华人民共和国的诞生

解放战争在全国的胜利，使建立建设新中国的任务提到日程上来，中国共产党开始绘制新中国的蓝图。

1. 中共七届二中全会：规定了国家的发展方向和具体政策

1949年3月，中国共产党在河北平山县西柏坡召开七届二中全会。会议规定了党在全国胜利后在政治、经济、外交方面应采取的基本政策，指出了中国由农业国转变为工业国，由新民主主义转变为社会主义的发展方向。在这次会议上，毛泽东提出了著名的"两个务必"的思想，即"务必使同志们继续地保持谦虚、谨慎、不骄、不躁的作风，务必使同志们继续地保持艰苦奋斗的作风"。① 在中共中央离开西柏坡时，毛泽东把进北平比作"进京赶考"，说："我们决不当李自成，我们都希望考个好成绩。"②

2. 毛泽东的《论人民民主专政》：回答了革命胜利后，中国将成为一个什么样的国家的问题

在中国共产党成立28周年的前夕，1949年6月30日，毛泽东发表了《论人民民主专政》一文，明确指出，人民民主专政需要工人阶级的领导。人民民主专政的基础是工人阶级、农民阶级和城市小资产阶级的联盟，而主要是工人和农民的联盟。他还指出，我们还必须利用一切于国计民生有利而不是有害的城乡资本主义因素，团结民族资产阶级。但民族资产阶级不能充当革命的领导者，也不应当在国家政权中占主要地位。③

中共七届二中全会的决议和毛泽东的《论人民民主专政》，构成了《中国人民政治协商会议共同纲领》的基础。

3. 人民政治协商会议的召开与《共同纲领》的制定：规定了中华人民共和国的性质

完成创建新中国的任务，是由中国人民政治协商会议来承担的。1949年9月21日，中国人民政治协商会议第一届全体会议在北平隆重开幕。会议代表共662人。会议通过了《中国人民政治协商会议共同纲领》(简称《共同纲领》)。

《共同纲领》具有临时宪法的作用，它规定了中华人民共和国的性质、政权机关，以及经济政策、文教政策、外交工作原则等。

---

① 《毛泽东选集》(第四卷)，人民出版社1991年版，第1438页。
② 中共中央文献研究室编：《毛泽东思想年编：1921～1975》，中央文献出版社2011年版，第647页。
③ 《毛泽东选集》(第四卷)，人民出版社1991年版，第1416页。

9月30日,中国人民政治协商会议第一届全体会议闭幕。创建中华人民共和国的筹备工作胜利完成。人民政协的召开,也标志着中国的新型政党制度——中国共产党领导的多党合作和政治协商制度的确立。

4. 中华人民共和国的建立:标志着中华民族从此站起来了

1949年10月1日,举行开国大典。中华人民共和国的成立,标志中国新民主主义革命取得了基本胜利。数千年来的封建压迫,一百多年来的帝国主义侵略,22年的国民党反动统治,一起被中国人民扫进了坟墓。中国从此站起来了!

(四) 中国革命胜利的原因和基本经验

1949年中华人民共和国的建立,标志着新民主主义革命的胜利。中国共产党领导的新民主主义革命积累了宝贵的经验。"以史为鉴,可以知兴替。"① 总结新民主主义革命胜利的原因和基本经验,对于当今中国共产党领导人民全面建成社会主义现代化强国,实现中华民族伟大复兴具有重要意义。

1. 中国革命胜利原因的总概括

中国革命之所以能够取得最终胜利,原因是多方面的:工人、农民、城市小资产阶级群众是民主革命的主要力量。各民主党派和无党派人士、各少数民族、爱国的知识分子和华侨等,都在这场反帝、反封建、反官僚资本主义的斗争中发挥了积极作用。没有广大人民和各界人士的广泛参加和大力支持,中国革命的胜利是不可能的。

然而,中国革命之所以能走上胜利发展道路,是因为有了中国工人阶级的先锋队——中国共产党的领导。中国共产党的正确领导是中国革命胜利的根本原因。"没有共产党就没有新中国。"这是中国人民对中国革命胜利原因的最朴实和最深刻的表达,也是中国人民基于自己的切身体验所确认的客观真理。另外,中国革命的胜利,同国际无产阶级和人民群众的支持也是分不开的。

2. 中国革命胜利的基本经验

中国革命的胜利是中国人民在中国共产党领导下,经过长期的艰苦、曲折

---

① 习近平:《在庆祝中国共产党成立100周年大会上的讲话》,《人民日报》2021年7月2日,第2版。

的斗争,逐步取得的。近代中国的历史经验表明,没有无产阶级及其政党——中国共产党的坚强领导,中国人民革命的胜利是不可能的。中国共产党之所以能够把革命引向胜利,一条根本性的经验就是,必须坚持把马克思列宁主义的基本原理和中国的具体实际结合起来,必须不断推进马克思主义中国化的事业。正是在中国化的马克思主义理论——毛泽东思想指引下,中国共产党制定了正确的理论、纲领、路线、方针和政策,找到了适合本国国情的革命道路。

中国共产党在领导人民革命的过程中,积累了丰富的经验,锻造出了有效的克敌制胜的武器。如毛泽东所指出的,"统一战线,武装斗争,党的建设,是中国共产党在中国革命中战胜敌人的三个法宝,三个主要的法宝"①。

1) 建立广泛的统一战线

由于中国人民受到帝国主义、封建主义和官僚资本主义的严重压迫,在中国建立革命统一战线的群众基础是十分广泛的。建立广泛的统一战线,是坚持和发展革命的政治基础。

在统一战线中存在着两个联盟:一个是工人阶级同农民和其他劳动人民的联盟,主要是工农联盟;一个是工人阶级同民族资产阶级和其他可以合作的非劳动人民的联盟,主要是同民族资产阶级的联盟。前者是基本的、主要的;后者是辅助的,同时又是重要的。必须坚决依靠第一个联盟,争取建立和扩大第二个联盟。

巩固和扩大统一战线的关键,是坚持工人阶级及其政党的领导权。为此,必须率领同盟者向共同的敌人作坚决的斗争并取得胜利;必须对被领导者给以物质福利,至少不损害其利益,同时对被领导者给以政治教育;必须对同工人阶级争夺领导权的资产阶级采取又联合、又斗争的政策。

2) 坚持革命的武装斗争

在半殖民地半封建的中国,没有民主制度,反动统治势力总是凭借强大的武力对人民实行独裁恐怖统治。革命只能以长期的武装斗争为主要形式。"在中国,离开了武装斗争,就没有无产阶级的地位,就没有人民的地位,就没

---

① 《毛泽东选集》(第二卷),人民出版社 1991 年版,第 606 页。

有共产党的地位,就没有革命的胜利。"①

由于中国是一个以农业经济为主的大国,中国的武装斗争实质是工人阶级领导的农民战争;中国共产党必须深入农村,发动和武装农民,在农村建立根据地,以农村包围城市,才能逐步地争取革命的胜利。

为了坚持和发展中国革命,必须建立一支在工人阶级政党绝对领导下的,具有严格纪律的,同人民群众保持亲密联系的新型人民军队,而这支军队必须实行一系列具有中国特点的人民战争的战略战术。

3) 加强共产党的自身建设

在农民和其他小资产阶级占人口大多数的中国,建设一个工人阶级先锋队的党,是极其艰巨的任务。

党要发挥无产阶级政党的先进作用,带领人民群众夺取中国革命的胜利,须紧紧围绕党的政治路线,加强自身的建设,不断增强党的创造力、凝聚力和战斗力。中国共产党是马克思列宁主义与中国工人运动相结合的产物,工人阶级的成长和壮大是建党的根本条件。但是,在中国的社会条件下,绝大多数党员来自农民和其他劳动者,也有不少来自知识分子,还有来自非劳动者阶层的革命分子。同时,党又长期处在农村革命根据地的环境中。根据这些特点,党把自身建设作为一项伟大工程,高度重视党的思想建设、组织建设和作风建设。特别是遵循了毛泽东的建党学说,着重党的思想建设,要求党员用工人阶级思想克服资产阶级、小资产阶级思想,解决思想入党的问题。这成功地解决了保持党的工人阶级先锋队性质,建设一个马克思列宁主义政党的根本问题。在长期的革命实践中,中国共产党把自己锻炼成为掌握统一战线和武装斗争这两个武器、以实行对敌冲锋陷阵的英勇的战士,成为全国各族人民拥戴的领导核心。

4) 革命的根本问题是政权问题

毛泽东在回顾中国共产党走过的历史道路时指出:"总结我们的经验,集中在一点,就是工人阶级(经过共产党)领导的以工农联盟为基础的人民民主专政。这个专政必须和国际革命力量团结一致。"②

---

① 《毛泽东选集》(第二卷),人民出版社 1991 年版,第 610 页。
② 《毛泽东选集》(第四卷),人民出版社 1991 年版,第 1480 页。

三、延伸阅读

(1)《中国土地法大纲》(1947年9月13日)。

(2)《中国民主同盟一届三中全会宣言》(1948年1月19日)。

(3) 毛泽东:《在中国共产党第七届中央委员会第二次全体会议上的报告》,载《毛泽东选集》(第四卷),人民出版社1991年版。

(4) 毛泽东:《论人民民主专政》,载《毛泽东选集》(第四卷),人民出版社1991年版。

(5)《中国人民政治协商会议共同纲领》(1949年9月29日通过)。

(杜艳华)

第八章
中华人民共和国的成立与中国社会主义建设道路的探索

一、教学指南

(一) 教学目的

（1）认识和掌握新中国成立初期中国共产党面临的严峻考验以及为巩固新生政权所进行的各项斗争。

（2）全面理解中国共产党领导各族人民进行社会主义改造的伟大实践，认识和了解社会主义改造的伟大功绩及经验教训。

（3）掌握全面建设社会主义过程中的巨大成就和严重曲折的全貌，充分理解社会主义建设的长期性和复杂性，了解中国共产党在社会主义的伟大征途中所探索出来的宝贵经验。

(二) 教学要点

（1）全面掌握过渡时期总路线的提出及其主要内容，包括建立独立的、比较完整的工业体系和国民经济体系的重大意义以及为什么说社会主义改造是中国历史上最伟大最深刻的社会变革。

（2）社会主义基本制度在中国确立的过程及其历史必然性。社会主义基本制度于1956年在中国的确立并不是偶然的，而是由当时中国的客观现实条件决定的；全面了解社会主义经济制度、政治制度在中国的确立过程及其伟大意义。

（3）社会主义社会建设探索中曲折的表现及原因。

（4）改革开放前我国社会主义建设取得的巨大成就和毛泽东为社会主义建设道路的探索所做出的开拓性贡献。

(三) 框架结构

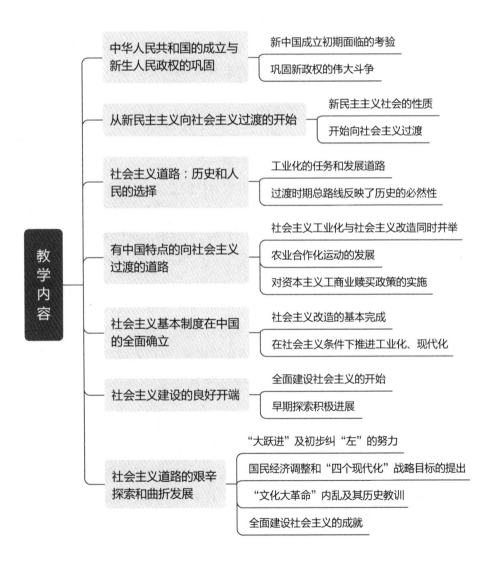

二、教学讲义

1949年10月1日,中华人民共和国成立。中国共产党团结带领中国人民在完成民主革命遗留任务和恢复国民经济的基础上,进行社会主义革命,确定了社会主义制度,推进社会主义建设,战胜帝国主义、霸权主义的颠覆破坏和武装挑衅,实现了中华民族有史以来最为广泛而深刻的社会变革,实现了一穷二白、人口众多的东方大国大步迈进社会主义社会的伟大飞跃,为实现中华民族伟大复兴奠定了根本政治前提和制度基础。

(一) 中华人民共和国的成立与新生人民政权的巩固

1. 新中国成立初期面临的考验

1949年中华人民共和国的成立具有划时代的意义,它标志着中国共产党通过28年的浴血奋战,完成了新民主主义革命,实现了民族独立、人民解放和国家统一。尽管这个新生的政权完成了反帝反封建的历史任务,迈出了中华民族在激烈动荡的近代重新"站起来"的第一步,但是迎接它的却不是一帆风顺的阳关大道,而是从四面八方涌来的棘手问题。

第一,能不能保卫住革命胜利的成果,巩固新生的人民政权。当时,解放全中国的任务还没有完成;国民党从大陆撤退时遗留下的100余万军队、200多万土匪及60多万特务分子还有待肃清;在广大城乡,反动会道门和传统黑恶势力还危害着人民的生命财产安全;在广大的新解放区尚未完成土地改革。

第二,能不能战胜严重的经济困难,迅速恢复和发展国民经济。当时中国的经济不仅远远落后于欧美发达国家,就是与亚洲许多国家相比也有一定的差距。1949年,人均国民收入只有27美元,相当于亚洲国家平均值的2/3。新中国从旧中国接收过来的是一副烂摊子。许多工厂倒闭,大批工人失业,通货膨胀,物价飞涨,人民生活遇到极大的困难。同历史上的最高水平相比,1949年,工业总产值减少一半,粮食产量减少约1/4。

第三,能不能巩固民族独立,维护国家主权和安全。新中国的诞生,打破了帝国主义在东方划定的势力范围,这是以美国为首的西方资本主义阵营不愿意看到的。它们企图通过实行强硬的对华政策,即政治孤立、经济封锁、军事包围的政策,从根本上搞垮新中国。

第四,能不能经受住全国执政的新考验,继续保持优良传统和作风。中华人民共和国成立以后,中国共产党成为在全国范围内执掌政权的党,党的工作重心从农村转向城市,广大干部和党员面临执政的考验、接管城市的考验和生活环境变化的考验。

2. 巩固新政权的伟大斗争

中共中央和中央人民政府根据七届二中全会制定的各项基本方针,采取一系列措施,为巩固新生的人民共和国进行了卓有成效的斗争。

1) 完成民主革命的遗留任务

中国人民解放军经过一年的作战,截至 1950 年 10 月,歼灭国民党正规军 128 万余人,实现了除西藏、台湾和少数岛屿以外的全部中国领土的解放。1951 年,中央人民政府同西藏地方政府达成关于和平解放西藏办法的协议,西藏获得和平解放。在新解放区,人民解放军进行大规模的剿匪作战,歼灭土匪和武装特务 260 余万人,使旧中国历史上遗留下来而为广大人民深恶痛绝的匪患得到根绝。

随着人民解放军的胜利进军,各新解放地区迅即建立临时的过渡性政权——军事管制委员会,镇压反革命的破坏活动,接管国民党的一切公共机关,维护社会秩序,帮助各地召集各界人民代表会议,选举地方人民政府。到 1951 年 9 月底,全国的大行政区、省、直辖市、省辖市和县,以及直到基层的政权机构基本建立起来。各级行政机关的有效运转,使建国初期纷繁复杂的政府工作迅速打开局面。在人民政府的领导下,3 亿多无地少地的农民(包括老解放区农民在内)无偿获得了约 7 亿亩土地和大量生产资料,占绝大多数人口的农民群众获得了翻身解放。

2) 领导国民经济恢复

没收官僚资本,在企业内部开展民主改革和生产改革,确立起社会主义性质的国营经济在国民经济中的领导地位,使人民政权拥有了相当重要的经济基础。成功组织了同投机资本作斗争的"银元之战"和"米棉之战",实现了全国财政经济工作的统一管理和统一领导。到1950年3月,物价基本稳定,从而治愈了旧中国无法医治的顽症,结束了人民过了几十年的因物价飞涨而带来的痛苦生活,使国家和国营经济掌握了市场的主导权;初步建立起集中统一的国家财政管理体制,以利于统一调度全国的财力、物力,集中力量办好大事。到1952年底,国民经济得到全面恢复和初步发展。当年工农业总产值超过1936年(国民党统治时期最高水平)20%,工农业主要产品的年产量均超过国民党统治时期最高水平。同1949年相比,全国职工工资平均提高70%,农民收入增长30%以上。

3) 教育科学文化卫生事业除旧布新

随着国民经济恢复和经济建设的开展,其他各方面的建设都有相应的发展。在宣传思想工作方面,党和政府掌握舆论工具,确立马克思主义在全国的指导地位。1951年至1953年出版了《毛泽东选集》第一、二、三卷(第四卷于1960年出版)。1955年开始翻译出版《列宁全集》,1956年开始翻译出版《马克思恩格斯全集》。在教育的改革与发展方面,党和政府有步骤地对旧有教育文化事业进行改革,确定了"教育必须为生产建设服务,为工农服务,学校向工农开门"①的教育方针。在科学技术工作方面,形成了比较完整的科研体系。在医疗卫生工作方面,提出卫生工作要"面向工农兵""预防为主"和"团结中西医"的方针,在全国开展大规模的爱国卫生运动,使城乡落后的卫生面貌大为改观。

4) 巩固民族独立,维护国家主权和安全

正当中国人民全面落实七届三中全会的部署,为争取财政经济状况全面好转而斗争的时候,1950年6月,朝鲜战争爆发,美国随即打着联合国旗号武装干涉朝鲜并派遣第七舰队入侵台湾海峡。侵朝美军不顾中国政府的多次警告,越过三八线,直逼中朝边境的鸭绿江和图们江,出动飞机轰炸中国东北边境的城市和乡村,新中国面临着外部侵略的严重威胁。

在这个危急关头,应朝鲜党和政府的请求,中共中央和中央人民政府决定

---

① 《中华人民共和国简史》编写组:《中华人民共和国简史》,人民出版社、当代中国出版社2021年版,第45页。

抗美援朝、保家卫国。在异常残酷的战争中,志愿军指战员发扬祖国和人民利益高于一切、为了祖国和民族的尊严而奋不顾身的爱国主义精神,英勇顽强、舍生忘死的革命英雄主义精神,不畏艰难困苦、始终保持高昂士气的革命乐观主义精神,为完成祖国和人民赋予的使命、慷慨奉献自己一切的革命忠诚精神,以及为了人类和平与正义事业而奋斗的国际主义精神,创造了伟大的抗美援朝精神。三年来,志愿军中涌现出杨根思、黄继光、邱少云等30多万英雄功臣。

美国在战场上没有得到的东西,在谈判桌上也没有得到。它遭到的空前的严重失败,使它不得不于1953年7月27日在停战协定上签字。抗美援朝战争的胜利,粉碎了帝国主义扩大侵略的野心,维护了亚洲和世界和平,使中国的国际威望空前提高,包括美、苏在内的世界各国都感到必须重新估计中国在世界上的分量。帝国主义从此不敢轻易欺侮和侵犯中国,为我国新民主主义改革和建设赢得了一个相对稳定的和平环境。

5)加强中国共产党的自身建设

新中国成立后,中国共产党高度重视执政条件下党组织自身的建设。1949年11月,中共中央作出《关于在中央人民政府内组织中国共产党党委会的决定》和《关于在中央人民政府内建立中国共产党党组的决定》。同日,中共中央决定成立中央及各级党的纪律检查委员会,朱德兼任中央纪律检查委员会书记。1950年和1951年全党范围内开展整风、整党运动,批判居功自傲等错误思想,进行共产党员必备的八项条件教育,在此基础上发展了一批新党员。1951年底到1952年,开展了反贪污、反浪费、反官僚主义的"三反"运动,处决了大贪污犯刘青山、张子善。"三反"运动中发现,党政机关内部的贪污行为往往是与不法商人勾结而来的。1952年上半年,开展了反对行贿、反对偷税漏税、反对盗窃国家财产、反对偷工减料、反对盗窃经济情报的"五反"运动。1954年2月,党的七届四中全会通过《关于增强党的团结的决议》。1955年3月,党的全国代表会议决定成立党的中央和地方各级监察委员会,选举产生了中央监察委员会。这些举措对于长期执政下继续保持共产党人的革命精神和优良作风,密切党同人民群众的联系、增强党的团结,起到了重要的作用。

(二) 从新民主主义向社会主义过渡的开始

1. 新民主主义社会的性质

1) 新民主主义社会的建立

中国的新民主主义社会经历了两个发展阶段。新中国成立以前,新民主主义社会是在局部地区建立起来的,这就是当时的各个解放区。在这里,半殖民地半封建的社会制度被废除,但民主革命的任务尚未完成,这时的新民主主义社会还不具备向社会主义过渡的条件。1949年中华人民共和国的成立,标志着新民主主义革命阶段的基本结束和社会主义革命阶段的开始,即进入由新民主主义到社会主义的过渡时期。这时的新民主主义社会,就已经是一个"属于社会主义体系的和逐步过渡到社会主义社会去的过渡性质的社会"①了。

2) 中共中央对新民主主义社会的分析

对于新民主主义革命胜利后所建立起来的新民主主义社会的性质,1948年9月召开的中共中央政治局会议做过分析。毛泽东指出,把我们社会的经济称作"新资本主义""是不妥当的,因为它没有说明在我们社会经济中起决定作用的东西是国营经济、公营经济,这个国家是无产阶级领导的,所以这些经济都是社会主义性质的"。我们的经济的名字还是叫"新民主主义经济"好。而新民主主义经济,就是"社会主义经济领导之下的经济体系"。② 刘少奇提出,民主革命胜利以后产生的新社会的主要矛盾,是"无产阶级与资产阶级的这种斗争,是社会主义与资本主义的两条路线的斗争"。③ 毛泽东赞同刘少奇的这个观点,并且说,"我们要努力发展经济,由发展新民主主义经济过渡到社会主义"。④

1949年3月,中共七届二中全会决议分析了新民主主义社会的经济状况和基本矛盾,论述了从农业国转变为工业国、新民主主义社会转变为社会主义社会的任务及其主要途径。

---

① 中央档案馆、中共中央文献研究室编:《中共中央文件选集(一九四九年十月～一九六五年五月)》(第14册),人民出版社2013年版,第496页。
② 《毛泽东文集》(第五卷),人民出版社1996年版,第139、141页。
③ 《刘少奇年谱》(下册),中央文献出版社1996年版,第161—162页。
④ 《毛泽东文集》(第五卷),人民出版社1996年版,第146页。

2. 开始向社会主义过渡

(1) 开始采取向社会主义过渡的实际步骤

新中国成立后的最初三年,在着重完成民主革命的遗留任务的同时,社会主义革命的任务实际上也开始实行了。这主要表现在以下三个方面:

没收官僚资本,确立社会主义性质的国营经济的领导地位。到1950年初,人民政府共接管官僚资本的工矿企业2 800余家,金融企业2 400余家,这些企业成为新中国成立初期国营经济的主要组成部分。

没收官僚资本,具有两重性质:从反对外国帝国主义的附庸(中国的买办资产阶级)的意义上看,它具有民主革命的性质;从反对大资产阶级意义上看,它又具有社会主义革命的性质。通过没收官僚资本,并在企业内部进行民主改革和生产改革,中国资本主义经济的主体部分被改造为社会主义性质的国营经济了,中国的大资产阶级被消灭了。社会主义性质的国营经济确立了自己在国民经济中的领导地位,这就为全面进行社会主义改造奠定了重要的物质基础。

开始将资本主义纳入国家资本主义轨道。新中国在利用资本主义工商业的过程中,已经开始对它进行适当的限制,并把其中的大部分引上了初级形式的国家资本主义的道路。1952年,私营工业产值的56%,已属于加工、订货、统购、包销部分。私营经济中不利于国计民生的部分被削弱以至淘汰。私营经济在数量上是明显上升的,但在国民经济中的比重却下降了。

引导个体农民在土地改革后逐步走上互助合作的道路。1952年,全国已有40%的农户参加了互助组,少数农户还参加了半社会主义或社会主义性质的农业生产合作社。

2) 对新民主主义社会过渡性认识的深入

以上事实表明,新民主主义社会不是一个凝固不变的、独立的社会形态。它本身具有过渡性,它是处在很深刻的变动之中的。

1954年9月15日,刘少奇在《关于中华人民共和国宪法草案的报告》中,对新民主主义社会的过渡性再次作出深入的论证。他说:"我国正处在建设社会主义社会的过渡时期。在我国,这个时期也叫做新民主主义时期,这个时期在经济上的特点,就是既有社会主义,又有资本主义。"①

(三) 社会主义道路: 历史和人民的选择

1. 工业化的任务和发展道路

1) 提出国家工业化的任务

进行经济建设,首先要把中国从一个落后的农业国变为一个先进的工业国,实现国家的工业化。

1952年国民经济恢复工作完成时,中国工业发展的水平仍然是很低的。现代工业在工农业总产值中的比重只有26.6%,重工业在工业总产值中的比重只有35.5%。苏联在第一个五年计划开始前的1928年,这两个比重已经分别达到45.2%和39.5%。发展工业,改变中国作为农业国的贫穷落后的面貌,这是全国人民的共同要求,是摆在党和人民政府面前的严重任务。毛泽东指出:"现在我们能造什么? 能造桌子椅子,能造茶碗茶壶,能种粮食,还能磨成面粉,还能造纸,但是,一辆汽车,一架飞机,一辆坦克,一辆拖拉机都不能造。"②

从1953年开始的发展国民经济的第一个五年计划,把优先发展重工业作为建设的中心环节,特别是大力发展钢铁、煤、电力、石油、机器制造、飞机、坦克、拖拉机、船舶、车辆制造、国防工业、有色金属和基本化学工业。中国近代以来无数仁人志士梦寐以求的工业化建设从此大规模地开展起来。

2) 选择社会主义工业化的道路

怎样才能发展经济,实现国家的工业化? 从世界历史上看,主要有两条道路:一条是资本主义工业化的道路,这是欧洲各国、美国和日本走过的,而且走通了;一条是社会主义工业化的道路,这是苏联走过的,而且也走通了。十月革命前,俄国是欧洲的一个比较落后的国家,由于实现了社会主义的工业化,苏联成了欧洲的第一强国、世界上最强大的两个国家之一。由于社会主义制度具有集中力量办大事、促进社会生产力迅速发展的优越性,对于中国这样

---

① 《刘少奇选集》(下卷),人民出版社1985年版,第143页。
② 《毛泽东文集》(第六卷),人民出版社1999年版,第329页。

一个经济文化落后的国家来说,通过社会主义道路实现国家工业化,这是最好的选择。

2. 过渡时期总路线反映了历史的必然性

1) 过渡时期总路线的提出

在七届二中全会报告中提出要使中国稳步地由农业国转变为工业国。新中国成立前夕,毛泽东在中共七届二中全会上的报告中明确指出,应当"在革命胜利以后,迅速地恢复和发展生产,对付国外的帝国主义,使中国稳步地由农业国转变为工业国,把中国建设成一个伟大的社会主义国家"。①

新中国成立初期设想要经过一段相当长的时间过渡到社会主义。新中国成立之初,中共中央领导人根据当时的具体情况,决定在民主革命遗留任务彻底完成、国民经济基本恢复之前,先不急于明确提出向社会主义过渡的任务。至于中国到底什么时候过渡到社会主义,当时的设想大致是:经过一段相当长的时间(估计至少要10年,多则15年或20年),工业发展了,国营经济壮大了,就可以采取"严重的社会主义的步骤",一举实行资本主义工商业的国有化和个体农业的集体化。

国民经济恢复任务完成后提出"从现在逐步过渡到社会主义去"。随着实践的发展和经验的积累,对于如何向社会主义过渡的步骤,中共中央的认识发生了变化。1952年9月24日,毛泽东在中共中央书记处会议上提出,我们要在"十到十五年,基本上完成社会主义,不是十年以后才过渡到社会主义"。②刘少奇、周恩来等也都论述过"从现在逐步过渡到社会主义去"的设想。这种认识上的改变,主要有两方面的原因:

其一,随着民主革命遗留任务的彻底完成,国内的阶级关系和主要矛盾发生了深刻的变化。1952年6月,在"三反""五反"运动行将结束、全国范围内土地改革基本完成之际,毛泽东即指出:"在打倒地主阶级和官僚资产阶级以后,中国内部的主要矛盾即是工人阶级与民族资产阶级的矛盾,故不应再将民族

---

① 《毛泽东选集》(第四卷),人民出版社1991年版,第1437页。
② 沙健孙主编:《中国共产党与新中国的创建(1945—1949)》(下),中央文献出版社2009年版,第665页。

资产阶级称为中间阶级。"①这说明,明确提出向社会主义过渡的任务已经成为必要的了。

其二,随着国民经济的恢复和初步发展,中国社会的经济成分(即生产关系)发生了重要变化。这集中地表现在公私比例的变化上。以工业为例,1949年到1952年,国营经济从34.2%上升到56%,私营经济从62.7%下降到34%。这种变化,用周恩来的话说,就是"社会主义成分的比重一天一天增加,国营经济的领导地位一天一天加强"。② 这说明,中国向社会主义过渡在实际上已经开始了。

1953年正式提出党在过渡时期的总路线。正是从以上两个方面变化了的实际情况出发,中共中央在1952年底开始酝酿,并于1953年正式提出党在过渡时期的总路线,明确规定:"党在这个过渡时期的总路线和总任务,是要在一个相当长的时期内,逐步实现国家的社会主义工业化,并逐步实现国家对农业、对手工业和对资本主义工商业的社会主义改造。"③当时,对这条总路线的内容有过一种通俗的解释:"好比一只鸟,它要有一个主体,这就是发展社会主义工业;它又要有一双翅膀,这就是对农业、手工业和私营工商业的社会主义改造。"④

2) 实行社会主义改造的国内外条件

第一,社会主义性质的国营经济力量相对强大,是实现国家工业化的主要基础。国家的社会主义工业化,是国家独立和富强的当然要求和必要条件。发展工业,一方面是要充分利用原有的工业,另一方面是要建设新的工业。随着没收官僚资本工作的完成和工业建设的初步开展,中国已经有了比较强大的社会主义性质的国营经济。与私营工业相比,国营工业规模大,技术设备先进,不仅有轻工业,而且有重工业。在劳动生产率等方面,国营企业也优于私营企业。

第二,资本主义经济力量弱小,发展困难,不可能成为中国工业起飞的基

---

① 《毛泽东文集》(第六卷),人民出版社1999年版,第231页。
② 《周恩来选集》(下卷),人民出版社1984年版,第107页。
③ 中共中央文献研究室编:《建国以来重要文献选编》(第4册),中央文献出版社1993年版,第548页。
④ 中共中央文献研究室编:《建国以来重要文献选编》(第5册),中央文献出版社1993年版,第2页。

础。它对国家和国营经济有很大的依赖性,不可避免地要向国家资本主义的方向发展。在帝国主义对华封锁的情况下,民族资本由于向外发展的渠道被阻断,就更加重了它对国家和国营经济的这种依赖性。1950年以后,在对资本主义工商业进行调整的过程中,加工订货、经销代销、统购包销、公私合营等形式的国家资本主义有了相当程度的发展。这就为对资本主义工商业进行社会主义改造积累了初步的经验。

第三,对个体农业进行改造,是保证工业发展、实现国家工业化的必要条件。土地改革以后,农业生产摆脱了封建生产关系的束缚,一个时期有过相当大的发展;但是,由于实行在土地私有基础上的个体经营,这种发展又受到很大的限制。许多农户不仅无力进行扩大再生产,就连简单再生产也难以维持。事实上,在土改以后,许多地区的农民从发展生产的需要出发,已经在探索组织起来的各种途径,开始有了实行互助合作的实践。这也为对个体农业进行社会主义改造积累了初步的经验。

第四,当时的国际环境也促使中国选择社会主义。新中国成立以后,长期受到美国等西方资本主义国家经济上、外交上和军事上的严密封锁和遏制。中国不但不可能从资本主义大国得到什么援助,而且连进行普通的贸易和交往都很困难。当时只有社会主义国家和第二次世界大战后为独立而斗争的国家同情中国。只有苏联能够援助中国。这种国际环境,也是中国选择社会主义的基本因素之一。

(四) 有中国特点的向社会主义过渡的道路

1. 社会主义工业化与社会主义改造同时并举

中国共产党在过渡时期的总路线,一方面要求把实现社会主义工业化作为全党、全国人民面前的基本任务,另一方面又要求通过对农业、手工业和资本主义工商业的社会主义改造来促进生产力的发展,以利于社会主义工业化的实现。这两个任务是互相关联而不可分离的。

1) 编制发展国民经济的第一个五年计划

编制发展国民经济的第一个五年计划的工作,在1951年就在着手进行。1952年12月,中共中央发出《关于编制1953年计划及长期计划纲要的指示》。1953年4月,中央批准下达1953年计划提要。"一五"计划的编制,历时四年,五易其稿,到1954年9月基本确定下来,在1955年7月召开的一届全国人大二次会议通过。

从当时中国的实际出发,计划规定:集中主要力量发展重工业,建立国家工业化和国防现代化的初步基础;相应地发展交通运输业、轻工业、农业和商业;相应地培养建设人才;保证在发展生产的基础上逐步提高人民的物质生活和文化生活的水平。计划规定,五年内国家用于建设的投资总额为766.4亿元,折合黄金7亿两。这在中国历史上是空前的。没有全国财政经济工作的统一,不发挥社会主义可以集中力量办大事的优越性,经济落后的中国在当时进行这样巨额的投资是不可想象的。

2) 社会主义改造围绕社会主义工业化建设的任务进行

在社会主义改造过程中,党和政府采取的实际步骤总是力求与经济发展的要求相适应,以便促进生产力的发展,而不允许对生产力造成破坏。正因为如此,社会主义改造这样一场极其深刻的社会变革,不仅没有引起激烈的社会动荡和经济破坏,而且使生产逐年增加。它成了社会主义建设的直接的推动力量。第一个五年计划规定的到1957年应达到的指标,在1956年底就提前达到了。

2. 农业合作化运动的发展

1) 农业合作化任务的提出

土地改革后,一方面农村的生产迅速发展了,农民的生活也有了明显的改善;另一方面许多农民尤其是贫农、下中农由于缺少农具、耕畜和资金,生产经营上的困难仍然比较大,而且由于小农经济的不稳定性,农村中的贫富分化也开始了。针对这种情况,党和人民政府决定,不待农民在土改中激发出来的政治热情冷却,不待农村发生剧烈的贫富两极分化,就采取积极领导的方针,教育、推动和帮助农民走互助合作的道路。这样,在土改后,互助组很快就在农村中相当普遍地发展起来。

1951年12月,中共中央下发了《关于农业生产互助合作的决议(草案)》。草案指出,中国农民在土改基础上所发扬起来的生产积极性,集中地表现在两种积极性上,即个体经济的积极性和劳动互助的积极性。

2) 农业合作化的基本方针

中共中央在1953年12月通过的《关于发展农业生产合作社的决议》总结互助合作运动的经验,概括提出引导农民走向社会主义的几种过渡性经济组织形式。第一是互助组,这具有社会主义的萌芽。第二是初级农业生产合作社,在土地及牲畜、大农具私有的基础上土地入股、统一经营,有较多的公共财产,实行土地分红和按劳分配相结合的原则。这具有半社会主义的性质。第三是高级农业生产合作社,将土地及其他主要生产资料归集体所有,统一经营、集体劳动,实行各尽所能、按劳分配的原则。这具有社会主义的性质。采取这种逐步过渡的办法,是中国农业合作化运动中的一项重要的创造。

实践证明,中国共产党对农业合作化运动的指导方针是正确的,由此开创了一条有中国特点的农业合作化道路。其基本原则和方针有以下几点。

第一,在中国的条件下,可以走先合作化、后机械化的道路。在土地改革基本完成后,及时将"组织起来"作为农村工作的一件大事来抓。

第二,充分利用和发挥土改后农民的两种生产积极性,通过互助组、初级农业生产合作社、高级农业生产合作社这种由低到高的互助合作的组织形式,实行积极发展、稳步前进、逐步过渡的方针。

第三,农业互助合作的发展,要坚持自愿和互利的原则,采取典型示范、逐步推广的方法,发展一批,巩固一批。

第四,要始终把是否增产作为衡量合作社是否办好的标准。

第五,要把社会改造同技术改造相结合。在实现农业合作化以后,国家应努力用先进的技术和装备发展农业经济。

3) 农业合作化的发展和基本完成

在党的上述方针的指引下,农村的互助合作积极、稳步地向前推进。到1954年底,互助组从1951年底的400多万个发展到近1 000万个;初级社从1951年底的300多个增加到1953年的1.4万个,1954年秋为10万个,1954年底猛增到48万个。

1955年夏季,由于对农业合作化形势的看法不同,在中国共产党内部引发了关于农业合作化发展速度问题的一场争论。

1955年夏季以后,农业合作化运动加速发展,出现了农业合作化高潮。到1956年底,农业合作化基本完成。加入合作社的农户占全国农户总数的96.3%,其中参加高级社的农户达到87.8%。

对个体农业的社会主义改造,由于要求过急,工作过粗,改变过快,形式也过于简单划一,以致在长期间遗留了一些问题。尽管如此,农业合作化在总体上是成功的。在农业合作化运动期间,从1953年到1956年,农业生产力不断发展,全国农业总产值平均每年递增4.8%。农民安居乐业,生产有所发展,生活有所改善。中国农村在发展稳定的气氛中完成了从几千年的分散个体劳动向集体所有、集体经营的历史性转变。这是中国历史上一次伟大的社会变革、社会进步。

4) 手工业合作化的实现

在推进手工业合作化的过程中,中国共产党采取的是积极领导、稳步前进的方针。手工业合作化的组织形式,是由手工业生产合作小组、手工业供销合作社到手工业生产合作社,步骤是从供销入手,由小到大,由低到高,逐步实行社会主义改造和生产改造。农业合作化的迅猛发展,也极大地加快了手工业合作化的步伐。1955年底,党和国家提出要在两年内基本完成手工业合作化。实际上,由于改变了过去按行业分期、分批、分片改造的办法,而采取手工业全行业一起合作化的办法,到1956年底,参加合作社的手工业人员已占全体手工业人员的91.7%。手工业的合作化也基本完成了。

3. 对资本主义工商业赎买政策的实施

1) 经过国家资本主义走向社会主义

在农业合作化运动迅速发展的同时,对资本主义工商业的改造也开始推进。

一是对民族资产阶级实行赎买政策。

民族资产阶级在社会主义时期仍然具有两面性。他们既有剥削工人取得利润的一面,又有拥护宪法、愿意接受社会主义改造的一面。

对资本主义工商企业进行社会主义改造,就是要把民族资本主义工商业改造成为社会主义性质的企业,并对民族资产阶级实行赎买政策。采取这样的政策,既可以在一定时期利用资本主义工商业的积极作用(如增加产品供应、扩大商品流通、维持工人就业、为国家提供税收等），又有利于争取民族资产阶级及其知识分子，并减少他们接受社会主义改造的阻力。

二是采用国家资本主义经济的各种形式。

国家资本主义经济是在人民政府管理之下的，用各种形式和国营社会主义经济联系着的，并受工人监督的资本主义经济。它有初级形式和高级形式的区别。初级形式的国家资本主义企业仍由资本家经营，它同国营社会主义经济通过订立合同等办法，在企业外部建立这样那样的联系。其形式，在工业中有收购、加工、订货、统购、包销；商业中有经销、代销、代购代销、公私联营等。高级形式的国家资本主义就是公私合营。实行公私合营以后，原来的资本主义企业同社会主义经济的联系已经不仅限于流通领域，而是深入到了企业内部，深入到了生产领域。社会主义经济在企业中已经具有决定意义的作用了。

新中国成立初期，着重发展的是加工订货、经销代销等初级形式的国家资本主义。1954年1月，中央人民政府财政经济委员会提出《关于有步骤地将有十个工人以上的资本主义工业基本上改造成为公私合营企业的意见》，高级形式的国家资本主义进一步发展起来。开始时，主要是个别企业的公私合营。在这种合营企业中，公方代表已经居于领导地位。企业利润采取"四马分肥"的办法，即分为国家所得税、企业公积金、工人福利费、股金红利四个部分。企业收益大部分归国家和工人，资本家所得不足四分之一。这种企业已经具有不同程度的社会主义性质。

1955年，合营工业的产值占到全部私营工业产值（包括已合营的在内）的49.6%。这一年，北京、上海、天津的一些行业先后实行全行业公私合营。这时，国家对资本家原有的生产资料进行清理估价，以核实私股股额；在合营期间，每年发给资本家5%的股息，这就叫定股定息。全行业公私合营以后，这些企业基本上已经是社会主义性质的经济，除资本家领取定息外，同国营企业已经没有原则的区别。1956年1月，北京市首先在全市范围内完成全行业公私合营。到这年年底，全国私营工业户的99%、私营商业户的82.2%，都走上了全行业公私合营的道路。

2）和平赎买政策的实现

一是对资本家采取和平赎买的政策。通过国家资本主义来改造资本主义工商业,意味着国家对资本家采取和平赎买的政策。中共中央在《关于资本主义工商业改造问题的决议》中指出:"我们对于资产阶级,第一是用赎买和国家资本主义的方法,有偿地而不是无偿地,逐步地而不是突然地改变资产阶级的所有制;第二是在改造他们的同时,给予他们以必要的工作安排;第三是不剥夺资产阶级的选举权,并且对于他们中间积极拥护社会主义改造而在这个改造事业中有所贡献的代表人物给以恰当的政治安排。在资产阶级没有别的出路的条件下,这是他们能够接受的方案。"①

二是实现了马克思、恩格斯的设想。对资产阶级实行赎买,这是马克思、恩格斯提出的设想。十月革命后,列宁打算在俄国对"文明的资本家"采取这种做法,但俄国资产阶级不接受。中国共产党把这种设想付诸实施并取得成功,资产阶级中的绝大多数人公开表示接受这样的方案。按照1956年全行业公私合营时核定的资本家所有的资产,总数为24.2亿元人民币。在赎买政策的实施过程中,资本家先后共获得人民币32.5亿元,超过了其原来所有的资产总额。资本家的所得包括:1949年至1955年的利润13亿元,1955年至1968年的定息11亿元,高薪8.5亿元。

三是使原工商业者提高了觉悟。在实行全行业公私合营时,国家为资本家安排了工作,许多人担负了一定的领导职务。这既有利于发挥他们在经营管理方面的特长,又可以为使他们成为自食其力的劳动者创造条件。国家还安排他们进行学习和组织他们到各地参观访问,帮助他们了解国内外形势,更好地掌握自己的命运。许多原工商业者提高了觉悟,拥护共产党的领导和社会主义制度,为国家建设事业做出了贡献。

邓小平说:"我国资本主义工商业社会主义改造的胜利完成,是我国和世界社会主义历史上最光辉的胜利之一。这个胜利的取得,是由于中国共产党领导全体工人阶级执行了毛泽东同志根据我国情况制定的马克思主义政策,同时,资本家阶级中的进步分子和大多数人在接受改造方面也起了有益的配合作用。"②

---

① 中共中央文献研究室编:《建国以来重要文献选编》(第8册),中央文献出版社1994年版,第154页。
②《邓小平文选》(第二卷),人民出版社1994年版,第186页。

(五) 社会主义基本制度在中国的全面确立

1. 社会主义改造的基本完成

到1956年,随着社会主义改造的基本完成,社会主义的基本经济制度在中国全面地建立起来了。这是中国进入社会主义社会的最主要的标志。这表明,中国已经胜利地完成了从新民主主义到社会主义的过渡。

社会主义改造是在生产关系方面由私有制到公有制的一场伟大的变革,它对生产力的发展直接起到了促进作用。

社会主义改造的胜利,为中国全面进行社会主义建设奠定了基础,开辟了道路。农业和手工业由个体所有制变为社会主义的集体所有制,私营工商业由资本主义所有制变为社会主义所有制,这就使社会生产力从旧的生产关系的束缚中解放出来,为在社会主义条件下取得比资本主义更快更好的现代化发展速度铺平了道路。

2. 在社会主义条件下推进工业化、现代化

社会主义革命的目的是解放生产力。在社会主义改造基本完成后,中国人民面临的主要任务,就是进一步推进工业化、现代化建设,为实现国家的繁荣富强和人民的共同富裕而奋斗。而社会主义制度的全面确立,正是为推进中国的工业化、现代化事业,为中国以后一切的进步和发展,奠定了基础。

中国是在没有实现工业化的情况下进入社会主义的。一方面,正如邓小平所说,"当时中国有了先进的无产阶级的政党,有了初步的资本主义经济,加上国际条件,所以在一个很不发达的中国能搞社会主义。这和列宁讲的反对庸俗的生产力论一样"。[①] 另一方面,由于经济文化比较落后,正如党后来指出的,中国的社会主义还只能是初级阶段的社会主义,或者说只能是社会主义的初级阶段。不经过生产力的巨大发展,是不可能越过这个阶段的。

(六) 社会主义建设的良好开端

1. 全面建设社会主义的开始

社会主义基本制度在中国初步建立起来,但是中国的生产力发展水平还

[①] 中共中央文献研究室编:《邓小平思想年编:1975~1997》,中央文献出版社1998年版,第47页。

很落后。中国社会主义的政治、经济、文化应该怎样建设和发展？这是党面临的全新课题。

在新中国成立初期，因为没有经验，在经济建设上只得学习甚至照搬苏联的做法。经过执行"一五"计划的实践，中国共产党和人民政府已经积累了进行建设的初步经验。1956年2月召开的苏共二十大，进一步暴露了苏联在社会主义建设中存在的缺点和错误。在这种情况下，中国共产党人决心以苏为鉴，探索一条适合中国情况的社会主义建设道路。

2. 早期探索积极进展

1956年4月初，毛泽东明确提出："最重要的是要独立思考，把马列主义的基本原理同中国革命和建设的具体实际相结合。民主革命时期，我们吃了大亏之后才成功地实现了这种结合，取得了新民主主义革命的胜利。现在是社会主义革命和建设时期，我们要进行第二次结合，找出在中国怎样建设社会主义的道路。"① 从1956年初开始，以毛泽东为代表的共产党人，对中国的社会主义建设道路进行了积极的探索，并取得了重要成果。

1)《论十大关系》的提出

为准备召开中共八大和迎接大规模经济建设，从1955年底到1956年春，毛泽东等中央领导人进行了大量周密而系统的调查研究。1956年2月至4月，毛泽东先后听取了国务院工业、农业、运输业、商业、财政、计划等35个部委的工作汇报。这是新中国成立以来中共中央领导集体开展的一次广泛而深入的对经济工作的调查研究。在此基础上，毛泽东逐渐形成《论十大关系》的基本思路。4月25日，他在中央政治局扩大会议上作《论十大关系》的讲话，5月2日又向最高国务会议作了报告。

《论十大关系》前五条主要讨论经济问题，包括重工业和轻工业、农业的关系，沿海工业和内地工业的关系，讲国家、生产单位和生产者个人的关系，中央和地方的关系等，从经济工作的各个方面来调动各种积极因素。经济建设和国防建设的关系后五条主要讨论政治关系，讲汉族和少数民族的关系、党和非

---

① 中共中央文献研究室编：《毛泽东年谱（一九四九——一九七六）》（第二卷），中央文献出版社2013年版，第557页。

党的关系、革命和反革命的关系、是非关系、中国和外国的关系。

《论十大关系》是以毛泽东为主要代表的中国共产党人开始探索中国自己的社会主义建设道路的标志,它在新的历史条件下从经济方面和政治方面提出了新的指导方针,为中共八大的召开作了理论准备。

2) 中共八大路线的制定

1956年9月15日至27日,中国共产党第八次全国代表大会在北京举行。毛泽东致开幕词,刘少奇作政治报告,周恩来作关于发展国民经济第二个五年计划建议的报告,邓小平作关于修改党章的报告。

八大正确分析了国内形势和主要矛盾的变化,明确提出新形势下党和人民的主要任务,大会宣布:社会主义制度在我国已经基本上建立起来,国内主要矛盾已经是人民对于经济文化迅速发展的需要同当前经济文化不能满足人民需要的状况之间的矛盾;全国人民的主要任务是集中力量发展社会生产力,实现国家工业化,逐步满足人民日益增长的物质和文化需要;还有阶级斗争,还要加强人民民主专政,但根本任务已经是在新的生产关系下面保护和发展生产力。

八大坚持党中央提出的既反保守又反冒进,即在综合平衡中稳步前进的经济建设方针。大会肯定"三个主体,三个补充"思想,即以国家经营和集体经营、计划生产、国家市场三者为主体,而以个体经营、自由生产、自由市场三者作为补充。这是在理论上突破苏联计划经济模式,探索经济体制改革的重要尝试。大会提出在三个五年计划或者再多一点的时间内,在我国建成一个基本完整的工业体系的战略设想,为全国人民描绘了社会主义发展的宏伟蓝图。在政治建设上,提出要扩大社会主义民主、健全社会主义法制,使党和政府的活动做到"有法可依"和"有法必依"。

八大通过的新党章是中国共产党在全国执政以后制定的第一部党章。新党章根据执政党的特点,提出了全面开展社会主义建设的任务,对贯彻党的民主集中制的根本原则作出了许多新规定,在党员义务方面增加"维护党的团结,巩固党的统一""对党忠诚老实"等内容。

中共八大的路线是正确的,提出的许多新方针和新设想是富于创造精神的。这次会议对中国建设社会主义道路的探索,站在比较高的历史起点上,取得了初步成果,对于党和国家事业发展具有长远的重要意义。

3)《关于正确处理人民内部矛盾的问题》的发表

苏共二十大以后,国际产主义运动出现大的波折。我国由于社会主义改造的迅速完成,加上经济建设中出现冒进的影响未能完全消除,领导工作中还存在官僚主义等问题,一些地方出现少数群众闹事等不稳定情况。面对这些复杂的新情况,中共中央和毛泽东深入思考社会主义社会的矛盾,提出了关于正确处理人民内部矛盾的理论。1957年2月,毛泽东在最高国务会议上发表《如何处理人民内部的矛盾》(后改为《关于正确处理人民内部矛盾的问题》)的讲话。

他指出:矛盾是普遍存在的,社会主义社会也充满着矛盾,正是这些矛盾推动着社会主义社会不断地向前发展。社会主义社会的基本矛盾仍然是生产力和生产关系、经济基础和上层建筑之间的矛盾,这些矛盾可以经过社会主义制度本身的自我调整和完善,不断得到解决。这一论断科学揭示了社会主义社会发展的动力,也为后来的社会主义改革奠定了理论基础。毛泽东还指出:社会主义社会存在着敌我矛盾和人民内部矛盾两类性质根本不同的矛盾。前者需要用强制的、专政的方法去解决,后者只能用民主的、说服教育的、"团结—批评—团结"的方法去解决。①

《关于正确处理人民内部矛盾的问题》在马克思主义发展史上具有开创性意义。毛泽东深入研究社会主义社会的矛盾问题,形成一套系统的关于社会主义社会矛盾的学说,丰富和发展了科学社会主义理论,对党和社会主义建设事业具有长远的指导意义。

4)整风运动和反右派斗争

1957年4月27日,中共中央下发《关于整风运动的指示》,决定在全党进行一次反对官僚主义、宗派主义和主观主义的整风运动。根据设想,这次整风应当是一次既严肃认真又和风细雨的思想教育运动,是一次认真开展批评和自我批评的自我教育运动,通过发动群众向党员和党的各级组织提意见,帮助党来纠正官僚主义等问题。这场运动采取开门整风的形式。各级党组织纷纷召开座谈会和小组会,听取党内外群众的意见,迅速在全社会

---

① 《毛泽东文集》(第七卷),人民出版社1999年版,第204—216页。

形成一个"鸣放"的高潮。毛泽东和中共中央真诚地希望通过这种方式,加强党外人士对共产党员特别是党员领导干部的批评、监督,进一步密切党同群众的联系。

在整风运动中人们提出的各种意见,绝大多数是诚恳的。然而,随着整风运动的开展,出现了许多复杂情况。极少数人乘机向党和新生的社会主义制度发动进攻:他们把中国共产党在国家政治生活中的领导地位攻击为"党天下",要求"轮流坐庄";把人民民主专政制度说成是产生官僚主义、宗派主义和主观主义的根源,这种异常现象引起中共中央的警觉。6月,中共中央要求组织力量反击右派分子进攻。对极少数右派分子的进攻实行坚决反击,对反对党的领导、反对社会主义道路的思潮进行批判,是完全必要的,也是正确的。但是,由于对阶级斗争的形势作了过于严重的估计,把大量人民内部矛盾当作敌我矛盾,把大量思想认识问题当作政治问题,反右派斗争被严重地扩大化了,留下了深刻的教训。

(七) 社会主义道路的艰辛探索和曲折发展

1. "大跃进"及初步纠"左"的努力

1) 大跃进和人民公社化运动的发动

"大跃进"运动从1957年底开始发动,1958年全面展开。它的推行,表明党力图在探索中国自己的建设社会主义的道路中打开一个新的局面。它能够发动起来,反映了曾长期遭受帝国主义列强欺凌的中国人民,站立起来之后求强求富的强烈渴望。从新中国成立到社会主义改造基本完成,短短几年内一连串接踵而至的胜利,使得人们相信中国富强的目标可能在一个较短的时间内实现。

1957年11月13日《人民日报》社论提出要在生产战线上来一个大的跃进,由此拉开"大跃进"的序幕。1958年5月,中共八大二次会议通过"鼓足干劲、力争上游、多快好省地建设社会主义"的社会主义建设总路线,反映了广大人民群众迫切要求改变国家经济文化落后状况的普遍愿望,但忽视了客观的经济规律。

1958年8月,中共中央作出《关于在农村建立人民公社问题的决议》,提出

"应该积极地运用人民公社的形式,摸索出一条过渡到共产主义的具体途径"。① 从这年夏季开始,只经过几个月时间,全国 74 万个农业生产合作社合并成为 2.6 万多个人民公社。"大跃进"初期建立的人民公社实行"政社合一"的体制,其基本特点被概括为"一大二公"。实际上,这是刮"一平二调"的"共产风",搞平均主义,无偿调拨生产队包括社员个人的财物和劳动力,严重损害了农民的生产积极性。

2) 初步纠正"左"倾错误的努力

1958 年 11 月,第一次郑州会议召开,毛泽东提出并要求纠正已经觉察到的"左"的错误,强调要区别集体所有制和全民所有制,划清社会主义和共产主义两个发展阶段,批评了废除货币、取消商品生产和交换的主张。经过八九个月的紧张努力,"共产"风、浮夸风、高指标和瞎指挥等"左"的错误得到初步遏制,形势开始向好的方面转变。这期间提出的一些正确理论观点和政策思想,也有长远的意义。但是,由于对错误的严重性还缺乏足够清醒的认识,纠"左"的努力,还局限在坚持"大跃进"和人民公社的"左"的指导思想的大框架内,因而形势并没有根本好转。

1959 年 7 月 2 日至 8 月 1 日在庐山召开中央政治局扩大会议。毛泽东提出,总的形势是成绩很大,问题不少,前途光明;根本问题是经济工作中的平衡问题。他要求大家在充分肯定成绩的前提下,认真总结经验教训;动员全党完成 1959 年的大跃进任务。7 月 14 日,政治局委员、国防部部长彭德怀给毛泽东写信陈述意见。他在肯定 1958 年成绩的基础上,着重指出大跃进以来工作中存在的一些严重问题及其原因。7 月 23 日,毛泽东在大会讲话中对彭德怀等人的不同意见进行了批驳,认为是右倾的表现。于是,会议主题由纠"左"变为反右。8 月 2 日至 16 日举行党的八届八中全会通过决议,认定彭、黄、张、周犯了"具有反党、反人民、反社会主义性质的右倾机会主义路线的错误"。随即在全党范围内展开大规模的"反右倾"斗争。

"反右倾"斗争造成严重后果,使党内从中央到基层的民主生活遭到严重

---

① 中共中央文献研究室编:《建国以来重要文献选编》(第 11 册),中央文献出版社 1995 年版,第 450 页。

损害,中断了纠正"左"的错误的进程,使错误延续了更长时间。

2. 国民经济调整和"四个现代化"战略目标的提出

1) 国民经济调整

国民经济出现的严重困难局面,给中国共产党以深刻的教训。中共中央和毛泽东决心认真进行调查研究,调整政策,纠正错误。1960年11月,中共中央发出《关于农村人民公社当前政策问题的紧急指示信》,着手解决当时最为突出的农业和农村问题。1961年1月,中共八届九中全会决定对国民经济实行"调整、巩固、充实、提高"的八字方针。以这两件事为标志,"大跃进"运动实际上已被停止,国民经济开始转入调整的新轨道。

1961年3月,毛泽东在广州主持起草《农村人民公社工作条例(草案)》(即"农业六十条"),确定以生产队为基本核算单位,要求认真贯彻按劳分配的原则,废除供给制,停办公共食堂。"农业六十条"的贯彻执行,对于克服严重存在的平均主义,调动农民的生产积极性,推动恢复和发展农业生产,起到了十分重要的作用。在此基础上,在刘少奇、周恩来、陈云、邓小平等的主持下,中共中央陆续制定出有关工业、商业、教育、科学、文艺等方面的工作条例草案,总结历史经验,继续纠正"左"的错误,推动国民经济转入1962年至1965年的三年调整时期。

2) "七千人大会"的召开

1962年1月11日至2月7日,党中央在北京召开扩大的工作会议("七千人大会")。刘少奇代表中央向大会提出的书面报告草稿,比较系统地初步总结了"大跃进"以来经济建设工作的基本经验教训。毛泽东1月30日在大会上发表讲话,中心是讲民主集中制,强调不论党内党外都要有充分的民主生活,并做了自我批评。邓小平、周恩来在大会上分别代表中央书记处和国务院做自我批评,并分别讲了恢复党的优良传统和克服目前困难的主要办法。

这次大会取得了在当时历史条件下所能取得的积极成果。会议对缺点错误的比较实事求是的态度,会议的民主精神和自我批评精神,给全党以鼓舞,使广大党员心情比较舒畅,在动员全党为战胜困难而团结奋斗方面起了积极作用。会后,国民经济和政治关系等方面的调整都有进一步的发展。

3)"四个现代化"战略目标的提出

当国民经济调整工作取得巨大成就的时候,党适时提出了新的奋斗目标。1964年底,周恩来在三届全国人大一次会议上郑重提出实现"四个现代化"的历史任务,即"在不太长的历史时期内,把我国建设成为一个具有现代农业、现代工业、现代国防和现代科学技术的社会主义强国,赶上和超过世界先进水平"。①中央还确定分两步走实现现代化的战略构想,即从第三个五年计划开始,第一步,经过二个五年计划时期,建立一个独立的比较完整的工业体系和国民经济体系;第二步,全面实现农业、工业、国防和科学技术的现代化,使中国经济走在世界前列,"四个现代化"从此成为党和全国各族人民的共同奋斗目标,成为凝聚和团结全国各族人民不懈奋斗的强大精神力量。

3. "文化大革命"内乱及其历史教训

1)"文化大革命"的发动

1966年,正当国民经济的调整基本完成,国家开始执行第三个五年计划的时候,意识形态领域的批判运动逐渐发展成矛头指向党的领导层的政治运动。一场长达十年、给党和人民造成严重灾难的"文化大革命"爆发了。

毛泽东发动这场"大革命"的出发点是防止资本主义复辟、维护党的纯洁性和寻求中国自己的建设社会主义的道路。但他对党和国家政治状况的错误估计这时已经发展到非常严重的程度,认为党中央出了修正主义,党和国家面临资本主义复辟的现实危险;过去几年的农村"四清"、城市"五反"和意识形态领域的批判,都不能解决问题,只有采取断然措施,公开地、全面地、由下而上地发动广大群众,才能揭露党和国家生活中的阴暗面,把所谓被"走资派篡夺了的权力"夺回来。这是在20世纪60年代中期发动"文化大革命"在思想上起主导作用的原因。

1966年5月,中共中央政治局扩大会议通过《中国共产党中央委员会通知》(简称"五一六通知"),指出:"混进党里、政府里、军队里和各种文化界的资产阶级代表人物,是一批反革命的修正主义分子,一旦时机成熟,他们就会要

---

① 《周恩来选集》(下卷),人民出版社1984年版,第479页。

夺取政权,由无产阶级专政变为资产阶级专政。"①8月,中共八届十一中全会通过《中国共产党中央委员会关于无产阶级文化大革命的决定》(简称"十六条"),提出"这次运动的重点,是整党内那些走资本主义道路的当权派"。② 这两次会议的召开,标志着"文化大革命"的全面发动。

2)"文化大革命"能够被发动的原因

"文化大革命"之所以能够发动,党内之所以能够接受发动"文化大革命"的观点,是有社会历史根源的。我们党是经过长期残酷的战争后迅速进入社会主义历史阶段的,对于如何在一个经济文化落后的国家建设社会主义,缺乏充分的思想准备和科学认识。过去革命战争时期积累下来的丰富的阶级斗争经验,使人们在观察和处理社会主义建设的许多新矛盾时容易去沿用和照搬,因而把在一定范围存在的阶级斗争仍然看作占主要地位的阶级斗争,并运用大规模群众性政治运动的方法来解决。战争时期在革命队伍里行之有效的近乎军事共产主义的生活经验,也容易用来作为规划理想社会的某种依据。对马列著作中某些论点的误解或教条化,使人们日益陷于阶级斗争扩大化的迷误之中。坚持这种迷误被认为是保卫马克思主义的神圣事业,对这种迷误持怀疑态度者则难以理直气壮地起来反对。这时,毛泽东在全党全军和全国人民中的威望达到高峰,党内个人专断和个人崇拜现象逐渐滋长。加上新中国成立以来党和国家政治生活民主化、法制化的进程没有能够顺利发展,权力过分集中于个人,这就使为人民尊重的领袖所犯的错误难以得到纠正,也使林彪、江青这些野心家能够受到信任而得势横行。

3)"文化大革命"时期各方面工作的艰难进展

"文化大革命"各历史时期是有区别的。这一时期,我国国民经济出现较大起伏,但在党和人民的共同努力下,各项工作在艰难中仍然取得重要进展。

"文化大革命"初期,动乱主要集中在文教部门和党政机关,大部分生产系统未被打乱,特别是五年调整给国民经济的发展打下较好的基础,所以1966

---

① 《中华人民共和国简史》编写组:《中华人民共和国简史》,人民出版社、当代中国出版社2021年版,第114页。
② 中共中央文献研究室编:《关于建国以来党的若干历史问题的决议注释本》,人民出版社1983年版,第392页。

年各项生产建设事业仍然取得比较好的成绩。1969年以后,随着国内局势稍趋安定,主持政府工作的周恩来等领导人抓住时机,着手恢复各主要工业部门和其他综合经济部门的工作,加强对经济的计划管理;1969年的国民经济扭转了前两年连续下降的局面而有所回升。1970年经济建设中,内地战略后方的建设(重点是国防工业建设)迅速全面铺开,地方"五小"工业(小钢铁、小机械、小化肥、小煤窑、小水泥)迅猛发展;到年底,当年经济指标以及"三五"计划主要指标大体完成。

1971年,我国开始执行第四个五年计划。由于忽视经济工作中存在的矛盾,继续追求高指标,经济建设的冒进之风有增无减少。1972年至1973年,根据周恩来的指示,国务院采取各种措施对国民经济进行调整。1973年下半年,经济形势明显好转,国民经济计划主要指标都完成或超额完成。1975年初,四届全国人大一次会议闭幕后,重申四个现代化目标:邓小平在毛泽东、周恩来支持下,全面主持中共中央和国务院的日常工作,大刀阔斧地进行整顿。根据毛泽东提出的要安定团结、把国民经济搞上去的指示,邓小平强调:工业、农业、商业、财贸、文教、科技、军队都要整顿,核心是党的整顿,关键是领导班子。经过全面整顿,形势明显好转。大部分地区社会秩序趋于稳定,国民经济迅速回升。1975年的工农业总产值和大多数产品产量指标按照"四五"计划基本完成。

4)"文化大革命"的结束

1976年1月8日,周恩来逝世。7月6日,朱德逝世。9月9日,毛泽东逝世。在不到九个月的时间里,党和国家的三位领导人相继逝世,全党全国人民陷入巨大的悲痛之中,也深深思虑着党和国家的前途命运。周恩来逝世后,"四人帮"发出种种禁令,竭力阻挠和诬蔑群众性的悼念活动,激起全国广大干部和群众的极大愤怒。自3月下旬起,各地群众冲破阻力,举行悼念周恩来的活动,锋芒直指"四人帮",这是全国人民反对"四人帮"倒行逆施的集中表现。毛泽东逝世前后,"四人帮"加紧夺取党和国家最高领导权的活动,许多老一辈革命家和广大人民群众深感忧虑。10月6日晚,华国锋、叶剑英等代表中央政治局,执行党和人民的意志,对"四人帮"及其在北京的帮派骨干实行隔离审查。10月14日,党中央公布粉碎"四人帮"的消息,人们奔走相告,兴高采烈。

粉碎"四人帮",结束了"文化大革命",我国的社会秩序得以恢复,党和国家的工作开始重新走上健康发展的轨道。

5)"文化大革命"的历史教训

"文化大革命"的发生,对于中国共产党、新中国和中国人民来说,是一场灾难。历史已经判明,"文化大革命"是一场由领导者错误发动,被反革命集团利用,给党、国家和各族人民带来严重灾难的内乱。这种历史悲剧,决不允许重演。"文化大革命"留下的历史教训是极其深刻的,需要从多方面加以总结。一是必须科学对待马克思列宁主义,准确把握中国基本国情,从实际出发认识"什么是社会主义"和"如何建设社会主义"的问题,探索中国自己的建设社会主义道路。二是必须正确认识社会主义社会的主要矛盾和党和国家的主要任务,集中力量发展生产力。三是必须改革和完善党和国家的领导制度,健全民主集中制和集体领导原则。四是必须发展社会主义民主,加强社会主义法制。五是必须制定正确的党的建设的方针和政策,不断加强执政党的建设。

4. 全面建设社会主义的成就

1)建立了独立的比较完整的工业体系和国民经济体系

从1952年到1978年,工农业总产值平均年增长率为8.2%,其中工业年均增长11.4%。按照不变价格计算,1952年国内生产总值为679亿元人民币,1976年增加到2 965亿元。人均国内生产总值从1952年的119元增加到1976年的319元。

在"一五"计划的基础上,国家以苏联援建的156项重点工程、694个大中型建设项目为中心,进行大规模投资,建成一批门类比较齐全的基础工业项目,涉及冶金、汽车、机械、煤炭、石油、电力、通信、化学、国防等领域,为国民经济的进一步发展打下坚实的基础。主要工业品的生产能力有了飞跃的发展。在铁路、交通运输等基础设施建设方面,一批交通运输线、输油管线设施相继建成。从经济建设和国防建设的战略布局考虑,自1964年开始到1980年结束,国家共投资2 052亿元开展大规模的"三线"建设,"三线"建设不仅极大地增强了国防力量,而且在很大程度上改变了旧中国工业布局不平衡的状况,使一大批当时顶尖的军工企业、国有企业、科研院所来到西部,为西部地区提供了难得的发展机遇。

独立的、比较完整的工业体系和国民经济体系的建立,从根本上解决了工业化中"从无到有"的问题,使中国在赢得政治上的独立之后赢得了经济上的独立,为中国以后的发展奠定了牢固的物质技术基础,而且也为中国同包括西方发达国家在内的世界各国在平等互利的原则下发展对外贸易和经济往来创建了前提。

2) 人民生活水平的提高

中国共产党和人民政府始终把满足人民基本生活需要作为发展经济的根本目的。通过兴修水利、开展农田基本建设、培育推广良种、提倡科学种田,较大幅度地提高了粮食生产水平和抵御自然灾害的能力。粮食总产量从1949年的11 318.4万吨增加到1976年的28 630.5万吨,单位面积产量(千克/公顷,下同)从1949年的1 029.33提高到1976年的2 371.19。棉花总产量从1949年的44.5万吨增加到1976年的205.55万吨,单位面积产量从1949年的160.47增加到1976年的416.99。全国总人口从1949年的5.416 7亿增长到1976年的9.371 7亿,同期粮食的人均占有量从208.9千克增加到307.5千克。全国居民的人均消费水平,农民从1952年的62元增加到1976年的131元,城市居民同期从154元增加到365元。在全国人民节衣缩食支援国家工业化基础建设的情况下,占世界1/4人口的基本生活需求初步得到满足,这在当时被世界公认是一个奇迹。

3) 文化教育医疗科技事业的发展

在文化建设方面,着力扫除文盲、大力推广普通话,并加大对基础教育和高等教育的投资。从1949年到1976年,小学校从34.7万所发展到104.4万所,在校生从2 439万人发展到1.5亿人;中学校从4 045所发展到19.2万所,在校生从103.9万人发展到5 836.5万人;高等学校从205所发展到434所,在校生从11.7万人发展到67.4万人。

医疗事业也得到蓬勃发展。1949年全国拥有医院2 600家,到1976年发展到7 850家。医院床位,从1949年的8万张发展到1976年的168.7万张。全国人口的死亡率从1949年的20%,下降到1976年的7.25%。人均预期寿命,1949年为35岁,1975年提高到68.8岁。

在核技术、人造卫星和运载火箭等尖端科学技术领域，取得一系列重要的成就。1964年10月16日，中国成功地爆炸第一颗原子弹。1966年10月，中国第一次成功进行发射导弹核武器的试验。1967年6月成功爆炸第一颗氢弹。1970年4月成功发射第一颗人造地球卫星"东方红一号"。中国第一颗返回式遥感人造地球卫星于1975年11月发射成功。在生物技术方面，1972年，中国中医研究院成功提取出一种新型抗疟药青蒿素，在全球特别是发展中国家挽救了数百万人的生命。1973年，中国在世界上首次培育成功强优势的籼型杂交水稻。科技战线上的这些重大成就，尤其是国防尖端技术方面取得的成就，不仅增强了中国的综合国力和国防战略防御能力，而且具有重大的政治意义。

4）形成了历久弥新的时代精神

在面对重重困难艰辛探索适合中国国情的社会主义建设道路过程中，涌现出大量先进典型和英雄模范人物，抒写了无数改天换地的壮丽诗篇，形成跨越时空、历久弥新的时代精神，如大庆精神、焦裕禄精神、红旗渠精神、雷锋精神、"两弹一星"精神等。

（5）国际地位的提高与国际环境的改善

我国在联合国的一切合法权利得到恢复，开始了中美关系正常化的进程，与日本建立外交关系，陆续同一批资本主义发达国家和亚非拉国家建交。同中国建交的国家，从1965年的49个增加到1976年的111个，仅1970年以后的新建交国就有62个。

三、延伸阅读

（1）毛泽东：《在中国共产党第七届中央委员会第二次全体会议上的报告》（1949年3月5日）。

（2）中共中央宣传部：《为动员一切力量把我国建设成为一个伟大的社会主义国家而奋斗——关于党在过渡时期总路线的学习和宣传提纲》（1953年12月）。

（3）刘少奇：《在中国共产党第八次全国代表大会上的政治报告》（1956

年9月15日）。

（4）毛泽东：《在扩大的中央工作会议上的讲话》（1962年1月30日）。

（5）邓小平：《答意大利记者奥林埃娜·法拉奇问》（1980年8月21日）。

（6）习近平：《在纪念中国人民志愿军抗美援朝出国作战70周年大会上的讲话》（2020年10月23日）。

（肖存良、王涛）

第九章
改革开放与中国特色社会主义的开创和发展

一、教学指南

(一) 教学目的

(1) 掌握并理解中共十一届三中全会是新中国成立以来的伟大历史性转折,在中国共产党历史上所具有的深远意义。

(2) 了解中国改革开放的历史进程、主要经验和成就。

(3) 了解包括邓小平理论、"三个代表"重要思想、科学发展观等重大战略思想在内的中国特色社会主义理论体系的形成发展、理论内涵、历史地位等内容,了解全面建设小康社会战略目标的基本内容。

(4) 认识改革开放是决定当代中国命运的关键抉择,中国特色社会主义是实现"三步走"发展战略、开创社会主义建设新局面的必由之路。

(二) 教学要点

(1) 关于真理标准问题大讨论的开展过程及评价。

(2) 党的十一届三中全会的历史意义与重要内容。

(3) 关于城市与农村的经济体制改革的历史沿革与评价。

(4) 关于新时期外交工作的内容与评价。

(5) 关于"三个代表"重要思想的提出过程与评价。

（三）框架结构

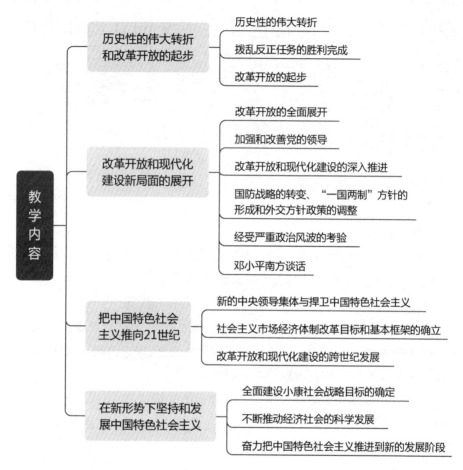

二、教学讲义

粉碎"四人帮"后，人民群众强烈要求彻底扭转十年内乱造成的严重局面，使党和国家从危难中重新奋起。这个时期，世界经济快速发展，科技进步日新月异。国内外发展大势要求中国共产党尽快就关系党和国家前途命运的大政方针作出政治决断和战略抉择。1978年12月，中国共产党第十一届中央委员会第三次全体会议召开。这次会议开启了改革开放和社会主义现代化建设新时期，实现了新中国成立以来党的历史上具有深远意义的伟大转折。在中国共产党的带领下,全国各族人民踏上了中国特色社会主义开创和持续发展的征程。

(一) 历史性的伟大转折和改革开放的起步

1. 历史性的伟大转折

1976年10月,"四人帮"被粉碎了。当时是华国锋在主持中共中央工作,在粉碎"四人帮"的斗争中起了决定性的作用。但是"两个凡是"错误方针的提出,使彻底纠正"文化大革命"错误的要求遇到严重阻碍。

1977年7月,中共十届三中全会召开,决定恢复邓小平在1976年被撤销的一切职务。为了冲破"两个凡是"的严重束缚,邓小平提出要完整准确地理解毛泽东思想的科学体系,强调毛泽东思想的精髓就是实事求是,旗帜鲜明地提出"两个凡是"不符合马克思主义。邓小平还同叶剑英、陈云、李先念、胡耀邦等支持和领导了关于真理标准问题的大讨论,强调实践是检验真理的唯一标准。这场讨论,是继延安整风之后又一场马克思主义思想解放运动,成为拨乱反正和改革开放的思想先导,为党重新确立实事求是的思想路线,纠正长期以来的"左"倾错误,实现历史性的转折作了思想理论准备。

1978年11月,中共中央在北京召开工作会议,邓小平在会议闭幕会上作了讲话,题目是《解放思想,实事求是,团结一致向前看》。这个讲话实际上成为党的十一届三中全会的主题报告。12月18日至22日,党的十一届三中全会在北京召开。这次会议冲破了长期"左"的束缚,彻底否定了"两个凡是"的错误方针,高度评价了关于真理标准问题的讨论,果断停止使用"以阶级斗争为纲"的口号,决定把工作重点转移到社会主义现代化建设上来,实行改革开放。

党的十一届三中全会是新中国成立以来党的历史上具有深远意义的伟大转折。全会结束了粉碎"四人帮"后党和国家工作在徘徊中前进的局面,标志着中国共产党开始了在思想、政治、组织等领域的全面拨乱反正。

2. 拨乱反正任务的胜利完成

在拨乱反正的过程中,党内外思想活跃,但与此同时,极少数人打着"解放思想"的幌子,夸大新中国成立以来党的错误,企图从根本上否定毛泽东思想、中国共产党的领导、人民民主专政和社会主义道路。在中国共产党内，也有极少数人对这股资产阶级自由化思潮给以支持。针对这种情况，1979年3月30日，邓小平在理论工作务虚会上指出：坚持社会主义道路，坚持人民民主专政，坚持共产党的领导，坚持马克思列宁主义、毛泽东思想这四项基本原则，"是实现四个现代化的根本前提"，"如果动摇了这四项基本原则中的任何一项，那就动摇了整个社会主义事业，整个现代化建设事业"。①

全面拨乱反正，必然要求对新中国成立以来中国共产党的重大历史问题作出结论，以便统一全党和全国人民的思想，团结一致向前看。从1979年11月起，在邓小平主持下，中共中央着手起草《关于建国以来党的若干历史问题的决议》。该决议科学地评价了毛泽东和毛泽东思想的历史地位，指出：毛泽东同志虽然在"文化大革命"中犯了严重错误，但是就他的一生来看，他对中国革命的功绩远远大于他的过失。他的功绩是第一位的，错误是第二位的。毛泽东思想是中国共产党集体智慧的结晶，将长期指导我们的行动。

我们党领导人民进行社会主义建设，有改革开放前和改革开放后两个历史时期，这是两个相互联系又有重大区别的时期，但本质上都是我们党领导人民进行社会主义建设的实践探索。中国特色社会主义是在改革开放历史新时期开创的，但也是在新中国已经建立起社会主义基本制度并进行了20多年的基础上开创的。因此，对改革开放前的历史时期要正确评价，不能用改革开放后的历史时期否定改革开放前的历史时期，也不能用改革开放前的历史时期否定改革开放后的历史时期。改革开放前的社会主义实践探索为改革开放后的社会主义实践积累了条件，改革开放后的社会主义实践探索是对前一个时期的坚持、改革、发展。

3. 改革开放的起步

党的十一届三中全会后，党和国家按照实事求是、有错必纠的原则，加快了平反冤、假、错案的步伐。1980年2月，决定为刘少奇彻底平反并恢复名誉。此后，又为遭到错误批判、处理的党和国家其他领导人、各族各界的代表人物恢复了名誉，复查和平反了大量冤、假、错案，改正了错划右派分子的案件。同

---

① 《邓小平文选》(第二卷)，人民出版社1994年版，第173页。

时,还摘掉地主、富农分子的帽子,为国民党投诚起义人员落实政策,将小商、小贩、小手工业者等劳动者同原工商业者区别开来,支持各民主党派恢复活动,认真落实民族政策和宗教政策,重申侨务政策,等等。这为有效调动社会各阶层人员的积极性,实现改革开放和开创现代化建设的新局面,奠定了社会基础和群众基础。

中国的经济体制改革,首先在农村取得突破性进展。十一届三中全会后,农业和农村经济的发展面临两大问题。一是"政社合一"的人民公社体制亟待改革;二是还有两亿多农民的温饱问题尚未解决。从1978年开始,安徽、四川的基层干部和农民群众,在省委支持下,开始探索试行包产到组、包产到户、包干到户等多种形式的农业生产责任制,效果很好。其他一些地方也开始实行农村联产责任制。邓小平肯定了包产到户这种形式。在中共中央的支持和推动下,以包产到户、包干到户为主要形式的家庭联产承包责任制,在全国各地逐渐推广开来,农民对集体所有的土地具有充分的经营自主权,农民生产的产品"保证国家的,留足集体的,剩下都是自己的"。它在土地集体所有制的基础上,将农民家庭承包经营的积极性和集体经济的优越性结合起来,因而受到农民的普遍欢迎。

其间,城市经济体制改革的探索也开始了。如逐步扩大国有企业经营自主权,把部分中央和省属企业下放给城市管理,开始实行政企分开等。对外开放也迈出了较大的步伐。1980年5月,中共中央决定在深圳、珠海、汕头、厦门设立经济特区。

1978,中日两国签署了《中华人民共和国和日本国和平友好条约》。1979年1月1日,中美两国正式建立外交关系。同年1月,邓小平访问美国。这些外交成就,为中国进行改革开放和现代化建设提供了有利的外部条件。

(二) 改革开放和现代化建设新局面的展开

1. 改革开放的全面展开

1982年9月,中国共产党第十二次全国代表大会在北京召开,提出党在新的历史时期的总任务是:团结全国各族人民,自力更生,艰苦奋斗,逐步实现工业、农业、国防和科学技术现代化,把我国建设成为高度文明、高度民主的社会主义国家。十二大以后不久,五届全国人大五次会议召开,通过《中华人民共和国宪法》。这部新宪法,继承和发展了1954年宪法确立的人民民主和社会主义的原则,充分体现了十一届三中全会以来党和国家在社会主义现代化建设和社会主义民主法制建设方面的新思想、新举措和新要求。

十二大以后,经济体制改革全面展开。随着农村经济的发展,大批富余劳动力逐渐从土地上转移出来,从事工业和加工业,使乡镇企业异军突起,给农村经济的发展注入了新的生机和活力。1984年,中国共产党十二届三中全会通过《中共中央关于经济体制改革的决定》。该决定突破把计划经济同商品经济对立起来的观点,指出我国社会主义经济是在公有制基础上的有计划的商品经济。这个决定作出后,经济体制改革以城市为重点全面展开,在一些方面取得了重要进展:所有制结构突破单一公有制结构,形成以公有制为主体、多种所有制经济成分开始发展的局面;国有企业的经营自主权逐步扩大,所有权和经营权适当分离;改革高度集中的计划管理体制,经济杠杆在国家宏观调控中的作用明显增强。

在继续推进城乡改革的同时,我国的对外开放也进一步扩大。1988年4月,建立海南省,将全海南岛辟为经济特区。1984年初,邓小平视察深圳、珠海、厦门等地,对经济特区的发展给予充分肯定。根据他的建议,同年5月,中共中央决定进一步开放天津、上海、大连、秦皇岛等14个沿海港口城市。1985年2月,决定把长江三角洲、珠江三角洲、闽南厦(门)漳(州)泉(州)三角地区开辟为沿海经济开放区。这样,就逐步形成了"经济特区—沿海开放城市—沿海经济开放区—内地"这样一个多层次的对外开放格局。

2.加强和改善党的领导

党的十一届三中全会以后,中共中央采取切实措施,健全党规党法,整顿党的作风。1980年2月,党的十一届五中全会通过《中共中央关于党内政治生活的若干准则》(简称《准则》),把党章的有关规定和民主集中制的原则具体化,提出12个方面的要求。随后,中央纪律检查委员会在一年之内召开三次座谈会,推动《准则》的贯彻施行。陈云在1980年11月中央纪委召开座谈会期间尖锐地指出,"执政党的党风问题是有关党的生死存亡的问题"[①],要求党

[①]《陈云文选》(第三卷),人民出版社1995年版,第273页。

的各级组织提高认识，努力加强党风建设。《准则》的施行，对于恢复和健全党内民主、维护党的集中统一、严肃党的纪律、促进党的团结，保证改革开放和现代化建设顺利进行，发挥了重要作用。1984年12月，党中央、国务院作出《关于严禁党政机关和党政干部经商、办企业的决定》。

改革开放和建设社会主义现代化，需要一大批年富力强的各级领导干部。邓小平、陈云等老一辈革命家敏锐地提醒全党同志，要注意培养、选拔合格的接班人，实现干部队伍革命化、年轻化、知识化、专业化，使党的事业能够后继有人。为了解决干部队伍老化问题，党中央于1982年2月作出《关于建立老干部退休制度的决定》。9月，党的十二大提出"把党建设成为领导社会主义现代化事业的坚强核心"，把实现干部的"四化"写入党章。按照"四化"标准，党中央加快了选拔中青年干部的步伐。一大批年富力强、有知识、懂业务、德才兼备的中青年干部脱颖而出，担负重任。1985年9月，中国共产党全国代表会议对中央领导层进行较大规模的调整，有力推动了干部新老交替和干部队伍结构的改善，保证了干部队伍接力不断和党的事业持续向前。

根据党的十二大的部署，1983年10月召开的党的十二届二中全会作出关于整党的决定。全面整党开始分期分批进行。整党的任务是：统一思想，纠正一切违反四项基本原则、违反十一届三中全会以来党的路线的"左"的和右的错误倾向；整顿作风，纠正各种利用职权谋取私利的行为；加强纪律，坚持民主集中制的组织原则，改变党组织的软弱涣散状况；纯洁组织，把坚持反对党、危害党的分子清理出去。到1987年5月，整党基本结束。全党在思想、作风、组织、纪律等方面都有了进步，并积累了在新时期正确处理党内矛盾和问题的经验。

随着改革开放的全面展开，加强社会主义精神文明建设的任务被进一步提上了日程。1986年9月，党的十二届六中全会通过《中共中央关于社会主义精神文明建设指导方针的决议》，提出要以经济建设为中心，坚定不移地进行经济体制改革，坚定不移地进行政治体制改革，坚定不移地加强精神文明建设，并且使这几个方面互相配合、互相促进。社会主义精神文明建设的根本任务，是培养有理想、有道德、有文化、有纪律的社会主义公民，提高整个中华民族的思想道德素质和科学文化素质。邓小平在全会上强调，必须坚持反对资产阶级自由化。搞自由化，就会破坏我们安定团结的政治局面。没有一个安定团结的政治局面，就不可能搞建设。该决议是党的第一个关于精神文明建设的纲领性文件，为我国精神文明建设的健康发展提供了基本指导方针。

3. 改革开放和现代化建设的深入推进

1987年10月，中国共产党第十三次全国代表大会在北京举行。大会指出，我国正处在社会主义的初级阶段。党在社会主义初级阶段的基本路线是：领导和团结全国各族人民，以经济建设为中心，坚持四项基本原则，坚持改革开放，自力更生，艰苦创业，为把我国建设成为富强、民主、文明的社会主义现代化国家而奋斗。

党的十三大正式制定了社会主义现代化建设"三步走"的战略部署：第一步，实现国民生产总值比1980年翻一番，解决人民的温饱问题；第二步，到20世纪末，使国民生产总值再增长一倍，人民生活达到小康水平；第三步，到21世纪中叶，人均国民生产总值达到中等发达国家水平，人民生活比较富裕，基本实现现代化。"三步走"发展战略的制定，进一步解决了中国现代化建设的目标、步骤等关系全局的重大问题，对中国未来几十年的发展具有深远的影响。

按照党的十三大的部署，1988年经济体制改革以深化企业经营机制改革为重点。同年2月，国务院颁布《全民所有制工业企业承包经营责任制暂行条例》。4月，七届全国人大一次会议通过《中华人民共和国全民所有制工业企业法》，对企业所有权和经营权"两权分离"的改革原则作了更为明确的规定。会议通过的宪法修正案规定："国家允许私营经济在法律规定的范围内存在和发展。私营经济是社会主义公有制经济的补充。"私营经济的法律地位得到确认。

对外开放的步伐进一步加大。1988年3月，国务院决定适当扩大沿海经济开放区，新划入沿海经济开放区的有140个市、县，包括杭州、南京、沈阳3个省会城市。4月，七届全国人大一次会议正式批准设立海南省和建立海南经济特区。

在全面改革的推动下，我国经济建设取得重大成就。1984年至1988年，国内生产总值年均增长12.1%，工业总产值达6万多亿元，国家经济实力和综合国力迈上了一个新台阶。但在经济运行中也出现了通货膨胀加剧、社会生产和消费总量不平衡、结构不合理等一系列不稳定、不协调的问题。1985年初党和政府采取"软着陆"的方针,未能达到预期效果。1988年夏季准备进行"价格闯关",全面推进价格改革,放开价格。消息传开后引发了人们的高通胀预期和恐慌心理,触发了全国性的挤提储蓄存款和抢购商品的风潮。面对严峻的经济形势,1988年9月,党的十三届三中全会提出了治理经济环境、整顿经济秩序、全面深化改革的方针。经过一年左右的治理整顿,过旺的社会需求得到相当程度的控制,但国民经济发展的难关尚未渡过,一些深层次的结构和体制问题还有待于进一步解决。

4. 国防战略的转变、"一国两制"方针的形成和外交方针政策的调整

党的十一届三中全会后,根据对国际国内形势变化的判断,军事战略方针由"积极防御、诱敌深入"改为"积极防御"。1981年9月,邓小平在华北军事演习阅兵式上发表讲话,明确提出要建设强大的现代化、正规化革命军队的总目标。1985年五六月,中央军委召开扩大会议,提出对军队建设指导思想实行战略性重大转变,即把军队工作从立足于"早打、大打、打核战争"的临战准备状态真正转入和平时期建设轨道。会议作出减少军队员额100万的决策,通过《军队体制改革、精简整编方案》。1985年下半年至1987年初,百万大裁军基本完成。1988年,开始实行新的军衔制度,建立文职干部制度。人民解放军正规化建设迈出新步伐。

20世纪70年代后期,台湾问题被提上党和国家重要议事日程。中共中央和邓小平在毛泽东、周恩来等老一辈革命家关于争取和平解放台湾思想的基础上,正视历史和现实,创造性地提出"一国两制"科学构想,开辟了以和平方式实现祖国统一的新途径。1979年元旦,全国人大常委会发表《告台湾同胞书》,宣示了争取祖国和平统一的大政方针。1980年1月,邓小平提出80年代要做三件事:在国际事务中反对霸权主义,维护世界和平;台湾回归祖国,实现祖国统一;加紧经济建设。1981年9月,时任全国人大常委会委员长叶剑英发表谈话,就台湾回归祖国、实现和平统一问题提出九条方针。1982年1月,邓小平首次提出"一个国家,两种制度"的概念。此后他在1983年6月提出解决台湾问题的六条方针,进一步充实了"一国两制"的构想。

"一国两制"构想首先被运用于解决香港、澳门回归祖国问题。解决香港、

澳门问题的初步实践，证明"一国两制"构想既体现了实现祖国统一、维护国家主权的原则性，又充分考虑到香港、澳门等地的历史和现实，是推动祖国和平统一的创造性方针，在国际社会产生了巨大影响。

党的十一届三中全会前夕，中国外交采取了两个重大举措。一是1978年8月同日本签订和平友好条约，二是同年12月同美国发表正式建交的联合公报。随着国际形势的发展变化，中共中央对外交政策进行重大调整，实行两个重大转变。第一个转变是改变战争不可避免而且迫在眉睫的观点，对战争与和平问题作出新的科学判断。1985年3月，邓小平明确提出"和平和发展是当代世界的两大问题"的重要论断，为新时期党和国家制定对外政策提供了重要依据。第二个转变是改变过去联美抗苏的"一条线"战略。

1982年9月，党的十二大报告郑重申明中国坚持独立自主的对外政策，并提出按照独立自主、完全平等、互相尊重、互不干涉内部事务的原则处理党际关系。1986年4月，六届全国人大四次会议批准的国务院《关于第七个五年计划的报告》，阐述了中国独立自主和平外交政策的主要内容和基本原则，对改革开放以来中国外交方针政策的调整作了总结。随着外交方针政策的调整，中国外交得到全方位发展。1989年5月，破裂20多年的中苏关系实现正常化。到1989年，同中国建交的国家达137个。一个有利于中国改革开放和现代化建设的外部环境初步形成。

5. 经受严重政治风波的考验

1989年春夏之交，北京和其他一些城市发生政治风波。中共中央政治局在邓小平和其他老一辈革命家坚决有力的支持下，依靠人民，旗帜鲜明地反对动乱，在6月4日采取果断措施，一举平息了北京地区的反革命暴乱。这场斗争的胜利，捍卫了社会主义国家政权，维护了社会正常秩序和人民根本利益。6月9日，邓小平接见首都戒严部队军以上干部，对中国乃至世界都高度关注的中国向哪个方向发展、走哪条道路的根本问题作出明确回答。他指出："这场风波迟早要来。这是国际的大气候和中国自己的小气候所决定了的，是一定要来的，是不以人们的意志为转移的。"[①]极少数敌对势力反对共产党、反

[①]《邓小平文选》(第三卷)，人民出版社1993年版，第302页。

对社会主义的目的"是要建立一个完全西方附庸化的资产阶级共和国"①。他强调,党的十一届三中全会制定的路线方针政策没有错;党的十三大概括的"一个中心、两个基本点"的基本路线没有错。我们"制定的基本路线方针政策,照样干下去,坚定不移地干下去"。邓小平的重要讲话,总结了改革开放十年来的经验教训,为中国的改革发展指明了正确方向。

1989年6月,党的十三届四中全会召开。全会分析国内发生政治风波的性质和原因,初步总结了经验教训,明确了当前和今后一个时期党的方针任务,对中央领导机构成员进行调整。党的十三届四中全会以后,党中央全面坚持党的基本路线,继续抓住经济建设这个中心,努力纠正"一手比较硬,一手比较软"的现象,加强思想政治工作和党的建设工作。在国际局势剧变的情况下,按照冷静观察、沉着应付的方针,坚持把注意力集中在办好我们自己的事情上,成功稳住了改革发展大局,捍卫了中国特色社会主义伟大事业,保证了改革开放和现代化建设的航船始终沿着正确的方向破浪前进。

6. 邓小平南方谈话

1992年1月18日至2月21日,邓小平先后视察武昌、深圳、珠海、上海等地,发表重要谈话。邓小平强调,革命是解放生产力,改革也是解放生产力。不坚持社会主义,不改革开放,不发展经济,不改善人民生活,只能是死路一条。他指出,改革开放胆子要大一些,敢于试验。看准了的,就大胆地试,大胆地闯。判断的标准,应该主要看是否有利于发展社会主义社会的生产力,是否有利于增强社会主义国家的综合国力,是否有利于提高人民的生活水平。邓小平指出,计划多一点还是市场多一点,不是社会主义与资本主义的本质区别。计划经济不等于社会主义,资本主义也有计划;市场经济不等于资本主义,社会主义也有市场。计划和市场都是经济手段。社会主义的本质,是解放生产力,发展生产力,消灭剥削,消除两极分化,最终达到共同富裕。他强调,基本路线要管一百年,动摇不得。右可以葬送社会主义,"左"也可以葬送社会主义。中国要警惕右,但主要是防止"左"。邓小平强调,发展才是硬道理。抓住时机,发展自己,关键是发展经济。科学技术是第一生产力。邓小平的南方

---

① 《邓小平文选》(第三卷),人民出版社1993年版,第303页。

谈话,在重大历史关头科学地总结了十一届三中全会以来党的基本实践和基本经验,明确回答了长期困扰和束缚人们思想的许多重大认识问题,对整个社会主义现代化建设事业产生了重大而深远的影响。①

1992 年 10 月,中国共产党第十四次全国代表大会在北京召开。大会确立了邓小平建设有中国特色社会主义理论在全党的指导地位,明确提出,我国经济体制改革的目标是建立社会主义市场经济体制。社会主义市场经济,是同社会主义基本制度结合在一起的,就是要使市场在社会主义国家宏观调控下对资源配置起基础性作用。

以邓小平南方谈话和中共十四大为标志,改革开放和现代化建设事业进入从计划经济体制向社会主义市场经济体制转变的新阶段,由此打开了中国经济、政治、文化发展的崭新局面。

(三) 把中国特色社会主义推向 21 世纪

1. 新的中央领导集体与捍卫中国特色社会主义

经过党的十三届四中、五中全会,形成了以江泽民同志为核心的党的第三代中央领导集体,中央领导集体顺利实现了新老交替。这对于保证党的政策的稳定性、连续性,实现党和国家的长治久安,具有极为重大的意义。

中国共产党在政治风波中经受住了考验,同时也深刻认识到自身存在的问题。邓小平指出,"这次暴乱对我们的启发十分大,十分重要,使我们头脑更加清醒起来","这个党该抓了,不抓不行了"。② 1989 年 8 月,党中央发出关于加强党的建设的通知,要求各级党组织聚精会神地抓党的建设,下决心解决好党的建设中的迫切问题。1989 年秋冬和 1990 年春,各级党组织对在政治风波中的重点人和重点事进行清查、清理,以保证党的队伍的纯洁性。其后,在全党进行了做合格共产党员的教育和党员重新登记工作。同时,严格党员标准,培养吸收企业、农村生产一线的优秀分子入党。

在加强党的思想建设方面,着重对县处级以上党政干部进行马列主义、毛

---

① 《邓小平文选》(第三卷),人民出版社 1993 年版,第 372—375 页。
② 同上书,第 311、314 页。

泽东思想基本理论的教育,使之经常化、制度化。按照中央的规定,凡进入领导班子的成员,都要经过相应的党校学习,其他领导成员也要定期到党校接受轮训。

党中央强调要发扬党的优良传统,密切党群干群关系,开展反腐倡廉建设,坚决同腐败作斗争。1990年3月,党的十三届六中全会通过《中共中央关于加强党同人民群众联系的决定》。会后,中央政治局常委带头,深入基层,深入群众,开展调查研究,对全党转变工作作风起了极大的推动作用。

党中央还加强对人民群众尤其是青年学生的思想政治工作。1990年至1991年,在广大党员干部中开展了马克思主义党建学说和中共党史的学习教育,在人民群众中开展了社会主义思想教育。中国近现代史及国情教育也越来越受到各方面重视。

党中央加强了对新闻舆论战线的领导。1989年11月,江泽民在中宣部举办的新闻工作研讨班上发表讲话,要求报纸、广播、电视做党、政府和人民的喉舌,坚持新闻工作的党性原则,反对绝对的新闻自由。会议提出,要坚持正面宣传为主的方针,发挥舆论的正确导向作用。

党的建设和思想政治工作的加强,促进了我国的政治稳定和社会安定,为治理整顿、深化改革创造了重要的思想政治条件。

1989年政治风波后,以美国为首的西方国家对华实施"制裁"。不久,国际形势接连发生重大变化,苏联解体、东欧剧变。面对一些西方国家掀起的反华浪潮和国际上不绝于耳的唱衰中国的论调,邓小平反复强调,要保持稳定和坚持改革开放,关键是要搞好自己的事情。他告诫说,西方国家向中国施压,根本点就是要中国放弃社会主义。

为了扭转局面、争取主动,党和政府确定20世纪90年代初期外交工作的两个重点:一是开展睦邻外交,稳定和积极发展同周边国家的关系,加强同发展中国家的团结与合作;二是打破西方国家的"制裁",恢复和稳定同西方发达国家的关系。1990年至1992年,中国同印度尼西亚恢复外交关系,中越关系实现正常化,中印关系有了很大改善,中国同沙特阿拉伯、新加坡、以色列、韩国建立外交关系,顺利实现中苏关系向中俄关系的过渡,并同苏联解体后新独立的国家和东欧国家建立或发展了正常关系。到1992年8月底,同中国建交的国家达154个。中国还成功争取到联合国第四次世界妇女大会1995年在北京召开。

对于以美国为首的一些西方国家的"制裁",中国进行了有理、有利、有节的斗争。中国领导人审时度势,推动日本率先于1990年取消对华"制裁",到1991年底,中国同大多数西方国家的关系基本回到正常轨道。

政治风波后,一度被延误的国民经济治理整顿工作重新提上日程。1989年11月,党的十三届五中全会通过《中共中央关于进一步治理整顿和深化改革的决定》,明确了治理整顿的主要目标和必须抓好的重要环节。

在治理整顿的同时,改革开放进一步推进,并在一些领域取得重大突破。1990年4月,党中央、国务院批准开发开放浦东。浦东新区的建设,不仅促进了上海的迅速发展,而且对长江三角洲、整个长江流域乃至全国的改革开放和经济发展产生了强大的辐射和带动作用。1990年12月,上海证券交易所正式开业。这是改革开放以来在大陆开业的第一家证券交易所。1991年7月,深圳证券交易所正式开业。1990年10月,郑州粮食批发市场开业并引入期货交易机制,成为中国期货交易的开端。通过这些举措,中国向世界发出了将改革开放坚定不移地向前推进的强烈信号。

到1990年底,"七五"计划所规定的各项指标绝大部分完成或超额完成,提前实现了第一步战略目标。人民生活水平进一步提高,全国绝大多数地区解决了温饱问题,开始向小康社会迈进。1990年12月,党的十三届七中全会通过《中共中央关于制定国民经济和社会发展十年规划和"八五"计划的建议》。1991年4月,七届全国人大四次会议批准了十年规划和"八五"计划纲要。

2. 社会主义市场经济体制改革目标和基本框架的确立

1992年下半年,中国共产党将召开第十四次全国代表大会。邓小平南方谈话之后,中国的改革开放如何迈出新的步伐,国内外十分关注。在指导起草党的十四大报告过程中,江泽民在1992年6月提出,对高度集中的计划经济体制进行根本性的改革势在必行,不然就不可能实现我国的现代化。根据邓小平南方谈话精神,他明确提出使用"社会主义市场经济体制"这个提法,为中共十四大召开作了重要的思想理论准备。

1992年10月12日至18日，中国共产党第十四次全国代表大会在北京举行。大会作出了三项具有深远意义的决策。一是抓住机遇，加快发展，集中精力把经济建设搞上去。二是确定我国经济体制改革的目标是建立社会主义市场经济体制。三是提出用邓小平建设有中国特色社会主义理论武装全党的任务。

以邓小平南方谈话和党的十四大为标志，改革开放和现代化建设事业进入从计划经济体制向社会主义市场经济体制转变的新阶段，由此打开了中国经济、政治、文化发展的崭新局面。

1993年11月召开的党的十四届二中全会，通过了《中共中央关于建立社会主义市场经济体制若干问题的决定》，将党的十四大提出的社会主义市场经济体制改革的目标和基本原则具体化，进一步勾画了建立社会主义市场经济体制的基本框架：在坚持以公有制为主体、多种经济成分共同发展的基础上，建立现代企业制度、全国统一开放的市场体系、完善的宏观调控体系、合理的收入分配制度和多层次的社会保障制度。我国经济体制改革开始向着建立社会主义市场经济体制的目标整体推进。

从1994年起，按照建立现代企业制度的总体思路推进国有企业改革，并选择2 700多家国有企业进行公司制、股份制改革的试点。同时，大力推进财政、税收、金融等方面的体制改革，使市场在资源配置中的基础性作用明显增强，市场经济体制中的国家宏观调控体系框架初步建立，为国民经济和社会发展注入了新的活力。

这一时期，对外开放也迈出了重大步伐。建立起一批经济技术开发区和保税区，开放了哈尔滨等4个边境、沿海省会城市和太原等11个内陆省会城市及一大批内陆市县。到1997年，中国对外开放的一类口岸达到235个，二类口岸达到350个，逐步形成了从沿海到沿江、从沿边到内陆，多层次、多渠道、多种形式的全方位对外开放的新格局。

随着改革开放的全面展开，加强社会主义精神文明建设的任务被进一步提上了日程。1986年9月，党的十二届六中全会提出要坚定不移地加强精神文明建设。其根本任务是适应社会主义现代化建设的需要，培养有理想、有道德、有文化、有纪律的社会主义公民，提高整个中华民族的思想道德素质和科学文化素质。党的十四大以后,党中央坚持"两手抓、两手都要硬"的方针,采取一系列措施和办法,不断加强社会主义精神文明建设。1996年10月,党的十四届六中全会作出了《中共中央关于加强社会主义精神文明建设若干重要问题的决议》,对新形势下的精神文明建设作出了具体部署和规划,强调要以科学的理论武装人,以正确的舆论引导人,以高尚的精神塑造人,以优秀的作品鼓舞人,培养有理想、有道德、有文化、有纪律的社会主义公民。

3. 改革开放和现代化建设的跨世纪发展

1997年2月19日,邓小平逝世。同年9月,中国共产党第十五次全国代表大会在北京召开。大会的主题是:高举邓小平理论伟大旗帜,把建设有中国特色社会主义事业全面推向21世纪。大会把邓小平理论同马克思列宁主义、毛泽东思想一道确立为中国共产党的指导思想,并写入修改后的《中国共产党章程》。大会指出:作为毛泽东思想的继承和发展的邓小平理论,是当代中国的马克思主义,是马克思主义在中国发展的新阶段;公有制为主体、多种所有制经济共同发展,是中国社会主义初级阶段的一项基本经济制度;公有制的实现形式可以而且应当多样化。

1997年爆发的亚洲金融危机,对中国经济产生了严重冲击。1998年,长江、嫩江和松花江等流域发生了历史上罕见的洪涝灾害。1999年,又接连发生以美国为首的北约袭击中国驻南斯拉夫使馆等事件。面对这些风险和考验,中共中央、国务院取一系列措施,保证了改革开放和现代化建设的航船沿着正确的方向破浪前进。

1998年10月,党的十五届三中全会召开,通过了《中共中央关于农业和农村工作若干重大问题的决定》,进一步推动解决"三农"问题。1999年9月,党的十五届四中全会召开,通过了《中共中央关于国有企业改革和发展若干重大问题的决定》,提出了推进国有企业改革发展的一系列政策措施,强调从战略上调整国有经济布局,推进国有企业战略性改组,建立和完善现代企业制度。这期间,还出台了推进城镇住房制度改革、医疗保险制度改革和财政税收改革的措施。2001年12月11日,经过长达15年的艰苦谈判,中国正式加入世界贸易组织,标志着中国的对外开放进入一个新阶段。

20世纪70年代末80年代初,邓小平提出了"一国两制"的构想。所谓"一国两制",就是在一个中国的前提下,国家的主体坚持社会主义制度;香港、澳门、台湾是中华人民共和国不可分离的部分,它们作为特别行政区保持原有的资本主义制度长期不变。在国际上代表中国的,只能是中华人民共和国。这个构想为和平时期解决某些相关历史遗留问题指明了出路。1997年7月1日,中英两国政府举行了香港政权交接仪式,宣告中国对香港恢复行使主权,中华人民共和国香港特别行政区正式成立。1999年12月20日,澳门也回归祖国,中华人民共和国澳门特别行政区正式成立。香港、澳门的回归,使"一国两制"从科学构想变为现实。中国政府还加强大陆同台湾的经济技术合作与交流,促进双方人员往来。1992年10月,中国大陆海峡两岸关系协会与台湾海峡交流基金会举行商谈,达成体现一个中国原则的"九二共识"。

党的十三届四中全会以来,以江泽民为主要代表的中国共产党人,逐步形成了"三个代表"重要思想。"三个代表"重要思想作为完整的概念,是2000年2月江泽民在广东考察工作时提出来的。他指出:"总结我们党七十多年的历史,可以得出一个重要的结论,这就是:我们党所以赢得人民的拥护,是因为我们党在革命、建设、改革的各个历史时期,总是代表着中国先进生产力的发展要求,代表着中国先进文化的前进方向,代表着中国最广大人民的根本利益……"[①]同年5月,江泽民在江苏、浙江、上海党建工作座谈会的讲话中,又进一步指出,始终做到"三个代表"是中国共产党的立党之本、执政之基、力量之源。2001年7月1日,江泽民在庆祝中国共产党成立80周年大会上发表讲话,系统阐述"三个代表"重要思想的科学内涵和基本内容。"三个代表"重要思想的提出,在国内外引起强烈反响,全党和全国上下兴起了学习贯彻"三个代表"重要思想的高潮,有力地推动了改革开放和现代化建设的跨世纪发展,也为党的十六大的召开奠定了思想基础。

(四) 在新形势下坚持和发展中国特色社会主义

1. 全面建设小康社会战略目标的确定

2002年11月,中国共产党第十六次全国代表大会召开。大会明确了全面

[①] 中共中央文献研究室编:《十五大以来重要文献选编(中)》,人民出版社2001年版,第1139页。

建设小康社会的奋斗目标。提出要在21世纪头20年，紧紧抓住这一重要战略机遇期，集中力量，全面建设惠及十几亿人口的更高水平的小康社会。这是实现现代化建设第三步战略目标必经的承上启下的发展阶段，也是完善社会主义市场经济体制和扩大对外开放的关键阶段。

2. 不断推动经济社会的科学发展

2003年10月，党的十六届三中全会提出了坚持以人为本、全面协调可持续的科学发展观。科学发展观，第一要义是发展，核心是以人为本，基本要求是全面协调可持续，根本方法是统筹兼顾。它深刻认识和回答了新形势下实现什么样的发展、怎样发展等重大问题。

2004年9月，党的十六届四中全会提出构建社会主义和谐社会的战略任务。2006年10月，党的十六届六中全会审议通过了《中共中央关于构建社会主义和谐社会若干重大问题的决定》。该决定指出：构建社会主义和谐社会是一个不断化解社会矛盾的持续过程。我们要构建的社会主义和谐社会，是在中国特色社会主义道路上，中国共产党领导全体人民共同建设、共同享有的和谐社会。该决定首次将"和谐"列入现代化建设的奋斗目标，号召全国各族人民"为把我国建设成为富强民主文明和谐的社会主义现代化国家而奋斗"。[①]

进一步加强和完善宏观调控。从2003年底开始，针对经济运行中出现的一些矛盾和问题，中央及时作出加强宏观调控的决策和部署。推进社会主义新农村建设。2005年10月召开党的十六届五中全会，提出了建设社会主义新农村的战略任务。2006年1月1日起，正式废除农业税。新农村建设的扎实推进，使农村经济和农村面貌发生新的深刻变化。大力建设创新型国家。2005年10月，胡锦涛在党的十六届五中全会上，明确提出建设创新型国家的任务。2006年，中共中央、国务院下发了《关于实施科技规划纲要增强自主创新能力的决定》《国家中长期科学和技术发展规划纲要（2006—2020年）》，建设创新型国家的战略正式启动。

社会主义民主法制建设的重大进展。自1993年至1997年，全国人大及其常委会制定和出台了近百个法律及有关法律的决定，其中多数是社会主义

[①]《中国共产党第十六届中央委员会第六次全体会议文件汇编》，人民出版社2006年版，第10页。

市场经济方面的立法,为整个社会经济活动的正常运行提供了重要的法律保障。2003年2月,党的十六届二中全会审议通过《关于深化行政管理体制和机构改革的意见》,提出了形成行为规范、运转协调、公正透明、廉洁高效的行政管理体制的要求。2004年3月,国务院印发《全面推进依法行政实施纲要》,明确了建设法治政府的目标和任务。2005年2月,提出进一步加强中国共产党领导的多党合作和政治协商制度建设的意见。积极推进基层民主建设,进一步健全村务公开和村民自治制度,继续完善城市社区居民自治和基层管理体制。

党的十六大以后,提出了坚持走和平发展道路的主张,按照大国是关键、周边是首要、发展中国家是基础的外交工作部署,全方位开展对外交往,积极参与国际事务。

2004年9月,党的十六届四中全会通过的《中共中央关于加强党的执政能力建设的决定》,指出当前和今后一个时期加强党的执政能力建设的主要任务是,按照推动社会主义物质文明、政治文明、精神文明协调发展的要求,不断提高驾驭社会主义市场经济的能力、发展社会主义民主政治的能力、建设社会主义先进文化的能力、构建社会主义和谐社会的能力、应对国际局势和处理国际事务的能力。

3. 奋力把中国特色社会主义推进到新的发展阶段

2007年10月,中国共产党第十七次全国代表大会在北京召开。2008年,"5·12"四川汶川特大地震抗震救灾斗争取得重大胜利;8月至9月,第29届奥运会和第13届残疾人奥运会在北京成功举办。9月,神舟七号载人飞船航天任务顺利完成。

2008年下半年,爆发了国际金融危机。中共中央和国务院出台了进一步扩大内需、促进经济平稳较快增长的十项措施,全面实施一揽子计划。中国在全球率先实现经济企稳回升,积累了有效应对外部经济风险冲击、保持经济平稳较快发展的重要经验。自2002年到2012年的十年间,我国经济总量从世界第六位跃升到第二位,社会生产力、经济实力、科技实力迈上一个大台阶,人民生活水平、居民收入水平、社会保障水平迈上一个大台阶,综合国力、国际竞争力、国际影响力迈上一个大台阶,国家面貌发生新的历史性变化。

改革开放的成功经验：必须坚持党对一切工作的领导，不断加强和改善党的领导；必须坚持以人民为中心，不断实现人民对美好生活的向往；必须坚持马克思主义指导地位，不断推进实践基础上的理论创新；必须坚持走中国特色社会主义道路，不断坚持和发展中国特色社会主义；必须坚持完善和发展中国特色社会主义制度，不断发挥和增强我国制度优势；必须坚持以发展为第一要务，不断增强我国综合国力；必须坚持扩大开放，不断推动共建人类命运共同体；必须坚持全面从严治党，不断提高党的创造力、凝聚力、战斗力；必须坚持辩证唯物主义和历史唯物主义世界观和方法论，正确处理改革发展稳定关系。

三、延伸阅读

（1）邓小平：《在武昌、深圳、珠海、上海等地的谈话要点》（1992年1月18日—2月21日）。

（2）江泽民：《全面建设小康社会，开创中国特色社会主义事业新局面——在中国共产党第十六次全国代表大会上的报告》（2002年11月8日）。

（3）胡锦涛：《坚定不移沿着中国特色社会主义道路前进　为全面建成小康社会而奋斗——在中国共产党十八次全国代表大会上的报告》（2012年11月8日）。

（郝志景）

第十章
中国特色社会主义进入新时代

一、教学指南

(一) 教学目的

(1) 了解党的十八大以来党和国家事业所发生的历史性变革,所取得的历史性成就及其背后的原因。

(2) 理解和掌握中国特色社会主义进入新时代的丰富内涵和伟大意义。

(3) 学习领会中国全面建成小康社会、消除绝对贫困问题的伟大历史意义和现实意义。

(4) 学习领会党的二十大召开的历史背景和主题意义,马克思主义中国化时代化最新理论成果,以中国式现代化全面推进中华民族伟大复兴,以党的自我革命引领社会革命。

(二) 教学要点

(1) 把握"新时代"概念内涵和意义

(2) 把握"新理念"概念内涵和要求

(3) 把握"新征程"概念内涵和目标

(4) 把握"新格局"概念内涵和背景

(5) 把握"中国式现代化"的基本特征和本质要求

(三) 框架结构

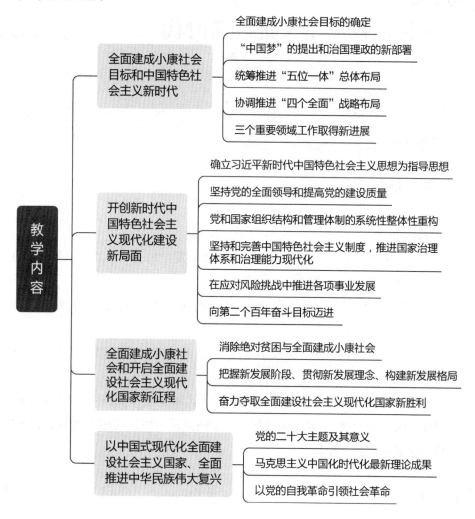

二、教学讲义

党的十八大以来,中国特色社会主义进入新时代。以习近平同志为核心的党中央统筹把握中华民族伟大复兴战略全局和世界百年未有之大变局,强调中国特色社会主义新时代是承前启后、继往开来、在新的历史条件下继续夺取中国特色社会主义伟大胜利的时代,是决胜全面建成小康社会、进而全面建设社会主义现代化强国的时代,是全国各族人民团结奋斗、不断创造美好生活、逐步实现全体人民共同富裕的时代,是全体中华儿女勠力同心、奋力实现中华民族伟大复兴中国梦的时代,是我国不断为人类作出更大贡献的时代。新时代是中国社会发展新的历史方位。

(一) 全面建成小康社会目标和中国特色社会主义新时代

什么是社会主义,怎样建设社会主义,是新中国成立后摆在中国共产党和中国人民面前的一道必答题。经过社会主义革命和建设 30 年艰辛探索,经过改革开放和社会主义现代化建设新时期 40 多年伟大创造,共产党领导中国人民寻找到中国特色社会主义发展道路,逐步实现了从站起来、富起来到强起来的历史奇迹。从新时期到新时代,以习近平同志为核心的党中央带领全国人民承前启后,继往开来,续写中国特色社会主义这篇大文章。

1. 全面建成小康社会目标的确定

从"整体小康"到"全面小康",是中国特色社会主义事业发展的阶段性目标。小康社会,是中国古代经典文献《礼记》《诗经》中记载的一种温饱之上,比较富足安宁的社会理想。党的十八大在十六大、十七大连续提出全面建设小康社会奋斗目标基础上,确立全面建成小康社会新的目标。"全面建设"与"全面建成"虽然只有一字之差,但其目标更高,任务更重,责任也更大。

1) 党的十八大召开

2012 年 11 月 8 日至 14 日,中国共产党第十八次全国代表大会在北京举行。这是在我国进入全面建成小康社会决定性阶段召开的一次十分重要的大会,选举以习近平为总书记的新一届中央领导集体,中国特色社会主义进入新时代。

大会明确了科学发展观是党必须长期坚持的指导思想。科学发展观是马克思主义同当代中国实际和时代特征相结合的产物,是马克思主义关于发展的世界观和方法论的集中体现,对新形势下实现什么样的发展、怎样发展等重大问题作出了新的科学回答,把我们对中国特色社会主义规律的认识提高到新的水平,开辟了当代中国马克思主义发展新境界。大会制定了坚持走中国特色社会主义政治发展道路和推进政治体制改革前进方向,回答了坚定不移走中国特色社会主义道路政策立场,提出了全面建成小康社会目标,即:经济持续健康发展,人民民主不断扩大,文化软实力显著增强,人民生活水平全面提高,资源节约型、环境友好型社会建设取得重大进展。

大会阐明中国特色社会主义的总依据是我国社会处于社会主义初级阶段,总布局是经济、政治、文化、社会、生态文明建设"五位一体",总任务是实现社会主义现代化和中华民族伟大复兴;阐明中国特色社会主义道路、理论体系、制度的科学内涵及相互关系;明确提出夺取中国特色社会主义新胜利必须牢牢把握的八项基本要求,要求全党坚定道路自信、理论自信、制度自信。

2) 全面建成小康社会目标

党的十八大提出,确保到2020年实现全面建成小康社会的发展目标。大会强调,全面建成小康社会,必须不失时机深化重要领域改革,构建系统完备、科学规范、运行有效的制度体系,使各方面制度更加成熟,更加定型。

大会根据"五位一体"总体布局和全面建成小康社会目标要求,对推进中国特色社会主义建设作出全面部署,强调要加快完善社会主义市场经济体制和加快转变经济发展方式,坚持走中国特色社会主义政治发展道路和推进政治体制改革,扎实推进社会主义文化强国建设,在改善民生和创新管理中加强社会建设,大力推进生态文明建设,加快推进国防和军队现代化,丰富"一国两制"实践和推进祖国统一,继续促进人类和平与发展的崇高事业。

大会要求以改革创新精神全面推进党的建设新的伟大工程,全面提高党的建设科学化水平,以加强党的执政能力建设、先进性和纯洁性建设为主线,建设学习型、服务型、创新型的马克思主义执政党。

党的十八大强调:我们必须坚定不移高举中国特色社会主义伟大旗帜,既不走封闭僵化的老路,也不走改旗易帜的邪路。十八大精神归结到一点,就是坚持和发展中国特色社会主义。

3) 选举产生新的中央领导集体

党的十八大主要议程完成,随后召开的十八届一中全会选举产生了中央政治局,选举习近平为中央委员会总书记,决定习近平为中央军事委员会主席,批准王岐山为中央纪律检查委员会书记。2012年11月15日中午,习近平在十八届中央政治局常委同中外记者见面会上讲话,提出新一届中央领导集体"定当不负重托,不辱使命",肩负起对民族的责任、对人民的责任、对党的责任。"人民对美好生活的向往,就是我们的奋斗目标。"①

2013年3月,十二届全国人大一次会议选举习近平为国家主席、国家中央军事委员会主席,选举张德江为全国人大常委会委员长,决定李克强为国务院总理;全国政协十二届一次会议选举俞正声为政协第十二届全国委员会主席。

2."中国梦"的提出和治国理政的新部署

以习近平为总书记的新一届中央领导集体,高举中国特色社会主义伟大旗帜,继续走改革开放的发展道路,在做好自身廉政建设的基础上,迅速提出中国梦的更长远发展目标,凝聚共识,增进认同,以目标为导向、以问题为导向,进行治国理政新部署,带动党和国家事业稳步向前发展。

1) 实现中华民族伟大复兴中国梦的提出

2012年11月29日,习近平率领中央政治局常委来到国家博物馆,集体参观《复兴之路》展览,首次提出并阐释实现中华民族伟大复兴的中国梦。他指出:中华民族的昨天,可以说是"雄关漫道真如铁";中华民族的今天,正可谓"人间正道是沧桑";中华民族的明天,可以说是"长风破浪会有时"。经过鸦片战争以来170多年的持续奋斗,中华民族伟大复兴展现出光明的前景。现在,我们比历史上任何时期都更接近中华民族伟大复兴的目标,比历史上任何时期都更有信心、有能力实现这个目标。

习近平强调,实现中华民族伟大复兴就是中华民族近代以来最伟大的梦想,需要一代又一代中国人共同为之努力。我们坚信"到中国共产党成立100年时全面建成小康社会的目标一定能实现,到新中国成立100年时建成富强民主文明和谐的社会主义现代化国家的目标一定能实现,中华民族伟大复兴的梦想一定能实现"。②

此后,习近平在多种场合进一步阐述和丰富"中国梦"的基本内涵、实践途径和依靠力量。习近平指出,中国梦的核心内涵是中华民族伟大复兴,本质是国家富强、民族振兴、人民幸福。实现中国梦必须走中国道路,就是中国特色

---

① 《习近平谈治国理政》(第一卷),外文出版社2018年版,第4页。
② 同上书,第36页。

社会主义道路；必须弘扬中国精神，就是以爱国主义为核心的民族精神和以改革创新为核心的时代精神；必须凝聚中国力量，就是中国各族人民大团结的力量。中国梦是国家的梦、民族的梦，也是每一个中华儿女的梦。中国梦归根到底是人民的梦，必须紧紧依靠人民来实现，必须不断为人民造福。中国梦是和平、发展、合作、共赢的梦，不仅造福中国人民，而且造福世界人民。

2）坚持和发展中国特色社会主义的战略部署

中国特色社会主义是改革开放以来党的全部理论和实践的主题。2013年1月5日，习近平在新进中央委员会的委员、候补委员学习贯彻党的十八大精神研讨班开班式上强调，坚持和发展中国特色社会主义是一篇大文章，我们这一代共产党人的任务，就是继续把这篇大文章写下去。

十八大选举产生的新一届中央领导集体，以作风建设为切入口推进党的建设新的伟大工程，以全面深化改革开放为根本动力推进中国特色社会主义伟大事业，党和国家事业很快打开新局面，展现新气象。十八大以后五年时间，党中央召开七次全会，分别就政府机构改革和职能转变、全面深化改革、全面推进依法治国、全面建成小康社会、全面从严治党等重大问题作出决定和部署，中国特色社会主义经济建设、政治建设、文化建设、社会建设、生态文明建设"五位一体"总体布局和全面建成小康社会、全面深化改革、全面依法治国、全面从严治党"四个全面"战略布局统筹联动、相互促进，有力推动了理论创新和实践创新的步伐。

3）明确习近平总书记在党政军的核心领导地位

十八大以来，习近平在主持中央工作，治国理政实践中，作为党、国家和军队的最高领导人，展现出坚定信仰信念、鲜明人民立场、非凡政治智慧、顽强意志品质、强烈历史担当、高超政治艺术，赢得了全党全军全国各族人民衷心拥护，受到了国际社会高度赞誉。习近平把握时代大趋势，回答实践新要求，顺应人民新期待，提出一系列重大思想观点，进一步丰富和发展了党的科学理论，为在新的历史起点上实现新的奋斗目标提供了基本遵循。在新的斗争实践中，习近平事实上已经成为党中央的核心、全党的核心。党内外形成一种普遍共识和强烈呼声：维护党中央权威和集中统一领导，必须明确和维护习近平在党中央、全党的核心地位。

2016年10月,党的十八届六中全会明确了习近平总书记党中央的核心、全党的核心地位,正式提出"以习近平同志为核心的党中央"。党的十九大把习近平总书记党中央的核心、全党的核心地位写入党章。确立习近平的核心地位,是实践的选择、历史的选择,是全党的选择、人民的选择。习近平总书记成为党中央的核心、全党的核心,是众望所归、名副其实。坚决维护习近平总书记的核心地位,坚决维护党中央权威和集中统一领导,是党的十八大后的重大政治成果和宝贵经验,是全党在革命性锻造中形成的共同意志,对于更好地凝聚党和人民的力量,推进中国特色社会主义伟大事业和民族复兴大业,具有重大而深远的意义。

3. 统筹推进"五位一体"总体布局

中国特色社会主义事业的总体布局,是全面推进经济建设、政治建设、文化建设、社会建设、生态文明建设,实现以人为本、全面协调可持续的科学发展。"五位一体"总体布局,是新时代推进中国特色社会主义事业的路线图,是更好推动人的全面发展、社会全面进步的任务书。

1) 经济建设取得重大成就

经济建设始终是党和国家工作中的一项重要任务。2014年5月,习近平总书记在河南考察时说,中国发展仍处于重要战略机遇期,要增强信心,从当前中国经济发展的阶段性特征出发,适应新常态,保持战略上的平常心态。这是首次提出经济"新常态"概念。新常态是不同以往的、相对稳定的状态。这是一种趋势性、不可逆的发展状态,意味着中国经济已进入一个与过去30多年高速增长期不同的新阶段。

在新常态下,我国经济发展的主要特点是:增长速度从高速转向中高速,发展方式从规模速度型转向质量效率型,经济结构调整从增量扩能为主转向调整存量、做优增量并举,发展动力从主要依靠资源和低成本劳动力等要素投入转向创新驱动。

认识新常态,适应新常态,引领新常态,是这一时期我国经济发展的大逻辑;适应、把握、引领经济发展新常态,需要进一步明确主攻方向、总体思路和工作重点。2015年10月,党的十八届五中全会审议通过《中共中央关于制定国民经济和社会发展第十三个五年规划的建议》,明确提出了以人民为中心的发展思想，提出了创新、协调、绿色、开放、共享的新发展理念，新发展理念集中体现了新时代我国的发展思路、发展方向、发展着力点，是管全局、管根本、管长远的导向，集中反映了党对经济社会发展规律认识的深化。

推进供给侧结构性改革，是适应和引领经济发展新常态的重大创新。2015年11月，习近平在中央财经领导小组第十一次会议上首次提出推进"供给侧结构性改革"。12月，中央经济工作会议强调，实行宏观政策要稳、产业政策要准、微观政策要活、改革政策要实、社会政策要托底的总体思路，着力加强结构性改革，在适度扩大总需求的同时，去产能、去库存、去杠杆、降成本、补短板，推动我国社会生产力水平整体改善。

针对关系全局、事关长远的问题，党中央提出并实施了一系列重大发展战略，主要包括：京津冀协同发展战略、长江经济带建设、"一带一路"建设、粤港澳大湾区建设、新型城镇化战略、创新驱动发展战略、国家粮食安全战略、能源安全新战略等。

在新发展理念正确指引下，我国经济发展取得巨大成就。2013年至2017年，GDP年均增长超过7%；2017年，GDP总量达到82.08万亿元，稳居世界第二，占世界经济比重达到15%左右，成为世界经济增长的主要动力源和稳定器。开放型经济新体制逐步健全，对外贸易、对外投资、外汇储备稳居世界前列。

2）民主政治建设迈出重大步伐

坚持正确的政治发展道路，是事关中国特色社会主义事业发展全局的重大问题。2012年12月4日，在首都各界纪念现行宪法公布施行30周年大会上，习近平概括了中国特色社会主义政治发展道路的核心内涵，强调坚持中国特色社会主义政治发展道路，关键是要坚持党的领导、人民当家作主、依法治国有机统一，以保障人民当家作主为根本，以增强党和国家活力、调动人民积极性为目标，扩大社会主义民主，发展社会主义政治文明。

坚持发挥中国共产党总揽全局、协调各方的领导核心作用，提高党科学执政、民主执政、依法执政水平，保证党领导人民有效治理国家。人民代表大会制度不断完善。紧扣全面依法治国，抓住提高立法质量这个关键，科学立法、民主立法、依法立法水平不断提高。社会主义协商民主广泛多层制度化发展。2015年1月,中共中央印发《关于加强社会主义协商民主建设的意见》,从顶层设计的高度系统谋划了协商民主的发展路径,形成了包括政党协商、人大协商、政府协商、政协协商、人民团体协商、基层协商、社会组织协商七种协商形式,极大地丰富了民主形式,拓宽了民主渠道,加深了民主内涵。中国共产党领导的多党合作和政治协商制度实现新发展。2015年5月,中共中央颁布《中国共产党统一战线工作条例(试行)》,首次将"参加中国共产党领导的政治协商"作为民主党派基本职能之一,将民主党派基本职能拓展为"参政议政、民主监督,参加中国共产党领导的政治协商"。民族区域自治制度得到切实贯彻落实。基层群众自治制度充满活力。爱国统一战线不断巩固发展,颁布了党关于统一战线的第一部党内法规《中国共产党统一战线工作条例(试行)》和一批规范性文件,统一战线不断创新发展、巩固壮大,在中国特色社会主义事业中发挥了重要的法宝作用。

3) 思想文化建设取得重大进展

文化是一个国家、一个民族的灵魂。2016年6月28日,习近平在十八届中央政治局第三十三次集体学习时提出坚定"四个自信",即中国特色社会主义道路自信、理论自信、制度自信、文化自信,明确把文化自信纳入"四个自信"之中。党中央强调坚定文化自信,就是坚持中国特色社会主义文化发展道路,激发全民族文化创新创造活力。

党对意识形态工作的领导发生深刻变革。随着人们思想活动的独立性、选择性、多变性、差异性明显增强,舆论生态、媒体格局、传播方式发生深刻变化,意识形态工作面临的国内外环境更趋复杂。为加强和改进宣传思想工作,从2013年至2016年,党中央先后召开了全国宣传思想工作会议、文艺工作座谈会、党的新闻舆论工作座谈会、网络安全和信息化工作座谈会、哲学社会科学工作座谈会、全国党校工作会议和全国高校思想政治工作会议,习近平发表了一系列重要讲话,深刻回答了新的历史条件下宣传思想文化工作的重大理论和现实问题。党中央还作出了一系列重大工作部署。经过不懈努力,意识形态领域敢抓敢管、敢于亮剑,牢牢掌握工作领导权、管理权、话语权,人心凝聚、团结向上的良好局面日益形成,马克思主义在我国社会主义意识形态中的指导地位进一步巩固。

培育和践行社会主义核心价值观。2013年12月,中共中央办公厅印发《关于培育和践行社会主义核心价值观的意见》,要求把培育和践行社会主义核心价值观融入国民教育全过程、落实到经济发展实践和社会治理中。实施中华优秀传统文化传承发展工程,推动中华优秀传统文化创造性转化、创新性发展,越来越多的传统经典、戏曲、书法等内容融入国民教育体系。文化事业和文化产业蓬勃发展。2017年3月,《中华人民共和国公共文化服务保障法》施行,实现了人民群众基本文化权益的法律保障。健全现代文化产业体系和市场体系,在经济下行压力较大的背景下,文化产业保持了较快增长速度。统筹对外文化交流、文化传播和文化贸易,加快推动中华文化走出去。

4) 人民生活不断得到改善

在全面建成小康社会进程中,民生领域需求日益复杂多样精细。党中央坚持以人民为中心,统筹做好各领域民生工作,让改革发展成果更多更公平惠及全体人民。

就业是最大的民生。面对结构性就业压力,党中央深入实施就业优先战略和更加积极的就业政策,出台完善各项创业优惠政策,大力发展职业教育和职业培训,加大援企稳岗力度。2013年到2017年,每年城镇新增就业人数1300万人以上,城镇登记失业率保持在较低水平。各级党委和政府不断健全劳动关系协调和矛盾调处机制,建立解决农民工工资拖欠长效机制,推动全社会共同构建和谐劳动关系。

收入是民生之源。党和政府坚持按劳分配原则,努力拓宽居民劳动收入和财产性收入渠道,完善按要素分配的体制机制,通过"扩中、提低、调高、打非",缩小收入分配差距,促进收入分配更合理、更有序。

社保是民生之依。坚持全覆盖、保基本、多层次、可持续的方针,不断深化社会保障制度改革,建成世界上规模最大的社会保障体系。全面建立统一的城乡居民基本养老保险制度,推进机关事业单位养老保险制度改革,建立企业职工基本养老保险基金中央调剂制度,启动养老保险基金投资运营,制度的公平性和可持续性显著增强。

健康中国战略全面深入实施。2016年8月,全国卫生与健康大会召开,习近平强调,要把人民健康放在优先发展的战略地位,加快推进健康中国建设,努力全方位、全周期保障人民健康。10月，中共中央、国务院印发《"健康中国2030"规划纲要》，对健康中国建设作出全面部署。

百年大计，教育为本。党中央紧扣落实立德树人根本任务深化教育改革，努力构建德智体美劳全面培养的教育体系，中国特色社会主义教育制度体系的主体框架基本确立：深化考试招生制度等教育综合改革，加快推进中西部教育发展，加大对革命老区、民族地区、边远地区、贫困地区基础教育的投入力度。统筹推进世界一流大学和一流学科建设，以提升我国高等教育综合实力和国际竞争力。教师队伍建设大为加强，覆盖大中小学完整的师德建设制度体系加快建立。

以体制创新为关键，加强和创新社会治理。坚定不移走中国特色社会主义社会治理之路，基本建成党委领导、政府负责、社会协同、公众参与、法治保障的社会治理体制，初步形成共建共治共享的社会治理格局。社会治理重心向基层下移。改革社会组织管理制度。打造全方位、立体化的社会治安防控体系，深入开展严厉打击暴力恐怖活动专项行动，切实维护包括食品药品安全在内的公共安全，着力建设平安中国。

5）生态文明建设成效显著

党的十八大后，以习近平同志为核心的党中央高度重视生态文明建设，推动我国生态环境保护发生历史性、转折性、全局性变化。

建设生态文明，重在建章立制，用最严格的制度、最严密的法治保护生态环境。2013年11月，党的十八届三中全会将"生态文明体制改革"纳入全面深化改革的目标体系。2014年4月，十二届全国人大常委会第八次会议通过修订后的《中华人民共和国环境保护法》。2015年，中共中央、国务院先后印发《关于加快推进生态文明建设的意见》和《生态文明体制改革总体方案》，对生态文明建设进行全面系统部署安排。

推进生态文明建设离不开对生态环境有力的监管。党中央明确生态环境保护实行党政同责、一岗双责，严格落实领导干部生态文明建设责任制，一些严重破坏生态环境事件受到严肃查处。2015年至2020年，开展两轮次中央生态环境保护督察，对解决突出生态环境问题、促进经济高质量发展等发挥了关键作用。

从保护到修复,牢固树立保护生态环境就是保护生产力、改善生态环境就是发展生产力的理念,着力补齐生态短板。

国土空间开发保护制度和空间规划体系不断健全。2015年8月,国务院印发《全国海洋主体功能区规划》,我国主体功能区战略实现陆域国土空间和海域国土空间的全覆盖。

坚持山水林田湖草是一个生命共同体,全面加大生态系统保护力度。通过采取全面停止天然林商业性采伐、实施沙化土地封禁保护区试点、加大退耕还林还草退牧还草工程力度、全面停止新增围填海、推进大规模国土绿化等一系列重要举措,森林、草原、湿地等重要生态功能区得到休养生息。全国江河湖泊全面推行河长制、湖长制。推动实现生态保护补偿对重点领域和重要区域全覆盖。

积极参与全球环境与气候治理。我国率先发布《中国落实2030年可持续发展议程国别方案》,实施《国家应对气候变化规划(2014—2020年)》。积极推动联合国气候变化巴黎大会达成《巴黎协定》这一历史性文件,积极履行生物多样性保护国际义务,让中国关于生态文明建设的理念和战略,得到国际社会的广泛认可。

生态环境问题,归根结底是发展方式和生活方式问题。这一时期,绿色发展方式加快形成,绿色生活方式日益成为人们的普遍共识和共同追求。

4. 协调推进"四个全面"战略布局

坚持和发展中国特色社会主义,以习近平为总书记的党中央提出协调推进全面建成小康社会、全面深化改革、全面依法治国、全面从严治党,作为解决党和国家事业发展中的主要矛盾问题的战略布局,聚焦各项工作关键环节、重点领域、主攻方向,有效推动改革开放和社会主义现代化建设迈上新台阶,取得新成就。

1) "四个全面"战略布局的提出

2012年11月,党的十八大强调"全面建成小康社会"。2013年11月,党的十八届三中全会对全面深化改革进行了战略部署。2014年10月,党的十八届四中全会对全面依法治国进行了战略部署。

2014年12月,习近平在江苏调研时首次提出协调推进全面建成小康社会、全面深化改革、全面依法治国、全面从严治党。2015年2月,习近平在省部级主要领导干部学习贯彻十八届四中全会精神全面推进依法治国专题研讨班开班式上的讲话,明确将"四个全面"定位为"战略布局"。随后,党中央又相继召开十八届五中、六中全会,就全面建成小康社会、全面从严治党进行专题研究,作出重要部署。

"四个全面"战略布局,每一个"全面"都具有重大战略意义,都是事关全局的战略重点。"四个全面"相辅相成、相互促进、相得益彰,具有紧密逻辑和内在联系,是战略目标与战略举措相统一的有机整体。"四个全面"战略布局抓住了党和国家事业发展中根本性、全局性、紧迫性的重大问题,擘画了推进改革开放和现代化建设的顶层设计,集中体现了党和国家事业长远发展的战略目标和举措,是党在新时代把握我国发展新特征确定的治国理政新方略。

2) 全力推进全面建成小康社会进程

全面建成小康社会,是"四个全面"战略布局中的目标导向之所在,居于引领地位。从"小康"到"全面小康",经历了改革开放和社会主义现代化建设近四十年的发展探索。"全面小康"的核心要义是全民小康,其上线标准为中等发达水平,其底线标准是消除绝对贫困,提高全社会文明发展水平。

小康不小康,关键看老乡。全面建成小康社会,最艰巨最繁重的任务在农村,特别是在贫困地区。2013年11月,习近平在湖南考察时,首次提出"精准扶贫"的重要理念,开启了新时代扶贫开发工作新局面。2015年10月,党的十八届五中全会审议通过"十三五"规划建议,把农村贫困人口脱贫作为全面建成小康社会的基本标志。随后,中共中央、国务院发布《关于打赢脱贫攻坚战的决定》,吹响了脱贫攻坚冲锋号。

扩大中等收入群体,关系全面建成小康社会目标的实现。党的十六大首次明确"扩大中等收入者比重"的目标,十七大强调"中等收入者占多数",十八大提出"中等收入群体继续扩大"的任务。新时代,党和政府提出一系列理论和实践创新的重点方向,并先后出台一系列新政策,有力推动了中等收入群体的不断扩大。

3) 全面深化改革取得重大突破

全面深化改革,是"四个全面"战略布局中的发展动力之所在,是具有突破性和先导性的关键环节。进入新时代,党中央推进全面深化改革,改革呈现全面发力、多点突破、蹄疾步稳、纵深推进的态势。

2013年11月,党的十八届三中全会审议通过《中共中央关于全面深化改革若干重大问题的决定》,对全面深化改革作出顶层设计和总体规划。全会明确全面深化改革的总目标是完善和发展中国特色社会主义制度,推进国家治理体系和治理能力现代化;要求到2020年在重要领域和关键环节改革上取得决定性成果,形成系统完备、科学规范、运行有效的制度体系,使各方面制度更加成熟定型。随后,出台包括经济、政治、文化、社会、生态文明和党的建设等领域336项较大的改革举措。同年12月,中央成立习近平总书记任组长的中央全面深化改革领导小组,负责改革总体设计、统筹协调、整体推进、督促落实。在改革实践中,党中央突出强调经济体制改革为重点,发挥经济体制改革的牵引作用,提出并推进供给侧结构性改革、农村土地"三权分置"、深化国资国企改革、发展混合所有制经济等新理念新举措,推动国有企业、财税金融、科技创新、土地制度、对外开放、文化教育、司法公正、环境保护、养老就业、医药卫生、党建纪检等领域具有牵引作用的改革不断取得突破,使各方面体制机制弊端阻碍全社会创造力和发展活力的状况得到明显改变。

在推进全面深化改革的发展历程中,党中央着力抓好基础性、长远性、系统性的制度设计,对于完善国有资产管理体制、以管资本为主加强国有资产监管,实施全面规范、公开透明的预算制度,稳妥推进财税和金融体制改革,健全城乡发展一体化体制机制,构建开放型经济新体制,推进协商民主广泛多层制度化发展,确保司法机关依法独立行使审判权和检察权,健全反腐败领导体制和工作机制,设立国家安全委员会,健全自然资源资产产权制度,深化国防和军队改革等,都作了制度性安排。国家治理体系与治理能力在制度的不断完善中得到提升。

4) 全面推进依法治国迈出坚实步伐

全面依法治国在"四个全面"战略布局中具有基础性、保障性作用。2014年10月,党的十八届四中全会通过《中共中央关于全面推进依法治国若干重大问题的决定》,明确全面推进依法治国的总目标是建设中国特色社会主义法治体系,建设社会主义法治国家。围绕这一总目标,全会提出180多项重大改革举措,涵盖了依法治国各个方面。2015年4月,中央全面深化改革领导小组第十一次会议审议通过《党的十八届四中全会重要举措实施规划(2015—2020年)》,为此后一个时期推进全面依法治国提供了总施工图和总台账。

党中央高度重视宪法在治国理政中的重要地位和作用,明确坚持依法治国首先要坚持依宪治国。2014年11月,十二届全国人大常委会以立法形式将12月4日设立为国家宪法日。2015年7月,又明确规定国家工作人员就职时公开进行宪法宣誓。立法机关坚持从国情出发,出台一系列涉及国家安全的法律。截至2017年9月,我国已有现行有效法律260部。以宪法为核心的中国特色社会主义法律体系不断完善。2015年12月,中共中央、国务院印发《法治政府建设实施纲要(2015—2020年)》,提出到2020年基本建成"职能科学、权责法定、执法严明、公开公正、廉洁高效、守法诚信"的法治政府的总体目标和行动纲领。与此同时,推动以司法责任制为重点的司法体制改革,实行法官、检察官员额制,进一步全面落实司法责任制,不断健全"让审理者裁判、由裁判者负责""谁决定谁负责"的新型司法权力运行机制。2016年启动"七五"普法工作,2017年5月印发《关于实行国家机关"谁执法谁普法"普法责任制的意见》,首次将国家机关明确为法治宣传教育的责任主体。在此基础上,党委统一领导、部门分工负责、各司其职、齐抓共管的"大普法"格局逐步形成。

5) 全面从严治党成效卓著

全面从严治党,是"四个全面"战略布局的根本保证,是十八大以来党中央抓党建的鲜明主题。2016年7月,习近平在庆祝中国共产党成立95周年大会上讲话强调,中国特色社会主义最本质的特征是中国共产党领导,中国特色社会主义制度的最大优势是中国共产党领导。坚持党的领导,首先是坚持党中央权威和集中统一领导。加强党的全面领导,中央进一步健全完善相关制度机制。2015年1月,中共中央印发《关于加强和改进党的群团工作的意见》,加强党的领导是做好群团工作的根本保证。6月,中共中央印发《中国共产党党组工作条例(试行)》。这是中国共产党党组工作方面第一部专门党内法规。12月,中共中央印发《中国共产党地方委员会工作条例》,进一步健全地方党委发挥领导核心作用的制度基础,完善了地方党委运行机制。2016年10月,中央召开全国国有企业党的建设工作会议,强调要坚持党对国有企业的领导不动摇,开创国有企业党的建设新局面。12月,中共中央、国务院印发《关于加强和改进新形势下高校思想政治工作的意见》,要求把党的建设贯穿始终,牢牢掌握党对高校的领导权。

全面从严治党,首先从作风问题抓起,从中央政治局立规矩开始,从落实中央八项规定精神入手。坚持把纪律挺在前面,严明政治纪律和政治规矩。面对一段时间党内腐败问题比较严重的状况,以习近平同志为核心的党中央以"得罪千百人、不负十四亿"的坚定决心,以雷霆之势、霹雳手段惩治腐败,持续形成强大威慑。党的十八大以后的五年,经党中央批准立案审查的省部级以上党员干部及其他中管干部440人。以反腐败为重点突破口的全面从严治党取得重大战略性成果,不敢腐的目标初步实现,不能腐的笼子越扎越牢,不想腐的堤坝正在构筑,反腐败斗争压倒性态势已经形成并巩固发展。

5. 三个重要领域工作取得新进展

全面推进国防和军队现代化建设,坚持"一国两制"和推进祖国统一,全面推进中国特色大国外交和推动构建人类命运共同体,三个重要领域工作在新时代取得新进展。

1) 全面推进国防和军队建设现代化

确立新时代强军目标。建设一支听党指挥、能打胜仗、作风优良的人民军队,是党在新形势下的强军目标。这是从全局上对国防和军队建设作出的战略筹划和顶层设计,是党在新时代建军治军的总方略。贯彻新时代政治建军方略。2014年10月,新世纪第一次全军政治工作会议在福建省上杭县古田镇召开,习近平在会上发表重要讲话,强调革命的政治工作是革命军队的生命线,明确提出了军队政治工作的时代主题,是紧紧围绕实现中华民族伟大复兴的中国梦,为实现党在新形势下的强军目标提供坚强政治保证。全军政治工作会议启动了思想建党、政治建军的新征程。

深化国防和军队改革。2015年12月开始,军队领导指挥体制改革率先展开。2016年底,军队规模结构和力量编成改革压茬推进,至党的十九大前,国防和军队改革取得历史性突破,形成军委管总、战区主战、军种主建新格局,人民军队组织架构和力量体系实现革命性重塑。科技是现代战争的核心战斗力。瞄准世界军事科技前沿,人民军队坚持向科技创新要战斗力,坚持自主创新战略基点,围绕发展新型作战力量、加快研发高新技术武器装备等作出一系列部署,加快推进重大工程建设,加速战略性前沿性颠覆性技术发展,取得了一系列显著成就。依法治国、从严治军是强军之基,是人民军队深化改革、推进现代化建设的重要内容。2014年12月,习近平在中央军委扩大会议上强调,依法治军、从严治军是党建军治军的基本方略。2015年2月,中央军委印发《关于新形势下深入推进依法治军从严治军的决定》,对加强军队法治建设作出全面部署。

聚焦能打胜仗,强化练兵备战。2012年底,习近平在中央军委扩大会议上鲜明地提出牢固确立战斗力这个唯一的根本的标准,要求把战斗力标准贯穿到军队建设全过程和各方面。2014年3月,全面开展"战斗力标准大讨论",凝聚起练精兵、谋打赢的高度共识。随后,大抓实战化军事训练,坚持以战领训、以训促战、战训一致。深入推进联战联训,加速提升一体化联合作战能力,全军部队广泛开展各战略方向使命课题针对性训练和各军兵种演习训练。在中国特色强军之路上迈出坚实步伐,开创了强军兴军新局面。

2) 坚持"一国两制"和推进祖国统一

"一国两制"是中国共产党的伟大创举,进入新时代,党中央研究新形势新情况,妥善应对复杂局面,排除各种干扰,全面准确贯彻"一国两制"方针,牢牢掌握宪法和基本法赋予的中央对香港、澳门全面管治权,深化内地和港澳地区交流合作,引领"一国两制"实践在乘风破浪中取得新成功。中央政府高度重视依法治港治澳,依法遏制和打击"港独"势力,坚决维护国家核心利益和香港、澳门特别行政区根本利益。在中央政府的全力支持下,香港特别行政区政府依法推进选举制度改革。澳门特别行政区依据全国人大常委会有关释法精神,主动在立法选举中增加"防独"条款。党和国家从整体发展战略的高度着眼,从保持香港、澳门长期繁荣稳定的要求出发,积极谋划、全力支持港澳经济社会发展和民生改善,促进港澳与内地优势互补、合作共赢、共同发展。国家"十三五"规划纲要明确提出,提升港澳在国家经济发展和对外开放中的地位和功能,支持港澳参与国家双方开放、"一带一路"建设,推动内地与港澳关于建立更紧密经贸关系安排升级,深化内地与香港金融合作。

推进两岸关系发展,实现国家统一,是大势所趋、大义所在、民心所向。党的十八大以来,新一届中央领导集体继续推进两岸关系和平发展、促进两岸和平统一。在妥善应对台湾局势变化的同时,中共中央和中央政府继续加强与岛内认同"九二共识"、支持两岸关系和平发展的政党、团体、县市和人士交流互动,不断推进两岸各领域交流合作与经济社会融合发展,坚定维护两岸关系和平发展的大局。党中央高度警惕形形色色的"台独"活动,坚决反对"法理台独"分裂行径,坚决遏制"渐进台独"侵蚀和平统一的基础,绝不为各种形式的"台独"分裂活动留下任何空间。

3）全面推进中国特色大国外交和推动构建人类命运共同体

进入21世纪第二个十年,世界多极化、经济全球化、社会信息化、文化多样化深入发展,新兴市场国家和发展中国家快速崛起,国际力量对比更趋均衡,全球治理体系深刻重塑,国际格局加速演变,世界处于大变革大调整之中。面对世界百年未有之大变局,2014年11月,习近平在中央外事工作会议上提出推进中国特色大国外交的战略思想。要高举和平、发展、合作、共赢的旗帜,统筹国内国际两个大局,统筹发展和安全两件大事,牢牢把握坚持和平发展、促进民族复兴这条主线,维护国家主权、安全、发展利益,为和平发展营造更加有利的国际环境,维护和延长我国发展的重要战略机遇期,为实现"两个一百年"奋斗目标,实现中华民族伟大复兴的中国梦提供有力保障。

倡导推动构建人类命运共同体。2013年3月,习近平在莫斯科国际关系学院发表演讲,首次提出人类命运共同体理念。随后,这个思想主张得到不断丰富和发展,逐渐得到国际社会的广泛认同。2017年3月,联合国安理会将其写入第2344号决议。

积极促进"一带一路"国际合作。2013年秋,习近平提出共建丝绸之路经济带和21世纪海上丝绸之路倡议。2014年11月,习近平进一步提出以亚洲国家为重点方向、以经济走廊为依托、以交通基础设施为突破、以建设融资平台为抓手、以人文交流为纽带的合作建议。截至2017年9月底,已有74个国家和国际组织与中方签署共建"一带一路"合作文件。共建"一带一路"国家由亚欧延伸至非洲、拉美、南太等区域。

打造全球伙伴关系。中俄关系一直是中国外交的重点方向之一,中国致力于构建中美新型大国关系,推动中欧全面战略伙伴关系向前发展。中国与周边国家关系,坚持与邻为善、以邻为伴,坚持睦邻、安邻、富邻,提出并实践亲诚惠容的周边外交理念。引领全球治理体系改革和建设，努力为全球治理贡献中国智慧和力量，积极参与制定多个新兴领域治理规则，建设性地参与解决国际和地区热点问题。

(二) 开创新时代中国特色社会主义现代化建设新局面

党的十九大根据中国社会主要矛盾已经发生变化的判断，提出中国特色社会主义现代化建设进入新时代的重要论述。新时代意味着近代以来久经磨难的中华民族迎来了从站起来、富起来到强起来的伟大飞跃，迎来了实现中华民族伟大复兴的光明前景；意味着科学社会主义在21世纪的中国焕发出强大生机活力，在世界上高高举起了中国特色社会主义伟大旗帜；意味着中国特色社会主义道路、理论、制度、文化不断发展，拓展了发展中国家走向现代化的途径，给世界上那些既希望加快发展又希望保持自身独立性的国家和民族提供了全新选择，为解决人类问题贡献了中国智慧和中国方案。

新时代以习近平新时代中国特色社会主义思想为指导，坚持党的全面领导，提高党的建设质量，党和国家组织机构和管理体制进行系统性整体性重构，坚持和完善中国特色社会主义制度，推进国家治理体系和治理能力现代化，在应对各种风险挑战中推进各项事业平稳有序发展。

1. 确立习近平新时代中国特色社会主义思想为指导思想

1) 党的十九大召开

2017年10月18日至24日，中国共产党第十九次全国代表大会在北京召开。这是在全面建成小康社会决胜阶段、中国特色社会主义进入新时代的关键时期召开的一次十分重要的大会。

习近平同志代表十八届中央委员会向大会做题为《决胜全面建成小康社会，夺取新时代中国特色社会主义伟大胜利》的报告。大会主题是：不忘初心，牢记使命，高举中国特色社会主义伟大旗帜，决胜全面建成小康社会，夺取新时代中国特色社会主义伟大胜利，为实现中华民族伟大复兴的中国梦不懈奋斗。大会高度评价党的十八大以来党和国家事业取得的历史性成就、发生的历史性变革。大会批准了习近平代表十八届中央委员会所作的报告，批准了中央纪律检查委员会的工作报告，审议通过了《中国共产党章程(修正案)》。

把习近平新时代中国特色社会主义思想确立为党的指导思想,写在党的旗帜上,是这次党章修改的最大亮点和最突出的历史贡献。

2）习近平新时代中国特色社会主义思想的历史地位

党的十八大以来,以习近平同志为核心的党中央从理论和实践结合上系统回答了新时代坚持和发展什么样的中国特色社会主义、怎样坚持和发展中国特色社会主义这个重大时代课题,回答了新时代坚持和发展中国特色社会主义的总目标、总任务、总体布局、战略布局和发展方向、发展方式、发展动力、战略步骤、外部条件、政治保证等基本问题,并且根据新的实践对经济、政治、法治、科技、教育、民生、民族、宗教、社会、生态文明、国家安全、国防和军队、"一国两制"和祖国统一、统一战线、外交、党的建设等各方面作出理论分析和政策指导,创立了习近平新时代中国特色社会主义思想。

习近平新时代中国特色社会主义思想的核心内容,是"八个明确"和"十四个坚持",二者有机融合、相互统一,反映了以习近平同志为核心的党中央对中国特色社会主义规律性认识的深化,体现了理论与实践相结合、认识论和方法论相统一的鲜明特色。这个思想为发展马克思主义做出了原创性贡献。2018年3月,十三届全国人大一次会议通过的宪法修正案,把习近平新时代中国特色社会主义思想载入宪法,实现了国家指导思想的与时俱进,反映了全国各族人民共同意志和全社会共同意愿。

3）揭示中国共产党人的初心和使命

党的十九大报告指出,中国共产党人的初心和使命,就是为中国人民谋幸福,为中华民族谋复兴。这个初心和使命是激励中国共产党人不断前进的根本动力。

2016年7月1日,在庆祝中国共产党成立95周年大会上,习近平总书记在讲话中提出"不忘初心,继续前进"。2017年10月,十九大报告正式提出中国共产党人的初心和使命的具体内容。2019年中央决定在全党开展"不忘初心、牢记使命"主题教育活动,要求全体党员通过参加学习教育,做到"守初心、担使命,找差距、抓落实"。主题学习活动的根本任务是,深入学习贯彻习近平新时代中国特色社会主义思想,锤炼忠诚干净担当的政治品格,团结带领全国各族人民为实现伟大梦想共同奋斗。2020年1月8日,此项主题教育总结大会在北京召开,要求不断推动主题教育各项成果落地见效。

4) 作出中国特色社会主义进入新时代、我国社会主要矛盾发生新变化的重大政治判断

十九大报告指出,经过长期努力奋斗,中国特色社会主义进入新时代。这个重大政治论断揭示了党和人民事业所处的历史方位和发展阶段,是党明确阶段性中心任务、制定路线方针政策的根本依据。

作出进入新时代政治判断的主要依据,是我国社会主要矛盾发生变化。经过新中国30年和改革开放40年建设发展积累,我国社会主要矛盾已经转化为人民日益增长的美好生活需要和不平衡不充分的发展之间的矛盾。这是关系全局的历史性变化,对党和国家工作提出了许多新要求。从人民日益增长的物质文化需要同落后的社会生产之间的矛盾,到人民日益增长的美好生活需要和不平衡不充分的发展之间的矛盾,是经济社会发展的必然结果。但是,必须清醒地认识到,我国社会主要矛盾的变化,没有改变我们对我国社会主义所处历史阶段的判断,我国仍然处于并将长期处于社会主义初级阶段的基本国情没有变,我国是世界最大发展中国家的国际地位没有变。全党要牢牢把握社会主义初级阶段这个基本国情,牢牢立足社会主义初级阶段这个最大实际,牢牢坚持党的基本路线这个党和国家的生命线、人民的幸福线。

5) 确定决胜全面建成小康社会、开启全面建设社会主义现代化国家新征程的目标

十九大公报指出,全党全国人民要按照全面建成小康社会各项要求,紧扣我国社会主要矛盾变化,突出抓重点、补短板、强弱项,特别是要坚决打好防范化解重大风险、精准脱贫、污染防治的攻坚战,使全面建成小康社会得到人民认可、经得起历史检验。从十九大到二十大,是"两个一百年"奋斗目标的历史交汇期。我们既要全面建成小康社会,实现第一个百年奋斗目标,又要乘势而上开启全面建设社会主义现代化国家新征程,向第二个百年奋斗目标挺进。大会综合分析国际形势和我国发展条件,从2020年到21世纪中叶可以分两个阶段来安排:第一个阶段,2020—2035年,在全面建成小康社会的基础上,再奋斗15年,基本实现社会主义现代化;第二个阶段,从2035年到21世纪中叶,在基本实现现代化的基础上,再奋斗15年,把我国建成富强民主文明和谐

美丽的社会主义现代化强国。从全面建成小康社会到基本实现现代化,再到全面建成社会主义现代化强国,是新时代中国特色社会主义发展的战略安排。

6) 对新时代推进中国特色社会主义伟大事业和党的建设新的伟大工程作出全面部署

十九大报告强调,实现伟大梦想,必须进行伟大斗争,要充分认识这场伟大斗争的长期性、复杂性、艰巨性,发扬斗争精神,提高斗争本领,不断夺取伟大斗争新胜利。实现伟大梦想,必须建设伟大工程,这个伟大工程就是正在深入推进的党的建设新的伟大工程。实现伟大梦想,必须推进伟大事业。伟大斗争,伟大工程,伟大事业,伟大梦想,紧密联系、相互贯通、相互作用,其中起决定性作用的是党的建设新的伟大工程。

大会明确提出新时代党的建设总要求:坚持和加强党的全面领导,坚持党要管党、全面从严治党,以加强党的长期执政能力建设、先进性和纯洁性建设为主线,以党的政治建设为统领,以坚定理想信念宗旨为根基,以调动全党积极性、主动性、创造性为着力点,全面推进党的政治建设、思想建设、组织建设、作风建设、纪律建设,把制度建设贯穿其中,深入推进反腐败斗争,不断提高党建设质量,把党建设成为始终站在时代前列、人民衷心拥护、勇于自我革命、经得起各种风浪考验、朝气蓬勃的马克思主义执政党。

7) 选举产生新的中央领导集体

2017年10月24日,党的十九大选举产生十九届中央委员会和中央纪律检查委员会。十九届一中全会选举习近平、李克强、栗战书、汪洋、王沪宁、赵乐际、韩正为中央政治局常委,习近平为中央委员会总书记;决定习近平为中央军事委员会主席;批准赵乐际为中央纪律检查委员会书记。

2018年3月,十三届全国人大一次会议选举习近平为国家主席、国家中央军事委员会主席,栗战书为全国人大常委会委员长,决定李克强为国务院总理;全国政协十三届一次会议选举汪洋为政协第十三届全国委员会主席。

2. 坚持党的全面领导和提高党的建设质量

1) 坚持党对一切工作的领导

党的十九大将"中国特色社会主义最本质的特征是中国共产党领导,中国特色社会主义制度的最大优势是中国共产党领导,党是最高政治领导力量"确立为习近平新时代中国特色社会主义思想的重要内容,同时把这一重大政治原则写入党章,把"坚持党对一切工作的领导"作为新时代坚持和发展中国特色社会主义的基本方略的第一条。这是中国共产党、中国人民在坚持和发展中国特色社会主义中最根本的经验总结,是道路自信、理论自信、制度自信、文化自信的集中体现。2018年3月,十三届全国人大一次会议通过宪法修正案,在总纲中规定,中国共产党领导是中国特色社会主义最本质的特征,强化党总揽全局、协调各方的领导地位。2019年10月,党的十九届四中全会把坚持和完善党的领导制度体系放在首位,突出党的领导制度体系的统领地位,为新时代加强党的全面领导提供了有力的制度保证。

2) 坚决维护党中央权威和集中统一领导

维护习近平总书记党中央的核心、全党的核心地位,维护党中央权威和集中统一领导,是全面从严治党的重大政治成果和宝贵经验。2017年10月,中央政治局会议审议《中共中央政治局关于加强和维护党中央集中统一领导的若干规定》,要求中央政治局带头树立"四个意识",严格遵守党章和党内政治生活准则。2018年8月,中共中央印发修订后的《中国共产党纪律处分条例》,增加了"两个维护""四个意识"等内容。2019年1月,中共中央印发《关于加强党的政治建设的意见》,对新时代加强党的政治建设作出了重大部署,将坚决做到"两个维护"作为加强党的政治建设的首要任务。同时,中共中央还印发《中国共产党重大事项请示报告条例》,强调涉及党和国家工作全局的重大方针政策,经济、政治、文化、社会、生态文明建设和党的建设中的重大原则和问题,国家安全、港澳台侨、外交、国防、军队等党中央集中统一管理的事项,以及其他只能由党中央领导和决定的重大事项,必须向党中央请示报告。同年10月,党的十九届四中全会提出,"完善坚定维护党中央权威和集中统一领导的各项制度",强调健全党中央对重大工作的领导机制,强化党中央决策议事协调机构职能作用,完善推动党中央重大决策落实机制,严格执行向党中央请示报告制度,确保令行禁止。

2020年9月,中共中央印发《中国共产党中央委员会工作条例》,着眼加强中央委员会工作,对党中央的领导地位、领导机制、领导职权、领导方式、决策部署、自身建设等作出全面规定,为保证党中央对党和国家事业的集中统一领导提供了基本遵循。

3）把党的政治建设摆在首位

政治建设决定党的建设方向和效果，是党的建设之"灵魂"和"根基"所在。党的十九大提出党的政治建设这个重大命题，把党的政治建设纳入党的建设总布局并摆在首位。加强党的政治建设，目的是坚定政治信仰，强化政治领导，提高政治能力，净化政治生态，实现全党团结统一、行动一致。

2019年3月，全国巡视工作会议暨十九届中央第三轮巡视动员部署会议要求认真履行新时代巡视工作政治督促责任制，紧扣督促做到"两个维护"根本任务，严明政治纪律和政治规矩，破除形式主义、官僚主义，推进政治监督具体化常态化，推动党中央大政方针的贯彻落实。巡视工作中，严肃查处违背党的政治路线、破坏党的集中统一问题，以政治上的加强推动全面从严治党向纵深发展。

4）深入推进党的自我革命

勇于自我革命，是中国共产党最鲜明的政治品格，是熔铸在共产党人血脉里的政治基因。习近平总书记多次强调指出，要兴党强党，保证党永葆生机活力，就必须实事求是认识和把握自己，以勇于自我革命精神打造和锤炼自己。以党章为根本遵循，把政治建设摆在首位，思想建党和制度建党同向发力，统筹推进党的各项建设，才能不断增强党自我净化、自我完善、自我革新、自我提高的能力。

把坚定理想信念作为党的思想建设的首要任务，用习近平新时代中国特色社会主义思想武装全党，教育引导全党牢记党的宗旨，解决好"总开关"问题。通过组织开展"四史"和中共党史学习教育活动，广大党员干部读原著、学原文、悟原理，不断筑牢信仰之基、补足精神之钙、把稳思想之舵。同时，贯彻新时代党的组织路线，以组织体系建设为重点，着力培养忠诚干净担当的高素质干部，着力集聚爱国奉献的各方面优秀人才，坚持德才兼备、以德为先、任人唯贤，为坚持和加强党的全面领导、坚持和发展中国特色社会主义提供坚强组织保证。

作风建设是新时代党的自我建设的重要内容。党中央继"中央八项规定"之后，又相继通过《中共中央政治局贯彻落实中央八项规定的实施细则》《关于解决形式主义突出问题为基层减负的通知》《关于持续解决困扰基层的形式主义问题为决胜全面建成小康社会提供坚强作风保证的通知》,持续纠治形式主义、官僚主义,切实为基层减轻负担,受到基层群众的欢迎。国家统计局民意调查显示,群众认为 2020 年落实中央八项规定精神、纠正"四风"卓有成效的占 95.7%,比 2013 年提高 14.4 个百分点;认为 2020 年全面从严治党卓有成效的占 95.8%,比 2013 年提高 16.5 个百分点。

加强纪律建设是全面从严治党的治本之策。2018 年 7 月,中央政治局会议强调,要巩固和发展执纪必严、违纪必究常态化成果,下大气力建制度、立规矩、抓落实、重执行,让制度"长牙"、纪律"带电",充分发挥纪律建设标本兼治的利器作用,使铁的纪律真正转化为党员干部的日常习惯和自觉遵循,推动全面从严治党向纵深发展。与此同时,深入推进反腐败斗争,坚持和完善党和国家监督体系,强化对权力运行的制约和监督。

3. 党和国家组织结构和管理体制的系统性整体性重构

随着全面深化改革不断推进,深化党和国家机构改革工作提上议事日程。2018 年 2 月,党的十九届三中全会审议通过《中共中央关于深化党和国家机构改革的决定》和《深化党和国家机构改革方案》。3 月,十三届全国人大一次会议批准国务院机构改革方案。改革的目标是构建系统完备、科学规范、运行高效的党和国家机构职能体系,形成总揽全局、协调各方的党的领导体系,职责明确、依法行政的政府治理体系,中国特色、世界一流的武装力量体系,联系广泛、服务群众的群团工作体系,推动人大、政府、政协、监察机关、审判机关、检察机关、人民团体、企事业单位、社会组织等在党的统一领导下协调行动、增强合力,全面提高国家治理能力和治理水平。新组建的国家监察委员会正式揭牌运行,党和国家机构改革全面铺开。同年 11 月,全国 31 个省(区、市)机构改革方案全部对外公布。通过机构改革,整体性调整优化了中央和地方各级各类组织机构和管理机制,重构性健全了党的领导体系、政府管理体系、武装力量体系、群团工作体系,系统性增强了党的领导力、政府执行力、武装力量战斗力,推进国家治理体系和治理能力现代化迈出重大步伐。

4. 坚持和完善中国特色社会主义制度,推进国家治理体系和治理能力现代化

2019 年 10 月,党的十九届四中全会审议通过《中共中央关于坚持和完善

中国特色社会主义制度,推进国家治理体系和治理能力现代化若干重大问题的决定》,系统梳理和集成升华了党和国家各方面的制度,描绘了坚持和完善中国特色社会主义制度的宏伟蓝图,为实现中华民族伟大复兴提供了坚强的制度保障。全会提出坚持和完善中国特色社会主义制度,推进国家治理体系和治理能力现代化的总目标,是到中国共产党成立100周年时,在各方面制度更加成熟定型上取得明显成效;到2035年,各方面制度更加完善,基本实现国家治理体系和治理能力现代化;到新中国成立100周年时,全面实现国家治理体系和治理能力现代化,使中国特色社会主义制度更加巩固、优越性充分展现。

构建中国特色社会主义制度体系,必须突出坚持和完善支撑中国特色社会主义制度的根本制度、基本制度、重要制度,着力固根基、扬优势、补短板、强弱项,构建系统完备、科学规范、运行有效的制度体系,加强系统治理、依法治理、综合治理、源头治理,把我国制度优势更好转化为国家治理效能,不断彰显"中国之治"的制度优势和强大生命力。

国家治理现代化对科学完备的法律规范体系提出新要求。2020年5月,十三届全国人大三次会议通过《中华人民共和国民法典》。这是新中国历史上第一部法典化的法律,是新时代中国特色社会主义制度建设、法治建设的一个重大标志性成果。

5. 在应对风险挑战中推进各项事业发展

新时代面临着深刻复杂变化的国内外环境,要求党和政府更好统筹中华民族伟大复兴战略全局与世界百年未有之大变局,增强忧患意识,坚持底线思维,做到居安思危,办好发展与安全两件大事。

2018年后,我国所处外部环境发生深刻复杂变化,特别是美国单方面执意挑起中美经贸摩擦,对我国进行全方位遏制打压,给我国经济运行带来不利影响。7月,中央政治局会议提出做好"六稳"工作要求,即做好稳就业、稳金融、稳外贸、稳外资、稳投资、稳预期工作,以稳定宏观经济大局,增强应对复杂局面和各种风险挑战的底气。12月,中央经济工作会议进一步提出"巩固、增强、提升、畅通"八字方针,为进一步坚持以供给侧结构性改革为主线不动摇,推动高质量发展指明方向。

2019年6月,香港爆发"修例风波"。2020年5月,十三届全国人大三次会议通过《关于建立健全香港特别行政区维护国家安全的法律制度和执行机构的决定》,授权全国人大常委会制定相关法律,切实防范、制止和惩治任何分裂国家、颠覆国家政权、组织实施恐怖活动等严重危害国家安全的行为和活动,以及外国和境外势力干预香港特别行政区事务的活动。6月,十三届全国人大常委会第二十次会议通过《中华人民共和国香港特别行政区维护国家安全法》,列入香港基本法附件三,明确由香港特别行政区在当地公布实施,对香港特别行政区维护国家安全制度机制作出法律化、规范化、明晰化的具体安排,为稳定香港局势,提供法治保障,做出制度性安排。同时,坚持反对"台独"势力活动,在《新时代的中国国防》白皮书中重申:如果有人要把台湾从中国分裂出去,中国军队将不惜一切代价,坚决予以挫败,捍卫祖国统一。

国际事务中,不断开拓中国特色大国外交新局面。面对保护主义抬头、单边霸凌逆流,中国支持全球化进程,坚守自由贸易体制,维护多边主义规则。从主场外交到国际会议,从政策宣示到务实举措,中国不断对外释放扩大开放的明确信号,坚定地站在历史前进的正确一边。2018年4月,习近平在博鳌亚洲论坛年会上郑重宣示:"中国开放的大门不会关闭,只会越开越大。"同年11月,首届中国国际进口博览会在上海举办。2019年4月,中国成功举办第二届"一带一路"国际合作高峰论坛。2020年9月,中国发起《全球数据安全倡议》,倡导全球数字治理应秉持多边主义、兼顾安全发展、坚守公平正义。同月,习近平在第75届联合国大会上宣布,中国的二氧化碳排放力争于2030年前达到峰值,努力争取在2060年前实现碳中和。在习近平外交思想的正确指引下,中国冷静应对国际形势发生的复杂深刻变化,妥善处理由此带来的新困难、新挑战,坚定维护国家利益,深入拓展友好合作,积极展现大国担当,奋力开拓新时代中国特色大国外交新局面。

6. 向第二个百年奋斗目标迈进

2020年10月,党的十九届五中全会在北京举行。全会听取和讨论习近平受中央政治局委托作的工作报告,审议通过《中共中央关于制定国民经济和社会发展第十四个五年规划和二〇三五年远景目标的建议》。该建议在确立基本实现现代化远景目标的同时,谋划了"十四五"时期经济社会发展的指导方针、基本原则和主要目标。

该建议明确提出"十四五"时期经济社会发展的指导思想,要求统筹推进"五位一体"总体布局和协调推进"四个全面"战略布局,坚定不移贯彻创新、协调、绿色、开放、共享的新发展理念,坚持稳中求进工作总基调,以推动高质量发展为主题,以深化供给侧结构性改革为主线,以改革创新为根本动力,以满足人民日益增长的美好生活需要为根本目的,统筹发展和安全,加快建设现代化经济体系,加快构建以国内大循环为主体、国内国际双循环相互促进的新发展格局,推进国家治理体系和治理能力现代化,实现经济行稳致远、社会安定和谐,为全面建设社会主义现代化国家开好局、起好步。

2021年3月,十三届全国人大四次会议表决通过《中华人民共和国国民经济和社会发展第十四个五年规划和二〇三五年远景目标纲要》,"十四五"规划开始付诸实施。

2021年11月,党的十九届六中全会在北京召开。全会听取和讨论了习近平受中央政治局委托作的工作报告,审议通过了《中共中央关于党的百年奋斗重大成就和历史经验的决议》《关于召开党的第二十次全国代表大会的决议》。全会提出,中国共产党自1921年成立以来,始终把为中国人民谋幸福、为中华民族谋复兴作为自己的初心使命,始终坚持共产主义理想和社会主义信念,团结带领全国各族人民为争取民族独立、人民解放和实现国家富强、人民幸福而不懈奋斗,已经走过一百年光辉历程。党和人民百年奋斗,书写了中华民族几千年历史上最恢宏壮丽的史诗。

(三) 全面建成小康社会和开启全面建设社会主义现代化国家新征程

2021年7月1日,在庆祝中国共产党成立100周年大会上,习近平总书记庄严宣告:"经过全党全国各族人民持续奋斗,我们实现了第一个百年奋斗目标,在中华大地上全面建成了小康社会,历史性地解决了绝对贫困问题,正在意气风发向着全面建成社会主义现代化强国的第二个百年奋斗目标迈进。"①全面建成小康社会与消除绝对贫困问题,是一个问题的两个方

---

① 《习近平谈治国理政》(第四卷),外文出版社2022年版,第3页。

面,是第一个百年奋斗目标的上线和底线所在,也是第二个百年奋斗目标的起点所在。

1. 消除绝对贫困与全面建成小康社会

消除贫困、改善民生、逐步实现共同富裕,是中国特色社会主义的本质要求,是中国共产党的重要历史使命。党的十八大以来,中国平均每年1000多万人脱贫,相当于一个中等国家的人口脱离贫困。贫困人口收入水平显著提高,全部实现"两不愁三保障",即脱贫人口不愁吃、不愁穿,义务教育、基本医疗、住房安全有保障,饮水安全也有保障。2020年11月23日,中国最后9个贫困县退出贫困。经过8年持续奋斗,全国832个贫困县全部摘帽,12.8万个贫困村全部出列,近1亿贫困人口实现脱贫,消除了绝对贫困和区域性整体贫困。无论是雪域高原、戈壁沙漠,还是悬崖绝壁、巨石大山,脱贫攻坚的阳光照耀到了中国大陆的每一个角落,无数人的命运因此而改变,无数人的梦想因此而实现,无数人的幸福因此而成就!

农村贫困人口全部脱贫,为实现全面建成小康社会目标任务作出了关键性贡献。脱贫地区经济社会发展大踏步赶上来,整体面貌发生历史性巨变,经济实力不断增强,基础设施建设突飞猛进,社会事业长足进步,行路难、吃水难、用电难、通信难、上学难、就医难等问题得到历史性解决。脱贫群众精神风貌焕然一新,增添了自立自强的信心勇气。党群干群关系明显改善,党在农村的执政基础更加巩固。创造了减贫治理的中国样本,为全球减贫事业作出重大贡献。

党的十八大以来,面对错综复杂的国际形势、艰巨繁重的国内改革发展稳定任务,特别是新冠肺炎疫情严重冲击,中国经济实力、科技实力、综合国力和人民生活水平跃升了新的大台阶,在中华大地上全面建成了小康社会。2020年,我国国内生产总值达到101.6万亿元,占世界经济比重的17%,稳居世界第二位。人均国民收入突破1万美元,按世界银行标准,达到中等收入国家水平。基础设施日益完善,高速铁路、高速公路、发电装机容量、互联网基础设施规模等都位于世界第一。同时,中国还是世界第一货物贸易大国、第一外汇储备大国。国家科技实力正在从量的积累迈向质的飞跃、从点的突破迈向系统能力提升。生态环境明显改善,蓝天、碧水、净土保卫战取得显著成效,中国已成为世界利用新能源和可再生能源第一大国。改革开放继续得到深化,中国关税总水平降至7.5%;截至2021年1月底,中国已与140个国家和31个国际组织签署共建"一带一路"合作文件205份;对外投资存量达到2.3万亿美元,位居全球第三位。

公共文化服务设施加快普及。2019年底,全国公共图书馆、博物馆数量分别达3 196个和5 132个,电视节目综合人口覆盖率达99.4%;全国已有1 536个县(市、旗)建设融媒体中心,覆盖率近82%,主流新闻舆论阵地不断做强做大。文化产业快速发展,全面健身公共服务体系更加完善。社会主义核心价值观日渐深入人心,中华文化影响力持续扩大。

人民生活水平显著提高。2020年,全国居民人均可支配收入达到32 000多元。居民生活质量显著提升,消费快速增长,吃穿用有余,家用电器普及,汽车快速进入寻常百姓家。2020年,全国居民恩格尔系数为30.2%,比2000年下降12个百分点。居民平均预期寿命从1949年的35岁提高到2019年的77.3岁。

全面建成小康社会,是新中国对人类社会的伟大贡献。全面建成小康社会,大大提升了人类社会整体发展水平,社会主义中国以更加雄伟的身姿屹立于世界东方。根据国际货币基金组织统计,2019年共有69个国家和地区人均国内生产总值超过1万美元,包括中国14亿人口,总数约为28亿人。中国全面建成小康社会,使得世界上人均国内生产总值超过1亿美元的人口数量翻了将近一番,充分彰显了中国特色社会主义制度的强大生命力和巨大优越性。全面建成小康社会的理论和实践,深化了对社会主义本质的认识和理解,开拓了社会主义发展新境界,使科学社会主义在21世纪的中国焕发出强大生机活力。全面建成小康社会的成功探索,拓展了发展中国家走向现代化的路径,给世界上那些既希望加快发展又希望保持自身独立性的国家和民族提供了全新选择,为解决人类问题贡献了中国智慧和中国方案。

2. 把握新发展阶段、贯彻新发展理念、构建新发展格局

1) 准确把握新发展阶段

随着"十三五"规划目标任务完成,全面建成小康社会胜利实现,中华民族伟大复兴向前迈出了新的一大步,标志着中国社会主义事业进入一个新的发

展阶段,即全面建设社会主义现代化国家。新发展阶段是实现第二个百年奋斗目标、把民族复兴伟业推向新境界的阶段,同时是其中经过几十年积累、站到了新的起点的一个阶段,是共产党带领人民迎来从站起来、富起来到强起来历史性跨越的新阶段。新发展阶段也是社会主义初级阶段中的一个阶段。社会主义初级阶段不是一个静态、一成不变、停滞不前的阶段,也不是一个自发、被动、不用费多大气力自然而然就可以跨过的阶段,而是一个动态、积极有为、始终洋溢着蓬勃生机活力的过程,是一个阶梯式递进、不断发展进步、日益接近质的飞跃的量的积累和发展变化的过程。

2) 全面贯彻新发展理念

新发展阶段的发展,必须完整、准确、全面贯彻创新、协调、绿色、开放、共享的新发展理念,实现高质量发展。新发展理念是一个系统的理论体系,回答了关于发展的目的、动力、方式、路径等一系列理论和实践问题,阐明了共产党关于发展的政治立场、价值导向、发展模式、发展道路等重大政治问题。必须把新发展理念作为指挥棒、红绿灯,贯穿发展全过程和各领域,切实转变发展方式,推动质量变革、效率革命、动力变革,实现更高质量、更有效率、更加公平、更可持续、更为安全的发展。

其中,必须更加注重共同富裕问题。实现共同富裕不仅是经济问题,而且是关系共产党的执政基础的重大政治问题。实现共同富裕,要统筹考虑需要和可能,按照经济社会发展规律循序渐进。同时,这项工作也不能等,要自觉主动解决地区差距、城乡差距、收入差距等问题,推动社会全面进步和人的全面发展,不断增强人民群众的获得感、幸福感、安全感,让人民群众真真切切感受到共同富裕不仅仅是一个口号,而且是看得见、摸得着、真实可感的事实。

3) 加快构建新发展格局

构建新发展格局,是适应我国经济发展阶段变化的主动选择,是我国经济现代化的路径选择,是关系我国发展全局的重大战略任务,是以变局开新局、塑造全面建设社会主义现代化新优势的重大战略。

2020年4月,在十九届中央财经委员会第七次会议上,习近平提出要构建以国内大循环为主体、国内国际双循环相互促进的新发展格局。党的十九届五中全会进一步对构建新发展格局做出全面部署。构建新发展格局关键在于经济循环的畅通无阻,最本质特征是实现高水平的自立自强。

立足新发展阶段、贯彻新发展理念、构建新发展格局,是由中国经济社会发展的理论逻辑、历史逻辑、现实逻辑决定的,三者紧密关联。进入新发展阶段明确了中国发展的历史方位,贯彻新发展理念明确了中国式现代化建设的指导原则,构建新发展格局明确了中国经济现代化的路径选择。把握新发展阶段是贯彻新发展理念、构建新发展格局的现实依据,贯彻新发展理念为把握新发展阶段、构建新发展格局提供了行动指南,构建新发展格局则是应对新发展阶段机遇和挑战、贯彻新发展理念的战略选择。

3. 奋力夺取全面建设社会主义现代化国家新胜利

全面建设社会主义现代化国家,一直是党和国家的奋斗目标。2020年全面建成小康社会后,"四个全面"战略布局的内涵演化为"全面建设社会主义现代化国家、全面深化改革、全面依法治国、全面从严治党"。2021年是实施"十四五"规划开局之年,中国共产党将带领全国人民乘势而上,开启全面建设社会主义现代化国家新征程。

中国共产党成立100年来,团结带领中国人民所进行的一切奋斗、一切牺牲、一切创造,就是为了把中国建设成为现代化强国,实现中华民族伟大复兴。今天,中国正在此前发展基础上续写全面建设社会主义现代化国家新的历史,建设人口规模巨大、全体人民共同富裕、物质文明和精神文明相协调、人与自然和谐相生、走和平发展道路的中国现代化。预计到2035年,中国将基本实现社会主义现代化。预计到2050年,中国将建成富强民主文明和谐美丽的社会主义现代化强国。到那时,中国物质文明、政治文明、精神文明、社会文明、生态文明都将全面提升,实现国家治理体系和治理能力现代化,成为综合国力和国际影响力领先的国家,全体人民共同富裕基本实现,中国人民将享有更加幸福安康的生活,中华民族将以更加昂扬的姿态屹立于世界民族之林。

(四) 以中国式现代化全面建设社会主义国家、全面推进中华民族伟大复兴

2022年10月16日至22日,中国共产党第二十次全国代表大会在北京召开。这次大会是在全党全国各族人民迈上全面建设社会主义现代化国家新征程、向第二个百年奋斗目标进军的关键时刻召开的一次十分重要的会议,向党

内外、国内外鲜明宣示，中国共产党和中国人民在新征程上举什么旗、走什么路、以什么样的精神状态、朝着什么样的目标继续前进。

1. 党的二十大主题及其意义

党的二十大主题是：高举中国特色社会主义伟大旗帜，全面贯彻新时代中国特色社会主义思想，弘扬伟大建党精神，自信自强、守正创新，踔厉奋发、勇毅前行，为全面建设社会主义现代化国家、全面推进中华民族伟大复兴而团结奋斗。这95个字的大会主题，明确宣示了我们党在新征程上举什么旗、走什么路、以什么样的精神状态、朝着什么样的目标继续前进等重大问题。高举中国特色社会主义伟大旗帜、全面贯彻习近平新时代中国特色社会主义思想，是要郑重宣示，全党必须坚持以马克思主义中国化时代化最新成果为指导，坚定中国特色社会主义道路自信、理论自信、制度自信、文化自信，坚持道不变、志不改，确保党和国家事业始终沿着正确方向胜利前进。弘扬伟大建党精神，是要郑重宣示，全党必须恪守伟大建党精神，保持党同人民群众的血肉联系，保持谦虚谨慎、艰苦奋斗的政治本色和敢于斗争、敢于胜利的意志品质，确保党始终成为中国特色社会主义事业的坚强领导核心。自信自强、守正创新，踔厉奋发、勇毅前行，是要郑重宣示，全党必须保持自信果敢、自强不息的精神风貌，保持定力、勇于变革的工作态度，永不懈怠、锐意进取的奋斗姿态，使各项工作更好体现时代性、把握规律性、富于创造性。全面建设社会主义现代化国家、全面推进中华民族伟大复兴，是要郑重宣示，全党必须紧紧扭住新时代新征程党的中心任务，集中一切力量，排除一切干扰，坚持以中国式现代化全面推进中华民族伟大复兴。团结奋斗，是要郑重宣示，我们必须不断巩固全党全国各族人民大团结，加强海内外中华儿女大团结，形成同心共圆中国梦的强大合力。

二十大主题高度凝练地阐明党团结带领全国各族人民，在新时代新征程将勇于变革、勇于创新，万众一心、团结奋斗，奋力开创社会主义现代化建设新局面的雄心、决心和信心。围绕大会主题，党的二十大号召全党同志务必不忘初心、牢记使命，务必谦虚谨慎、艰苦奋斗，务必敢于斗争、善于斗争。这对于指引党和人民朝着实现第二个百年奋斗目标勇毅前行，奋力谱写新时代中国特色社会主义更加绚丽的华章，具有重大而深远的意义。

2. 马克思主义中国化时代化最新理论成果

党的二十大报告深入总结中国共产党坚持和发展马克思主义的历史经验，系统阐述马克思主义与中国具体实际相结合、与中华优秀传统文化相结合的要求，精辟概括习近平新时代中国特色社会主义思想贯穿的立场观点方法，号召全党继续推进实践基础上的理论创新，不断开辟马克思主义中国化时代化新境界。

习近平新时代中国特色社会主义思想，是坚定自觉坚持和发展马克思主义的典范，是坚持"两个结合"、勇于推进理论创新的产物，以全新的视野深化了对共产党执政规律、社会主义建设规律、人类社会发展规律的认识，实现了马克思主义中国化时代化新的飞跃。党的十九大、十九届六中全会提出的"十个明确""十四个坚持""十三个方面成就"概括了这一思想的主要内容，必须长期坚持并不断丰富发展。党的二十大报告用"六个必须坚持"对其进一步提升，即：必须坚持人民至上、必须坚持自信自立、必须坚持守正创新、必须坚持问题导向、必须坚持系统观念、必须坚持胸怀天下。

党的二十大报告明确提出，从现在起，中国共产党的中心任务就是团结带领全国各族人民全面建成社会主义现代化强国、实现第二个百年奋斗目标，以中国式现代化全面推进中华民族伟大复兴。中国式现代化的基本特征是：人口规模巨大、全体人民共同富裕、物质文明和精神文明相协调、人与自然和谐共生、走和平发展道路。中国式现代化的本质要求是，坚持中国共产党的领导，坚持中国特色社会主义，实现高质量发展，发展全过程人民民主，丰富人民精神世界，实现全体人民共同富裕，促进人与自然和谐共生，推动构建人类命运共同体，创造人类文明新形态。

3. 以党的自我革命引领社会革命

全面建设社会主义现代化国家、全面推进中华民族伟大复兴，关键在党。中国共产党作为世界上最大的马克思主义执政党，要始终赢得人民拥护、巩固长期执政地位，必须时刻保持解决大党独有难题的清醒和坚定。经过党的十八大以来全面从严治党，党解决了党内许多突出问题，但党面临的执政考验、改革开放考验、市场经济考验、外部环境考验将长期存在，精神懈怠危险、能力不足危险、脱离群众危险、消极腐败危险将长期存在。二十大报告号召全党必须牢记,全面从严治党永远在路上,党的自我革命永远在路上,决不能有松劲歇脚、疲劳厌战的情绪,必须持之以恒推进全面从严治党,深入推进新时代党的建设新的伟大工程,以党的自我革命引领社会革命。要落实新时代党的建设总要求,健全全面从严治党体系,坚持和加强党中央集中统一领导,坚持不懈用习近平新时代中国特色社会主义思想凝心铸魂,完善党的自我革命制度规范体系,建设堪当民族复兴重任的高素质干部队伍,增强党组织政治功能和组织功能,坚持以严的基调强化正风肃纪,坚决打赢反腐败斗争攻坚战持久战,全面推进党的自我净化、自我完善、自我革新、自我提高,使我们党坚守初心使命,始终成为中国特色社会主义事业的坚强领导核心。

三、延伸阅读

(1) 中共中央宣传部编:《习近平新时代中国特色社会主义思想学习问答》,学习出版社、人民出版社 2021 年版。

(2) 习近平:《关于坚持和发展中国特色社会主义的几个问题》(2013 年 1 月 5 日)。

(3) 习近平:《中华民族伟大复兴历史进程的大跨越》(2020 年 10 月 29 日)。

(4) 习近平:《高举中国特色社会主义伟大旗帜,为全面建设社会主义现代化国家而团结奋斗》(2022 年 10 月 16 日)。

(朱鸿召)

图书在版编目(CIP)数据

中国近现代史纲要教学讲义/肖存良,张涛主编.—上海:复旦大学出版社,2024.8
(望道教学文库)
ISBN 978-7-309-16566-1

Ⅰ.①中⋯ Ⅱ.①肖⋯ ②张⋯ Ⅲ.①中国历史-近现代-教学研究-高等学校 Ⅳ.①K25

中国版本图书馆 CIP 数据核字(2022)第 201015 号

中国近现代史纲要教学讲义
ZHONGGUO JINXIANDAISHI GANGYAO JIAOXUE JIANGYI
肖存良　张　涛　主编
责任编辑/张　鑫

复旦大学出版社有限公司出版发行
上海市国权路 579 号　邮编:200433
网址:fupnet@fudanpress.com　http://www.fudanpress.com
门市零售:86-21-65102580　团体订购:86-21-65104505
出版部电话:86-21-65642845
常熟市华顺印刷有限公司

开本 787 毫米×960 毫米　1/16　印张 14　字数 214 千字
2024 年 8 月第 1 版
2024 年 8 月第 1 版第 1 次印刷

ISBN 978-7-309-16566-1/K·796
定价:54.00 元

如有印装质量问题,请向复旦大学出版社有限公司出版部调换。
版权所有　侵权必究